예제로
배우는
Argo CD

예제로
배우는
Argo CD

깃옵스를 통한 클라우드 네이티브
애플리케이션 관리

이장훈 옮김　리비우 코스테아 · 스피로스 이코노마키스 지음

i!i
에이콘

 에이콘출판의 기틀을 마련하신 故 정완재 선생님 (1935-2004)

모든 고난을 극복할 수 있는 힘과 능력을 내게 준
아들 튜더^{Tudor}, 빅터^{Victor}, 아내 알리나^{Alina}에게

– 리비우 코스테아^{Liviu Costea}

인생은 끊임없는 배움의 과정이라는 것을 매일 상기시켜 준
아들 야니스^{Yannis}, 바실리스^{Vasilis}, 아내 아나스타샤^{Anastasia}에게

– 스피로스 이코노마키스^{Spiros Economakis}

| 추천의 글 |

저자의 완벽한 설명을 통해 Argo CD를 단 몇 분만에 사용할 수 있도록 돕는 책이다. 깃옵스[GitOps]와 Argo CD에 대한 기본적인 개념부터 사용하는 용어까지 정리할 뿐만 아니라 매우 유용하고 실제 운영 시 사용 가능한 많은 도구를 다룬다. 기본 예제도 YAML 스니펫[snippet1]으로 제공하기 때문에 실제 문제 해결에 도움이 될 것이다.

내용이 점점 심화될수록 더 재미있어질 것이다. Argo CD의 고급 기능과 아키텍처 및 내부 구조에 대해 더 많은 것을 학습할 것이다. 이러한 고급 자료들은 회사에서 Argo CD를 운영하면서 확장성과 성능에 대해 고민하는 데브옵스[DevOps] 엔지니어에게 유용할 것이다. 책에서는 Argo CD를 운영하는 모범 사례와 패턴에 대해서 설명한다. 따라서 깃옵스에 입문하고 싶거나 이미 친숙하거나 주제에 대해서 심화 학습하고 싶은 사람들에게 추천한다.

– 알렉산더 마튜센체프[Alexander Matyushentsev],
Akuity의 공동 창립자 겸 수석 설계자

---

1   재사용 가능한 소스 코드나 텍스트의 작은 부분을 말한다. – 옮긴이

여러 CD 도구 중 가장 많이 사용하는 Argo CD에 대해 개념 이해부터 실습까지 완벽히 다루고 있습니다. 실무에서 Argo CD를 매일 사용하는 데 큰 도움이 됩니다.

- 이정훈 / 데브옵스, 아틀라스랩스

실무자를 위한 Argo CD 가이드로 운영 환경 구성을 위한 Argo CD 사용법을 단계적으로 쉽게 풀어서 가이드하고 있습니다. Argo CD의 기본 개념부터 설치, 설정, 사용법 등을 단계별로 설명하고 있으며, 실제 예제와 함께 구체적인 사용 방법을 안내하고 있습니다. 도입을 준비 중인 시스템 운영자라면 분명 좋은 참고 도서가 될 것입니다.

- 명제상 / 클라우드 아키텍트, 삼성SDS

Argo CD는 클라우드 환경에서 자주 다루는 도구 중 하나로 저 역시도 활발히 쓰고 있습니다. 이 책을 읽으면서 몰랐던 유용한 기능, 새로운 기능들도 알게 돼 좋았고, 무엇보다 실무에서 데브옵스 구조를 어떻게 가져가고 클러스터 운영 전략을 어떻게 세울지 등도 다루고 있어 좋았습니다.

- 김삼영 / 검색 클라우드 개발자, 카카오 엔터프라이즈

Argo CD를 통해 지속적인 배포(CD)를 공부하고자 할 때 깃옵스 개념부터 시작해 운영과 문제 해결, 배포 전략 등의 유용한 정보를 다루고 있습니다. 각 장별로 자세한 이론 설명과 실습 예제를 통해 쉽게 따라갈 수 있습니다. 프로덕션 환경에 Argo CD를 적용하려는 실무자분들께 추천합니다.

- 윤지원 / 시스템 엔지니어

개발자나 데브옵스 엔지니어가 꼭 배워야 할 기술 중 하나의 배포 기술인 Argo CD를 가장 잘 설명한 책입니다. 쿠버네티스, 테라폼과 함께 10년은 활용할 수 있는 기술입니다. 기술을 배우세요. 경험을 반복하세요. 여러분을 기술 전문가로 성장시켜주는 데 큰 도움이 되는 책입니다. 책에 실습이 있어서 너무 좋습니다. 강력 추천합니다.

— **서태호** / 클라우드 엔지니어, 브런치 작가

국내 최초로 Argo CD를 deep dive하게 다루는 책입니다. 기본 개념부터 실습까지 친절하게 설명하고 있고 실무에서 Argo CD를 도입할 때 어떻게 설계하고 운영하고 배포해야 하는지에 대한 방향성을 제시하고 있는 책입니다. 신속하고 안정적인 배포를 제공해서 개발자 경험(DX)을 향상시켜 줄 수 있는 Argo CD, 깃옵스에 대해 궁금하지 않으신가요? 데브옵스, SRE라면 꼭 한번쯤은 보시길 권장합니다.

— **정재환** / 데브옵스, Hashicorp Ambassador

이 책을 읽었을 때 좋았던 점은 거의 모든 내용에 코드를 기반한 실습이 포함된다는 것과 Argo CD를 통해 K8s 환경에 애플리케이션을 배포하는 데 필수적으로 알아야 하는 개념들을 균형감 있게 다뤘다는 점입니다. 실무에서 Argo CD를 사용해서 애플리케이션을 배포하려고 한다면 반드시 읽어야 할 좋은 책이라고 생각합니다.

— **맹솔로몬** / 서버 개발자, 드라마앤컴퍼니

깃옵스와 Argo CD 개념을 이해하는 데 큰 도움이 됐습니다. CD의 표준이 된 Argo CD를 실무자의 눈높이에 맞춰 예제와 함께 차근차근 알아가보는 부분이 좋았습니다.

— **김춘호** / 솔루션 아키텍트, 한국레드햇

깃옵스에 대한 기본 정의에서부터 Argo CD까지의 폭 넓은 주제를 다루고 있는 책입니다. 풍부한 예제와 상세한 설명 및 각종 최적화 포인트를 설명하고 있어 도입을 검토하는 엔지니어부터 운용 중인 엔지니어까지 책장 한편에 간직하고 있어야 할 책이라고 생각합니다. 데브옵스에 대한 높은 성숙도를 갖고 있는 조직이라면 이제는 다음 단계를 위해서 이 책과 함께 더 높은 성숙도를 가진 민첩한 조직으로 변화할 수 있기를 소망해 봅니다.

           – **정석환** / 클라우드 아키텍트, LG CNS

쿠버네티스가 국내에서 가진 인기는 출간 도서의 수가 반증하고 있습니다. 하지만 이상하게도 쿠버네티스와 가장 잘 어울리는 Argo CD만을 다룬 도서는 그동안 없었습니다. 이 책은 Argo CD의 처음부터 실전까지 다루는 국내 유일의 도서라고 할 수 있겠습니다. 설치부터 시작해서 클라우드 네이티브 애플리케이션을 위한 CD 파이프라인의 구축과 문제 해결까지 한꺼번에 배울 수 있는 기회를 놓치지 마세요.

           – **안근창** / 백엔드 개발자, ㈜비즈니스온커뮤니케이션

Argo CD를 처음 접하는 입문자부터 전문가까지 모두에게 알맞은 책입니다. Argo CD의 기본 개념부터 프로덕션 환경에서의 구성 및 문제 해결 방법 등을 다루며, 자세한 설명과 실습 예제를 통해 쉽게 이해할 수 있습니다. 또한, Argo Rollout을 활용한 깃옵스 배포 전략도 포함돼 있습니다. 프로덕션 환경에서 Argo CD를 적용하시는 분들께 추천 드립니다.

           – **최성욱** / 데브옵스

| 옮긴이 소개 |

이장훈(ljhun307@naver.com)

건국대학교 영어영문학과를 졸업했지만, IT가 좋아서 4년차 클라우드 엔지니어로 일하고 있다. 지금은 클라우드 네이티브와 쿠버네티스에 많은 관심을 갖고 있다. 데브옵스 DevOps, 핀옵스FinOps, 섹옵스SecOps 능력을 갖추려고 항상 노력하고 있다.

| 옮긴이의 말 |

Argo 프로젝트는 Argo WorkFlow, Argo CD, Argo Rollout, Argo Event 이렇게 총 4개의 프로젝트로 구성돼 있으며 워크플로를 실행하고, 클러스터를 관리하고, 깃옵스를 올바르게 수행하기 위한 쿠버네티스 오픈 소스입니다. 2020년 3월 26일에 인큐베이팅 수준에서 CNCF^{Cloud Native Computing Foundation}에 승인된 후 2022년 12월 6일 졸업^{Graduate}했습니다. 그만큼 완성도가 높고 검증된 프로젝트가 아닐까 합니다. 특히나 최근 쿠버네티스를 많이 활용하면서 이미 많은 회사가 Argo CD를 도입해 사용하고 있는 것으로 알고 있습니다.

하지만 이렇게 높아지는 인기 속에 아직까지 Argo CD만을 다룬 책은 많이 없는 것으로 알고 있습니다. 이를 기점으로 국내 서적이나 번역서가 많이 출시됐으면 좋겠습니다.

이 책을 번역하는 동안 옆에서 많은 도움을 주신 에이콘출판사의 김진아 님, 김은비 님, 배규호 님과 첫 번역의 기회를 주신 황영주 부사장님께 깊은 감사의 말씀을 드립니다. 그리고 정말 꼼꼼하게 읽고 많은 의견을 주신 12분의 베타리더께도 다시 한번 진심으로 감사드립니다. 항상 제 꿈을 응원해주신 사랑하는 아버지(이치균), 어머니(김봉선)께도 이 책을 통해 감사의 말씀을 전합니다.

지은이 소개

리비우 코스테아^{Liviu Costea}

2000년 초 개발자로 시작해 개발자에서 코딩 설계자로, 그리고 팀장부터 CTO까지 다양한 역할을 수행했다. 2012년 작은 회사의 데브옵스^{DevOps} 직군으로 전환했으며, 기존의 전통적인 방식으로는 확장의 한계를 느껴 파이프라인과 자동화 작업을 담당했다.

2018년에는 플랫폼 팀을 시작으로 Mambu 릴리스 팀의 기술 책임자가 돼 깃옵스 방식을 채택해 대부분의 지속적인 통합/지속적인 배포^{CI/CD, Continuous Integration/Continuous Deployment} 파이프라인을 설계했다. 2019년부터 Argo CD를 도입했다. 최근에는 깃옵스 채택을 계획하고 있는 유망한 스타트업인 주니^{Juni}에 합류했다. Argo CD를 포함한 OSS 프로젝트에 기여한 공로로 2020년 8월에 CNCF 앰버서더로 임명됐다.

스피로스 이코노마키스^{Spiros Economakis}

2010년에 소프트웨어 엔지니어로 시작해 소프트웨어 설계자를 거쳐 클라우드 책임자에 이르기까지 다양한 직군과 역할을 담당했다. 2013년에는 자신의 회사를 설립하면서 데브옵스 문화를 처음 접했다. 소규모 팀과 함께 마이크로서비스 아키텍처 및 모바일 애플리케이션 배포를 위한 2개의 CI/CD 파이프라인을 구축했다. 그 후 자신이 참여한 대부분의 회사의 데브옵스 문화 및 자동화에 영향을 미쳤다.

| 감수자 소개 |

로엘 레이제르세 Roel Reijerse

델프트 공과대학 Delft University of Technology에서 전기공학 및 컴퓨터과학을 전공했으며 컴퓨터 그래픽으로 석사학위를 받았다. 임베디드 소프트웨어 엔지니어로 몇 년간 일하다가 백엔드 엔지니어로 전향했다. 지금은 셀로니스 Celonis에서 **Argo CD**를 이용해 실시간 스트리밍 데이터 플랫폼을 운영하고 있다.

사이 코사팔레 Sai Kothapalle

에닉스 Enix에서 수석 사이트 신뢰성 엔지니어 SRE, Site Reliability Engineer로 일하고 있다. 주요 직무는 분산 시스템 운영, 클라우드 공급자, 핀테크 회사, 클라이언트를 위한 대규모 쿠버네티스 및 **Argo CD** 운영이다.

| 차례 |

2부 — SRE와 Argo CD

3부 — 운영 환경에서 Argo CD

7장   Argo CD 문제 해결   223

8장   YAML과 쿠버네티스 매니페스트   243

9장   미래와 결론   265

| 들어가며 |

깃옵스는 이해하기 어려운 주제는 아니다. 본인이 원하는 환경을 선언적으로 정의하기 위해 깃 리포지터리$^{Git\ repository}$를 사용한다. 버전 관리와 병합 요청을 통해 변경하는 방식으로 전체 시스템을 감시한다.

일단 깃옵스를 도입하게 되면 Argo CD 같은 툴을 사용하면서 점점 복잡해지기 시작한다. 첫 번째로 관찰 가능성^{observability}이나 고가용성$^{high\ availability}$과 같은 내용을 염두에 두면서 Argo CD를 올바르게 설정해야 한다. 그리고 CI/CD 파이프라인에 대해서도 고민해보면서 새로운 깃옵스 리포지터리를 여기에 잘 융합할지도 고민해야 한다. 그리고 조직적으로 운영하면서 다양한 문제가 발생하기도 한다. 어떻게 각 팀을 새로운 설정에 맞게 통합할 것인지 고민해야 할 수도 있다. 또한 대부분 배포하는 네임스페이스별로 쿠버네티스 접근 권한이 나뉘어 있을 수 있기 때문에 역할 기반 접근 제어$^{RBAC,\ Role}$ $_{Based\ Access\ Control}$를 적절하게 구성하는 데 시간이 소요되기도 하고, 기존 팀의 액세스를 어떻게 새로운 깃옵스 엔진으로 이전할 것인지도 고려해야 한다.

짧은 글, 비디오, 강의 등 다양한 자료가 존재하지만 단편적인 주제를 다루고 있기 때문에 학습 방향을 설정하기가 어렵고, 그렇게 내용이 깊지도 못하다. 그래서 Argo CD를 도입하는 것이 어떤 변화를 만들고, 어떻게 사용하는 것인지 파악하기가 쉽지 않다.

독자들이 Argo CD를 처음 시작할 때 기본적으로 필요한 내용인 설치부터 올바른 접근 제어를 설정하는 것까지 전반적인 내용을 가이드하고, 심화 시나리오와 문제 해결^{troubleshooting} 과정을 포함해 프로덕션 환경에서 직면할 수 있는 문제들을 다루기 위해서 이 책을 집필했다.

우리는 회사에서 초기에 깃옵스를 도입했으며 깃옵스를 오랫동안 직접적으로 사용했다. 초기에는 자체 깃옵스 오퍼레이터를 구축하려고 했다. 금방 만들 수 있을 줄 알았지만 2~3주 동안 필요한 것이 무엇인지 분석하다가 포기했다. 우리는 운영하면서 많은 문제를 겪었는데 일부는 잘 처리했고 일부는 해결하는 데 많은 시간이 걸렸다. 하지만 그러면서 정말 많은 것을 배웠기에 이것을 독자들과 공유하고자 한다. 확실한 것은 이 책을 통해 Argo CD와 깃옵스를 적용하는 데 큰 도움을 받을 수 있을 것이다.

이 책의 대상 독자

소프트웨어 엔지니어, 데브옵스 엔지니어, SRE와 같이 쿠버네티스를 운영하면서 CD 파이프라인 구축을 담당하는 사람, 본인의 커리어를 향상시키고 싶은 사람을 대상으로 한다. 쿠버네티스^{Kubernetes}, 헬름^{Helm}, 커스터마이즈^{Kustomize}, CD 파이프라인에 대한 기본적인 지식이 있다면 이 책을 더 잘 활용할 수 있다.

이 책에서 다루는 내용

1장, 깃옵스와 쿠버네티스　쿠버네티스가 어떻게 깃옵스 개념을 도입할 수 있었는지 알아본다. 선언적 API를 알아보고, 파일, 폴더, 깃 리포지터리에서 리소스를 어떻게 적용할 수 있는지 살펴본다.

2장, Argo CD 시작하기　Argo CD의 핵심 개념과 아키텍처 개요를 소개하고 자세히 이해하기 위해 알아야 할 필수 용어를 살펴본다.

3장, Argo CD 운영　고가용성$^{HA, High Availability}$ 매니페스트^{manifest}를 사용해 Argo CD를 설치해보고, 가장 최적의 구성 옵션이 무엇인지 알아본다. 재해 복구를 대비하고, 많은 메트릭 중 꼭 필요한 것은 무엇인지 살펴본다.

4장, 접근 제어　사용자 접근 권한을 설정하는 방법과 CLI, 웹 UI 또는 CI/CD 파이프라인을 통한 연결 옵션을 알아본다. 역할 기반 접근 제어^{RBAC}와 SSO$^{Single Sign-On}$에 대해 알아보고 이를 구성하는 다양한 옵션에 대해 자세히 설명한다.

5장, Argo CD로 쿠버네티스 클러스터 부트스트랩   IaC^{Infrastructure as Code} 도구를 사용해
쿠버네티스 클러스터를 생성하는 방법과 Argo CD로 필요한 애플리케이션을 설정하고
애플리케이션을 배포할 때 직면하게 될 보안 문제를 확인하는 방법을 알아본다.

6장, Argo CD 배포 파이프라인 설계   5장에서 설치한 인프라를 기반으로 실제 배포 전
략을 알아보고 시크릿과 아르고 롤아웃^{Argo Rollouts}에 익숙해진다.

7장, Argo CD 문제 해결   설치할 때 혹은 평소 작업 간 자주 발생할 수 있는 문제에 대
해서 다루고 Argo CD 성능을 개선하는 방법을 살펴본다.

8장, YAML 및 쿠버네티스 매니페스트(파싱 및 검증)   작성한 YAML 매니페스트 유효성을
검사하고, 모범 사례를 통해 이를 검증해보고, 쿠버네티스 스키마를 확인하거나 레고^{Rego}
로 작성된 자체 확장 유효성 검사를 수행하는 데 사용할 수 있는 도구를 알아본다.

9장, 미래와 결론   깃옵스 엔진과 kubernetes-sigs/cli-utils가 Argo CD나 쿠버네티스
커뮤니티로부터 분리돼 개발된 과정, 그리고 이들을 사용해 달성하려는 목표에 대해 설
명한다.

⁝⁞⁝ 이 책을 활용하는 방법

각 장의 코드를 실행하려면 로컬 쿠버네티스 클러스터에 접근해야 한다. 클러스터는 고
가용성을 위해 다중 노드일 필요는 없다. 우리가 가장 많이 사용할 도구는 kubectl, 헬
름, 커스터마이즈다. 쿠버네티스 클러스터에서 Argo CD를 설치할 것이고 자세한 내용
은 일반 설치의 경우는 2장에서, 고가용성 설치의 경우는 3장에서 확인할 수 있다.

책에서 사용한 소프트웨어/하드웨어 버전	OS 요구 조건
Argo CD v2.1과 v2.2	Windows, macOS, Linux

3장과 5장 같은 일부 장에서는 AWS EKS 클러스터를 사용하기 때문에 AWS 계정 및
AWS CLI 설치가 필요하다. 3장에서는 eksctl CLI를 활용해 고가용성 클러스터를 쉽
게 설치한다. 5장에서는 테라폼^{Terraform}을 사용해 클러스터를 생성해볼 것이다.

이 책을 ebook으로 보는 독자들은 코드를 직접 타이핑하거나 깃허브 리포지터리에 올라간 코드를 활용할 것을 권장한다(다음 절에 링크가 있다). 그렇게 하는 것이 코드를 복사 붙여 넣기할 때 발생하는 에러를 피할 수 있다.

예제 코드 다운로드

이 책의 예제 및 실습은 깃허브(https://github.com/PacktPublishing/ArgoCD-in-Practice) 에서 확인할 수 있다. 코드 또는 실습에 대한 업데이트가 있으면 깃허브 리포지터리에 업데이트된다. 동일한 코드를 에이콘출판사 홈페이지(http://www.acornpub.co.kr/book/ argo-cd-in-practice)에서도 다운로드할 수 있다. 또한, 에이콘출판사 홈페이지에서 다운 로드할 수 있는 파일에는 실습에 도움이 되는 보충 자료도 포함하고 있다.

또한 다음 링크(https://github.com/PacktPublishing/)에서 제공되는 풍부한 책과 동영상 카탈로그의 다른 코드 번들도 있다.

컬러 이미지 다운로드

이 책에 사용된 스크린샷 및 다이어그램의 컬러 이미지가 포함된 PDF 파일은 다음 링 크(https://packt.link/HfXCL)에서 확인할 수 있다.

사용된 규칙

이 책에는 다음과 같은 편집 규약을 사용한다.

문단 내 코드: 문단 내에 있는 코드 조각, 데이터베이스 테이블 이름, 사용자 입력, 트위 터 핸들에 포함된 코드 단어를 나타낸다.

코드 블록은 다음과 같이 설정된다.

```
apiVersion: v1
kind: ConfigMap
metadata:
```

```
    name: argocd-cm
  data:
    accounts.alina: apiKey, login
```

코드 블록의 특정 부분을 강조하고자 하는 경우 관련 밑줄 혹은 굵은 글씨로 표시된다.

```
patchesStrategicMerge:
  - patches/argocd-cm.yaml
  - patches/argocd-rbac-cm.yaml
```

모든 명령줄 입력 또는 출력은 다음과 같이 작성된다.

```
kubectl get secret argocd-initial-admin-secret -n argocd -o
jsonpath='{.data.password}' | base64 -d
```

고딕체: 화면에 표시되는 새로운 용어, 중요한 단어 또는 단어를 나타낸다. 예를 들어 메뉴나 대화 상자의 단어는 굵게 표시되며 다음과 같이 사용된다.

"**사용자 정보** 섹션으로 이동해 UI를 사용할 수 있다."

노트

> 팁과 중요한 노트는 이와 같이 나타낸다.

문의

독자 피드백은 언제나 환영이다.

일반적인 의견: 이 책의 제목을 메일 제목에 넣어 customercare@packtpub.com으로 이메일을 보내면 된다. 이 책의 내용에 대한 질문이 있다면 questions@packtpub.com으로 이메일을 보내면 된다.

한국어판에 관한 질문은 이 책의 옮긴이의 이메일이나 에이콘출판사 편집 팀(editor@acornpub.co.kr)으로 문의할 수 있다.

오탈자: 정확한 내용을 전달하고자 모든 노력을 기울였지만 실수가 있을 수 있다. 책에서 발견한 오류를 알려준다면 감사하겠다. 다음 링크(www.packtpub.com/submit-errata)에 방문해서 이 책을 선택한 후 **Errata Submission Form** 링크를 클릭하고 자세한 내용을 넣어주길 바란다.

한국어판의 정오표는 에이콘출판사의 도서정보 페이지(http://acornpub.co.kr/book/argo-cd-in-practice)에서 찾아볼 수 있다.

저작권 침해: 인터넷에서 어떤 형태로든 팩트 책의 불법 복제본을 발견한다면 주소나 웹사이트 이름을 알려주면 감사하겠다. 불법 복제본의 링크를 copyright@packtpub.com으로 보내주길 바란다.

1부

깃옵스와 Argo CD의 기초

1부에서는 실습을 통해 깃옵스에 대해 소개하고, 사용 시 이점에 대해 소개한다.

1부의 구성은 다음과 같다.

- **1장**, 깃옵스와 쿠버네티스
- **2장**, Argo CD 시작하기

01

깃옵스와 쿠버네티스

1장에서는 깃옵스^{GitOps}가 무엇이고 쿠버네티스 클러스터에서 어떤 의미를 가지는지 알아보자. **API**^{Application Programming Interface} 서버나 컨트롤러 매니저와 같이 쿠버네티스 클러스터의 상태 변화에 직접 영향을 끼치는 특정 컴포넌트^{component}들을 알아볼 것이다. 명령형 API와 선언형 API를 살펴보고, 파일이나 폴더 그리고 깃 리포지터리 단위까지 한 단계씩 적용해보면서 깃옵스가 등장한 배경을 이해해보자.

1장에서 다룰 주요 주제는 다음과 같다.

- 깃옵스란 무엇인가?

- 쿠버네티스와 깃옵스

- 명령형 API와 선언형 API

- 간단한 깃옵스 오퍼레이터^{operator} 구축

- **IaC**와 깃옵스

⁘ 기술 요구 사항

1장을 실습하기 위해서 접근할 수 있는 쿠버네티스 클러스터가 필요하다. Minikube (https://minikube.sigs.k8s.io/docs/) 또는 kind(https://kind.sigs.k8s.io/)를 사용해도 좋다. 쿠버네티스 클러스터와 명령어를 주고받기 위해서 kubectl(https://kubernetes.io/docs/tasks/tools/#kubectl)도 반드시 설치해야 한다.

일부 코드는 직접 작성하기 때문에 코드 에디터도 필요하다. 코드에디터는 **VS Code** Visual Studio Code를 추천한다. 또한 Go 언어를 사용하므로 Go 언어(이 책은 1.16.7 버전을 사용했다)도 설치해야 한다. 사용하는 코드는 이 책의 깃허브 공식 리포지터리(https://github.com/PacktPublishing/ArgoCD-in-Practice)의 ch01 폴더에서 확인할 수 있다.

⁘ 깃옵스란 무엇인가?

깃옵스라는 용어는 플럭스Flux라는 깃옵스 도구를 만든 웨이브웍스Weaveworks 직원들이 2017년에 처음 사용했다. 그때부터 깃옵스라는 말이 점점 유행하게 됐고, 이제는 **데브옵스**DevOps, Development-Operations 다음으로 상당히 영향력 있는 말이 됐다.

깃옵스의 정의는 정말 다양하다. **풀 리퀘스트**PR, Pull Request를 통한 운영으로 정의하기도 하고(https://www.weave.works/blog/gitops-operations-by-pull-request) 개발 관행(버전 제어, 협업, 규정 준수, CI/CD)을 인프라 자동화에 적용하는 것으로 정의하기도 한다(https://about.gitlab.com/topics/gitops/).

가장 중요한 정의는 클라우드 네이티브 컴퓨팅 재단CNCF, Cloud Native Computing Foundation[1] 의 **Application Delivery TAG** Application Delivery Technical Advisory Group에 속한 그룹인 **깃옵스 워킹 그룹**GitOps Working Group에서 정의한 것이다(https://github.com/gitops-working-group/gitops-working-group). **Application Delivery TAG**는 클라우드 네이티브 애플리케이션의 구축, 배포, 관리 및 운영에 특화돼 있다(https://github.com/cncf/tag-app-delivery).

---

1   클라우드 네이티브 기술을 발전시키고 촉진하기 위한 리더십, 커뮤니티, 교육, 인증, 표준화를 제공하는 오픈 소스 기반의 비영리 단체다. - 옮긴이

이 그룹은 깃옵스에 대해 특정 벤더에 종속되지 않고 원칙에 입각한 정의를 구축할 목적으로 다양한 회사 사람들로 구성돼 있다. 그래서 이 그룹의 산출물을 조금 더 자세히 볼 필요가 있다.

아직 초안이긴 하지만, 깃옵스는 다음의 다섯 가지 원칙에 중점을 두고 있다.

- 선언적 구성declarative configuration

- 버전이 제어되는 불변의 저장소immutable storage

- 자동화된 배포

- 소프트웨어 에이전트

- 폐쇄 루프closed loop2

선언적 구성은 엔지니어가 원하는 의도와 완료된 상태를 명시하지만, 이를 위해 실행하기 위한 구체적인 행동은 명시하지 않는다. 예를 들어 "컨테이너 3개를 만들어라"와 같이 명령적인 방식이 아니라 이 애플리케이션에 3개의 컨테이너를 사용하겠다고 선언하면 에이전트가 3이라는 숫자를 맞춰준다. 만약 지금 컨테이너가 5개 동작 중이라면 에이전트가 2개의 컨테이너를 종료시킨다.

깃은 버전이 제어되는 **불변의 저장소**로, 현재 가장 많이 사용되는 소스 제어 시스템이다. 유일한 것은 아니기 때문에 다른 소스 제어 시스템도 깃옵스를 구현할 수 있다.

자동화된 배포automated delivery란 변경 사항이 **버전 제어 시스템**VCS, Version Control System에 반영되면 어떠한 수동 작업도 수행하지 말아야 한다는 것이다. 설정이 업데이트된 이후에는 **소프트웨어 에이전트**가 새롭게 설정한 값이 잘 반영됐는지 확인한다. 원하는 상태를 표현하면 이를 맞추기 위해 필요한 조치가 무엇인지 계산해야 한다. 현재 시스템의 상태와 버전 제어에서 원하는 상태의 차이를 비교해 알 수 있으며 이를 통해 **폐쇄 루프**를 설명할 수 있다.

---

2   일종의 관리를 위한 컨트롤 루프로 애플리케이션의 라이프 사이클 동안 발생하는 배포-모니터링-수정 등의 전체 수명 주기를 자동화하는 것을 말한다. - 옮긴이

깃옵스는 쿠버네티스 생태계에서 시작됐지만, 이 틀을 벗어나 전체 소프트웨어 생태계에 앞선 원칙이 되고자 한다. 이 책을 통해 무엇이 깃옵스를 가능하게 하는지 확인하고, 쿠버네티스에서 해당하는 소프트웨어 에이전트가 무엇인지, 폐쇄 루프가 작동하는 방식은 무엇인지에 대해 자세히 살펴보고자 한다.

쿠버네티스와 깃옵스

요즘 쿠버네티스가 자주 언급되는데, 이 순간에 가장 대중적인 오픈 소스 프로젝트이기도 할 것이다. 쿠버네티스는 2014년경에 구글 엔지니어들이 보그^{Borg}란 이름의 구글 내부용 오케스트레이터^{orchestrator} 시스템을 구축할 때 쌓인 경험을 바탕으로 컨테이너 오케스트레이터를 만들기 시작하면서 처음 등장했다. 프로젝트는 2014년에 오픈 소스로 공개됐고, 2015년에는 버전 1.0.0이 출시돼 많은 회사가 관심을 가졌다.

또 커뮤니티에서 빠르게 주목받은 이유는 CNCF가 있었기 때문이다. 쿠버네티스를 오픈 소스 프로젝트로 만든 이후, 구글은 리눅스 재단^{Linux Foundation}(https://www.linuxfoundation.org)과 오픈 소스 클라우드 네이티브 기술의 적용을 주도하는 비영리 재단을 만들고자 했다. 이것이 쿠버네티스가 초기 시드 프로젝트일 때 CNCF가 등장하게 된 배경이자, KubeCon이 주요 개발자 컨퍼런스가 된 이유다. CNCF 내의 모든 프로젝트나 단체는 유지 관리 구조가 매우 잘 돼 있고, 그들이 어떻게 결정하고 선정하는지에 대해서 잘 설명하고 있다. 그리고 어떠한 회사도 결정에 과반수를 차지할 수 없다. CNCF는 커뮤니티의 참여 없이는 어떠한 결정도 내리지 않으며, 전체 커뮤니티가 프로젝트의 전반에 중요한 역할을 한다.

아키텍처

쿠버네티스는 매우 유연하고 확장 가능하기 때문에 '플랫폼 구축을 위한 플랫폼'이란 말처럼 추상적인 개념으로 접근하지 않고서는 정의하기가 어렵다. 왜냐하면 수많은 기능 중에 자신이 필요한 방식대로 골라 조합해 사용하기 때문이다(깃옵스 역시 그런 기능들 중 하나다). 만약 쿠버네티스를 컨테이너 오케스트레이션 플랫폼이라고 정의하면

컨테이너뿐 아니라 **가상 머신**에서도 동작할 수 있기 때문에 반은 맞고 반은 틀린 말이
된다. 더 자세한 내용은 다음 링크(https://ubuntu.com/blog/what-is-kata-containers)를
참고하자.

쿠버네티스 컴포넌트는 크게 두 가지로 나뉜다. 첫째는 컨트롤 플레인control plane이다.
컨트롤 플레인은 REST REpresentational State Transfer API 서버와 데이터베이스(주로 etcd[3]),
다중 컨트롤 루프multiple control loops를 사용하는 컨트롤러 매니저, 노드에 파드pod[4]를
할당하는 스케줄러, 각 클라우드 벤더사의 클라우드 컨트롤러 매니저로 구성된다.

둘째는 데이터 플레인data plane이다. 컨트롤 플레인이 주로 클러스터를 관리하는 역할인
반면, 데이터 플레인은 노드에서 사용자 워크로드를 실행하는 역할이다. 노드는 쿠버네
티스 클러스터의 일부분으로 컨테이너 런타임(도커[5], CRI-O, containerd 등), 노드의 컨테
이너 런타임과 REST API의 소통을 담당하는 kubelet 그리고 노드 수준의 네트워크 추
상화를 담당하는 kube-proxy로 구성된다. 다음 다이어그램을 통해 각 컴포넌트들이 어
떻게 동작하는지와 API 서버가 하는 주요 역할이 무엇인지 살펴보자.

여기에서 모든 구성 요소를 자세하게 설명하지는 않는다. 선언한 부분을 가능하게 만들
어주는 REST API 서버와 시스템을 원하는 상태로 만들어주는 컨트롤러 매니저가 중
요하므로 이 부분에 대해서 조금 더 알아보자.

그림 1.1에서 전형적인 쿠버네티스 아키텍처를 전반적으로 보여준다.

노트

> 아키텍처 다이어그램을 볼 때는 전체 중 일부분만 파악할 수 있음을 알아야 한다. 예를 들어 그림
> 1.1에서 클라우드 공급자 API는 외부 시스템으로 돼 있지만 실제로 모든 노드와 컨트롤 플레인은
> 해당 클라우드 공급자에서 생성된다.[6]

---

3 etcd는 분산 시스템에서 사용되는 Key-value 저장소다. 데이터의 신뢰성과 일관성을 제공하는 동시에 분산 환경에서
   확장성과 가용성을 보장한다. 쿠버네티스에서는 클러스터의 상태와 구성 정보를 저장하는 데 사용된다. – 옮긴이

4 파드는 컨테이너의 논리적인 그룹으로 같은 노드에서 여러 컨테이너가 동작하도록 해주며 자세한 내용은 다음 링크
   (https://kubernetes.io/docs/concepts/workloads/pods/)에서 확인한다. – 옮긴이

5 Kubernetes v1.24부터는 Docker Runtime에 대한 지원이 중단됐다. – 옮긴이

6 해당 클라우드 공급자 API는 퍼블릭 클라우드를 사용하는 경우에 해당되는 내용으로 반드시 필요한 것은 아니다. – 옮긴이

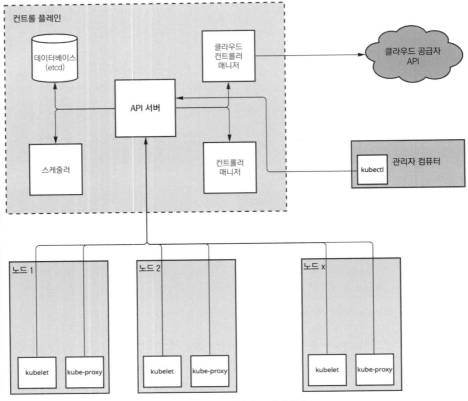

그림 1.1 쿠버네티스 아키텍처

HTTP REST API 서버

HTTP^{HyperText Transfer Protocol} REST API 서버의 관점에서 쿠버네티스를 보면 REST API 엔드포인트와 상태를 저장하는 데이터베이스(쿠버네티스에서는 etcd)를 가진 전형적인 애플리케이션이다. 또한 **고가용성**을 위해 여러 웹 서버 레플리카를 둔다. 쿠버네티스에서 수행되는 작업은 모두 **API**를 사용하기 때문에 **API** 서버는 매우 중요하다. 다른 컴포넌트와 직접적으로 통신할 수는 없고 내부 컴포넌트들도 서로 간에 통신이 불가능하다. 그래서 직접 통신하지 못하고 **API**를 통해 통신한다.

클라이언트 입장에서 curl과 같은 도구를 사용해 **API**를 직접적으로 쿼리하기에는 매우 어렵다. 대신 kubectl을 사용하면 인증 헤더, 요청 내용 준비, API 응답 값 파싱 등 복잡한 것들을 쉽게 간편화할 수 있다.

kubectl get pods와 같은 명령을 실행할 때 **HTTPS**^{HTTP Secure}로 API 서버를 호출한다. 그러면 서버가 데이터베이스에서 파드에 대한 정보를 가져온 뒤 응답 값을 생성해 클라이언트에게 다시 반환한다. kubectl 클라이언트 애플리케이션은 이 응답을 받아 파싱해 사람이 읽기 편한 형식으로 변환해 출력해준다. 실제로 어떤 일이 일어나는지 확인하고 싶다면 kubectl의 전역 플래그인 --v(verbose)를 설정해 로그를 확인할 수 있다. 더 자세한 내용을 확인하기 위해서는 로그 레벨에 높은 값을 설정하면 된다.[7]

한 번 kubectl get pods --v=6 명령을 실행해보자. GET 요청이 수행된 것을 확인할 수 있는데, --v의 값을 7, 8, 9 이런 식으로 점점 높여보면 HTTP 요청 헤더와 응답 헤더, **JSON** ^{JavaScript Object Notation} 응답 등 많은 세부 정보를 확인할 수 있다.

API 서버는 그 자체로 클러스터의 상태 변화를 만들지는 못한다. 대신 새로운 값을 데이터베이스에 반영하고 이를 기반으로 다른 작업이 진행된다. 실제로 상태 변화를 만드는 것은 스케줄러^{scheduler}나 kubelet과 같은 컴포넌트와 컨트롤러가 수행한다. 컨트롤러는 깃옵스를 이해하는 데 중요하므로 자세히 살펴볼 것이다.

컨트롤러 매니저

쿠버네티스에서 컨트롤러라는 말을 자주 들어봤을 것이다. 이는 산업 자동화나 로봇에서 나온 말인데 수렴 컨트롤 루프^{converging control loop}와 관련이 있다.

우리가 로봇 팔을 갖고 있고 90도 움직이라고 명령했다고 하자. 로봇 팔이 처음으로 하는 일은 현재 상태를 확인하는 것이다. 이미 팔이 90도인 상태라면 움직일 필요가 없다. 만약 90도가 아니라면 이를 맞추기 위해 움직임을 계산해야 한다. 그리고 계산한 만큼 움직여 그 위치에 도달하려고 시도할 것이다.

---

7 kubectl get node --v--5와 같이 사용할 수 있고, verbose의 기본값은 1이다. 로그 레벨이 높아짐에 따라 더 자세한 정보를 확인할 수 있다. − 옮긴이

먼저 현재 상태와 의도한 상태desired state를 비교하는 **관찰**observe **단계**로 시작해서 비교
diff 단계에서 적용할 행동을 계산하고, **행동**action **단계**에서 이러한 동작을 수행한다. 동
작을 수행한 후 다시 관찰 단계로 돌아와서 올바른 위치에 있는지 확인한다. 올바른 위
치가 아니라면 (뭔가 방해한 것일 수도 있다) 행동을 다시 계산하고 동작을 **수행**한다. 이런
방식으로 원하는 위치에 도달하거나 배터리가 방전되는 등 다른 사유로 인해 더 이상
진행할 수 없을 때까지 컨트롤 루프control loop는 계속된다. 이 컨트롤 루프는 관찰 단계
에서 원하는 상태와 현재 상태가 일치해서 더 이상 행동을 계산하고 수행할 필요가 없
을 때까지 반복한다. 그림 1.2에서 이 프로세스를 확인해보자.

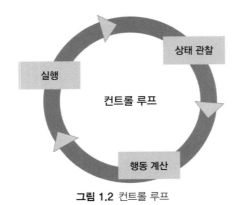

그림 1.2 컨트롤 루프

쿠버네티스에는 많은 컨트롤러가 있다.

- **레플리카셋**ReplicaSet: https://kubernetes.io/docs/concepts/workloads/controllers/
  replicaset/

- **HPA**HorizontalPodAutoScaler[8]: https://kubernetes.io/docs/tasks/run-application/
  horizontal-pod-autoscale/

- 그 외 다양한 컨트롤러: https://kubernetes.io/docs/concepts/workloads/controllers/

---

8   HPA는 쿠버네티스에서 사용되는 자동 스케일링 기능으로, 애플리케이션의 수평적인 파드 스케일링을 자동으로 조정해
      리소스 사용량에 따라 자원을 효율적으로 활용하게 해준다. – 옮긴이

레플리카셋 컨트롤러는 파드의 수를 일정하게 유지하는 역할을 한다. kubectl을 통해 레플리카셋을 만들고 3개의 인스턴스를 실행하라고 요청해보자. 이게 의도한 상태가 된다. 그러면 레플리카셋 컨트롤러는 먼저 현재 몇 개의 파드가 동작 중인지 현재 상태를 확인한다. 그리고 3개를 맞추기 위해 몇 개의 파드를 시작하거나 제거해야 할지, 요청한 상태 값에 맞도록 취해야 할 행동을 계산한다. 그 후 실행한다. HPA 컨트롤러도 있는데, 메트릭을 기반으로 디플로이먼트[deployment]의 파드 숫자를 늘리거나 줄일 수 있다. 디플로이먼트는 파드와 레플리카셋의 상위 개념으로 파드를 업데이트하는 방법을 규정할 수 있다(https://kubernetes.io/docs/concepts/workloads/controllers/deployment/). 그리고 디플로이먼트가 파드의 수를 조정하기 위해서는 내부적으로 레플리카셋 컨트롤러를 의존한다. 파드의 수가 조정된 뒤에도 레플리카셋 컨트롤러가 컨트롤 루프를 실행해 원하는 파드 숫자에 도달하도록 조정한다.

컨트롤러의 역할은 실제 상태[live state]와 원하는 상태[desired state]가 일치하는지 관찰하고, 최종 상태에 도달하기 위해 지속적으로 조정하는 것이다. 이렇게 각각의 컨트롤러는 클러스터에서 각자 맡은 부분을 관리하는 데 특화돼 있다.

앞선 예제에서 쿠버네티스 내부 컨트롤러에 대해 이야기했지만, 직접 컨트롤러를 만들 수도 있다. Argo CD 또한 컨트롤 루프를 통해 깃 리포지터리에서 선언된 상태와 클러스터의 상태를 일치시키면서 컨트롤러로 동작한다. 다만 Argo CD는 컨트롤러보다 오퍼레이터에 가깝다. 이 둘의 차이점은 컨트롤러는 쿠버네티스 내부 오브젝트에서 작동하는 반면 오퍼레이터는 쿠버네티스와 그 외의 것들까지 다룰 수 있다. Argo CD의 경우, 깃 리포지터리는 오퍼레이터가 처리하는 외부 구성 요소이고, 이는 커스텀 리소스[9][custom resource](https://kubernetes.io/docs/concepts/extend-kubernetes/api-extension/custom-resources/)를 사용해 수행한다. 커스텀 리소스를 이용하면 쿠버네티스의 기능을 확장할 수 있다.

지금까지 모든 컴포넌트와 연결돼 있는 API 서버로 쿠버네티스 아키텍처를 살펴봤다. 그리고 컨트롤러가 어떻게 동작하는지, 컨트롤 루프 내에서 클러스터를 어떻게 원하는

---

9   커스텀 리소스는 쿠버네티스에서 새로운 리소스 유형을 정의해 사용할 수 있는 확장 기능이다. 이러한 리소스는 Kubernetes API를 통해 사용할 수 있으며, 쿠버네티스의 기본 리소스들과 동일한 방식으로 관리된다. – 옮긴이

상태로 만드는지도 알아봤다. 다음으로 어떻게 원하는 상태를 정의하는지에 대해 알아본다. 명령형 방식으로 시작해 더 중요한 선언형 방식까지 설명하고 이를 통해 깃옵스에 대해 좀 더 자세히 알아보자.

명령형 API와 선언형 API

앞서 명령형imperative 방식과 선언형declarative 방식의 차이를 어느 정도 살펴봤다. 명령형 방식은 명확하게 수행할 작업을 지정하는 것으로, 예를 들면 '3개의 파드를 시작하라'라고 명시하는 것이다.[10] 반면 선언적 스타일은 의도를 지정하는 것인데, 예를 들면 '디플로이먼트에는 3개의 파드가 실행되고 있어야 한다'라고 명시하는 것으로 필요한 행동이 계산돼야 한다(파드 3개를 맞추기 위해 파드를 증가시키거나 감소시키거나 이미 3개가 실행 중인 경우 아무 작업도 수행하지 않을 수 있다). 명령형 방식과 선언형 방식은 kubectl 클라이언트를 통해 구현된다.

명령형 방식 – 직접 명령

쿠버네티스 오브젝트를 생성, 업데이트, 삭제할 때 명령형으로 할 수 있다.

네임스페이스를 만들기 위해 다음 명령어를 실행한다.

```
kubectl create namespace test-imperative
```

그리고 생성한 네임스페이스를 조회하기 위해 다음 명령어를 실행한다.

```
kubectl get namespace test-imperative
```

네임스페이스 내부의 디플로이먼트를 생성할 때는 다음과 같이 입력한다.

---

10 명령형 방식은 절차적 방식으로 진행돼 일련의 명령어를 순서대로 적용해야 한다. – 옮긴이

```
kubectl create deployment nginx-imperative --image=nginx -n test-imperative
```

그리고 생성된 디플로이먼트를 조회할 때는 다음과 같다.

```
kubectl get deployment -n test-imperative nginx-imperative
```

생성한 리소스를 업데이트할 때 kubectl label 명령으로 리소스의 레이블[label]을 수정할 수 있다. kubectl scale 명령을 통해 디플로이먼트, 레플리카셋, 스테이트풀셋[StatefulSet]의 파드 수를 조절할 수 있고, kubectl set env 명령으로 환경변수를 세팅할 수 있다. 그리고 kubectl set image 명령을 통해 컨테이너의 이미지를 설정하고 kubectl set resources 명령을 통해 컨테이너 리소스를 변경하는 등 다양하게 사용할 수 있다.

만약에 네임스페이스에 레이블을 넣고 싶다면 다음 명령어를 실행한다.

```
kubectl label namespace test-imperative namespace=imperative-apps
```

마지막으로 방금 생성한 리소스를 제거하려면 다음 명령어를 실행한다.

```
kubectl delete deployment -n test-imperative nginx-imperative
kubectl delete namespace test-imperative
```

명령형 커맨드는 수행하는 작업이 명확하고 네임스페이스같이 작은 리소스를 다룰 때 의미가 있다. 그러나 디플로이먼트와 같이 복잡한 리소스의 경우 컨테이너 이미지, 이미지 태그, 이미지 풀[pull] 정책이나 프라이빗 이미지 저장소에 대한 접근 정보, 초기화 컨테이너와 여러 다른 옵션 등 수많은 플래그 정보를 전달하게 된다. 이런 많은 플래그를 다룰 수 있는 더 좋은 방법에 대해 살펴보자.

명령형 방식 - 구성 파일 사용

명령형 커맨드는 구성 파일[configuration file]을 만들어 사용할 수도 있다. 명령에 전달하는 플래그 수가 많이 줄어들기 때문에 작업을 더 쉽게 할 수 있다. 구성 파일을 사용해 생성하고 싶은 것을 요청할 수 있다.

다음은 네임스페이스를 생성하는 구성 파일이다. 어떤 레이블이나 어노테이션[annotation] 도 없는 가장 간단한 내용도 가능하다. 이 파일은 이 책의 공식 깃허브 리포지터리 (https://github.com/PacktPublishing/ArgoCD-in-Practice)의 ch01/imperative-config 폴 더에서도 확인할 수 있다.

다음 코드를 namespace.yaml 파일에 붙여 넣어보자.

▼ 위치: ch01/imperative-config/namespace.yaml

```
apiVersion: v1
kind: Namespace
metadata:
  name: imperative-config-test
```

다음 명령을 실행해보자.

```
kubectl create -f namespace.yaml
```

이번에는 deployment.yaml이라는 파일을 생성해 다음 코드를 붙여 넣어보자.

▼ 위치: ch01/imperative-config/deployment.yaml

```
apiVersion: apps/v1
kind: Deployment
metadata:
  name: nginx-deployment
  namespace: imperative-config-test
spec:
  selector:
    matchLabels:
      app: nginx
  template:
    metadata:
      labels:
        app: nginx
    spec:
      containers:
      - name: nginx
        image: nginx
```

그리고 다음 명령을 실행해보자.

```
kubectl create -f deployment.yaml
```

위에서 실행한 명령으로 명령형 커맨드로 직접 생성한 것과 동일하게 네임스페이스와 디플로이먼트를 생성했다. kubectl create deployment에 복잡한 플래그를 붙이는 것보다 훨씬 간단한 것을 확인할 수 있다. 게다가 모든 필드에 플래그를 사용할 수 있는 것은 아니므로 필드와 플래그가 점점 많아질수록 구성 파일을 사용하는 것이 유리하다.

구성 파일을 통해 리소스를 수정할 수도 있다. 이번에는 이미 배포한 네임스페이스에 새로운 레이블을 넣어볼 것이다. 기존 namespace.yaml에 다음과 같이 labels로 시작하는 두 줄을 추가해보자. 수정된 코드는 이 책의 공식 리포지터리(https://github.com/PacktPublishing/ArgoCD-in-Practice) ch01/imperative-config 폴더의 namespace-with-labels.yaml 파일에서도 확인할 수 있다.

▼ 위치: ch01/imperative-config/namespace-with-labels.yaml

```
apiVersion: v1
kind: Namespace
metadata:
  name: imperative-config-test
  labels:
    name: imperative-config-test
```

이제 다음 명령을 실행해보자.

```
kubectl replace -f namespace.yaml
```

다음 명령을 통해 레이블이 잘 추가됐는지 확인해보자.

```
kubectl get namespace imperative-config-test -o yaml
```

이런 방식은 플래그를 통해 명령을 전달하는 것과 비교해 효과적이고 나중에 참조할 수 있도록 해당 파일에 대한 버전 제어가 가능하다. 만약 리소스를 새로 생성하는 경우 kubectl create를 사용하고, 이미 리소스가 존재하는 경우 kubectl replace를 사용해 명령에 명확한 의도를 전달할 수 있다. 다만 몇 가지 주의 사항이 있는데 kubectl replace 명령은 리소스를 모두 수정하기 때문에 만약 중간에 누군가 (다른 방식으로) 네임스페이스에 어노테이션을 추가하는 등 변경한 것이 있다면 손실될 수 있다.

선언형 방식 – 구성 파일 사용

앞서 본 것처럼 구성 파일을 사용해 생성하는 게 훨씬 쉽다는 것을 알 수 있다. 파일을 수정한 후에 간단히 업데이트나 동기화 명령을 실행하면 된다. kubectl label 명령을 사용하는 것보다 파일 내부에 있는 레이블 필드를 수정하면 되고, 디플로이먼트의 파드 수 조절, 컨테이너 리소스 설정, 컨테이너 이미지 수정 등의 작업도 동일하게 파일 내부의 값만 수정하면 된다. 그리고 kubectl apply 명령을 통해 새로운 파일이든 수정된 파일이든 상관없이 API 서버에 전달할 수 있다.

declarative-files 폴더를 새로 생성해, 다음 코드를 담은 namespace.yaml 파일을 넣어보자. 이 파일은 이 책의 공식 깃허브 리포지터리(https://github.com/PacktPublishing/ArgoCD-in-Practice)의 ch01/declarative-files 폴더에서도 확인 가능하다.

▼ 위치: ch01/declarative-files/namespace.yaml

```
apiVersion: v1
kind: Namespace
metadata:
  name: declarative-files
```

다음 명령을 실행해보자.

```
kubectl apply -f declarative-files/namespace.yaml
```

콘솔에는 다음과 같이 출력될 것이다.

```
namespace/declarative-files created
```

이제 namespace.yaml 파일에 다음과 같이 레이블을 추가해보자.

▼ 위치: ch01/declarative-files/namespace.yaml

```
apiVersion: v1
kind: Namespace
metadata:
  name: declarative-files
  labels:
    namespace: declarative-files
```

그리고 다음 명령을 실행해보자.

```
kubectl apply -f declarative-files/namespace.yaml
```

콘솔에는 다음과 같이 출력될 것이다.

```
namespace/declarative-files configured
```

앞선 두 경우를 비교해보자. 명령을 실행하기 전에 클라이언트(또는 서버)는 클러스터의 기존 상태를 파악해 파일에서 원하는 상태와 비교한 후, 원하는 상태에 맞추기 위해 해야 할 작업을 계산한다(클라이언트 측 또는 서버 측에 apply하는 내용의 추가적인 설명은 43쪽 '노트' 참고). 첫 번째 apply 예시에서는 네임스페이스가 존재하지 않았기 때문에 생성해야 했고, 반면에 두 번째 apply에서는 네임스페이스가 존재하지만 레이블이 없었기 때문에 레이블만 추가했다.

declarative-files 폴더 내에 deployment.yaml 파일을 만들고 다음 내용으로 코드를 추가한다.

▼ 위치: ch01/declarative-files/deployment.yaml

```
apiVersion: apps/v1
kind: Deployment
metadata:
  name: nginx
  namespace: declarative-files
spec:
  selector:
    matchLabels:
      app: nginx
  template:
    metadata:
      labels:
        app: nginx
    spec:
      containers:
      - name: nginx
        image: nginx
```

다음 명령어를 실행시키면 해당 네임스페이스 내에 디플로이먼트를 배포할 것이다.

```
kubectl apply -f declarative-files/deployment.yaml
```

만약 deployment.yaml 내용을 변경하고 싶다면(레이블, 컨테이너 리소스, 이미지, 환경변수 등) 해당 내용을 변경하고, 위에서 사용했던 kubectl apply 명령어를 그대로 사용하면 된다. 그러면 클러스터에 변경 사항이 반영될 것이다.

선언형 방식 - 구성 폴더와 함께

이번 절에서는 declarative-folder라는 새로운 폴더를 생성하고 2개의 파일을 생성해볼 것이다.

먼저 namespace.yaml 파일이다. 코드는 이 책의 공식 깃허브 리포지터리(https://github.com/PacktPublishing/ArgoCD-in-Practice)의 ch01/declarative-folder에서 확인할 수 있다.

▼ 위치: ch01/declarative-folder/namespace.yaml

```
apiVersion: v1
kind: Namespace
metadata:
  name: declarative-folder
```

다음은 deployment.yaml 파일이다.

▼ 위치: ch01/declarative-folder/deployment.yaml

```
apiVersion: apps/v1
kind: Deployment
metadata:
 name: nginx
 namespace: declarative-folder
spec:
 selector:
   matchLabels:
     app: nginx
 template:
   metadata:
     labels:
       app: nginx
   spec:
     containers:
     - name: nginx
       image: nginx
```

그리고 다음 명령어를 실행시켜본다.

```
kubectl apply -f declarative-folder
```

만약 다음과 같은 에러가 보여도 걱정하지 말자.

```
namespace/declarative-folder created
Error from server (NotFound): error when creating "declarative-folder/
deployment.yaml": namespaces "declarative-folder" not found
```

에러가 발생한 이유는 동시에 2개의 리소스를 필요로 하기 때문이다. 디플로이먼트는 네임스페이스를 기반으로 만들기 때문에 디플로이먼트를 배포하기 전에 이미 네임스페이스가 존재하는 상태여야 한다. 그래서 메시지를 살펴보면 네임스페이스는 만들어졌지만, 서버에서는 API 요청이 동시에 이뤄져 디플로이먼트가 생성될 시점에 네임스페이스가 준비되지 않은 것으로 판단한다. 따라서 똑같은 명령어를 다시 실행해 에러를 해결할 수 있다.

```
kubectl apply -f declarative-folder
```

콘솔에서는 다음과 같은 결과가 나올 것이다.

```
deployment.apps/nginx created
namespace/declarative-folder unchanged
```

왜냐하면 이미 네임스페이스는 존재하고, 디플로이먼트가 생성되는 동안 네임스페이스에 대해서는 별도의 작업이 없기 때문이다.

kubectl apply 명령으로 declarative-folder 폴더에 존재하는 모든 파일에서 찾은 리소스를 각각 계산해 변경 사항을 API 서버로 호출한다. 비록 리소스가 서로 간의 의존성이 있다면 까다로울 수 있지만 파일뿐 아니라 폴더 전체도 apply할 수 있다. 따라서 파일을 수정하고 폴더를 apply하게 되면 모든 변경 사항이 적용된다. 이 방법으로 클러스터에서 애플리케이션을 구축한다면 나중에 참조할 수 있도록 모든 파일을 소스 제어 저장소에 두고 이후에도 언제든 변경 사항을 더 쉽게 적용할 수 있도록 하는 것이 좋다.

하지만 이렇게 폴더나 파일뿐 아니라 깃 리포지터리를 apply할 수 있다면 어떨까? 결국에는 로컬 깃 리포지터리가 폴더가 되고 깃옵스 오퍼레이터를 활용하면 된다. 깃옵스 오퍼레이터는 깃 리포지터리에서 kubectl apply를 사용할 수 있게 해준다.

간단한 깃옵스 오퍼레이터 구축

컨트롤 루프가 어떻게 동작하는지, 선언형 명령은 어떻게 사용하는지 알아봤고, 기본적
인 깃 명령어에 대해서도 알아봤으니 깃옵스 오퍼레이터를 구축할 기본 지식이 많이 쌓
였을 것이다. 이제 다음과 같이 세 가지 필드를 만들어보자.

1. 깃 리포지터리를 복제^{clone}한다. 만약 이미 복제했다면 가져오기^{pull}를 수행해 깃 리포
   지터리 최신 내용을 동기화한다.

2. 깃 리포지터리 내용을 적용^{apply}한다.

3. 앞의 1, 2 과정을 반복해 깃 리포지터리 변경 사항을 지속적으로 적용한다.

이 코드는 Go 언어로 작성됐다. Go는 구글에서 개발한 최신 언어로서 도커, 테라폼,
쿠버네티스, Argo CD와 같은 여러 운영 도구가 Go로 구축돼 있다.

노트

컨트롤러나 오퍼레이터를 개발하기 위해서는 Operator Framework(https://operatorframework.
io), Kubebuilder(https://book.kubebuilder.io), 혹은 sample-controller(https://github.com/
kubernetes/sample-controller)와 같은 프레임워크를 사용해야 한다.

모든 코드는 이 책의 깃허브 공식 리포지터리(https://github.com/PacktPublishing/ArgoCD-
in-Practice)의 ch01/basic-gitops-operator에서 확인할 수 있다. YAML<sup>YAML Ain't Markup
Language</sup> 파일의 경우 ch01/basic-gitops-operator-config에서 확인 가능하다.

syncRepo 함수는 복사하고 동기화할 리포지터리의 **URL**^{Uniform Resource Locator}과 로컬 경로를 입력받는다. 이 함수는 **go-git** 라이브러리(https://github.com/go-git/go-git)의 `git.PlainClone` 함수를 사용해 리포지터리를 복제하고 동기화를 시도한다. 만약 `git.ErrRepositoryAlreadyExists` 에러가 발생한다면 이미 리포지터리를 복제한 상태이므로 원격 저장소에서 최신 업데이트를 가져와야 한다. 다음으로, 로컬에서 깃 리포지터리를 열고 작업트리를 로드한 다음 `pull` 메서드를 호출한다. 이 메서드는 이미 최신 버전으로 동기화돼 있어 더 이상 원격 리포지터리로부터 다운로드할 내용이 없을 때 `err`을 반환한다(err 조건은 `if err != nil && err == git.NoErrAlreadyUpToDate`다). 따라서 `err`를 반환하더라도 정상적인 상태다. 다음 코드를 통해 이를 확인해보자.

▼ 위치: ch01/basic–gitops–operator/main.go

```go
...(중략)...
func syncRepo(repoUrl, localPath string) error {
    _, err := git.PlainClone(localPath, false, &git.CloneOptions{
        URL:      repoUrl,
        Progress: os.Stdout,
    })

    if err == git.ErrRepositoryAlreadyExists {
        repo, err := git.PlainOpen(localPath)
        if err != nil {
            return err
        }
        w, err := repo.Worktree()
        if err != nil {
            return err
        }
        err = w.Pull(&git.PullOptions{
            RemoteName: "origin",
            Progress:   os.Stdout,
        })
        if err == git.NoErrAlreadyUpToDate {
            return err
        }
        return err
    }
```

```
        return err
    }
    ...(중략)...
```

다음으로, `applyManifestsClient` 메서드 내부에는 다운로드한 리포지터리의 폴더 내용을 적용하는 부분이 있다. 여기에서는 `kubectl apply` 명령에 대한 간단한 래퍼wrapper[11]를 생성해 리포지터리에서 가져온 YAML 매니페스트가 있는 폴더를 매개변수parameter로 전달한다. `kubectl apply` 명령 대신 PATCH 메서드(이 메서드는 application/apply-patch+yaml content-type 헤더를 가진다)를 이용해 쿠버네티스 API를 사용할 수도 있지만, 각 파일을 읽고 해당 쿠버네티스 리소스로 변환돼 API 호출의 매개변수로 전달되야 하기 때문에 코드가 더 복잡해진다. `kubectl apply` 명령에는 이미 이 작업을 수행하므로 이것이 가장 간단한 구현 방법이다. 다음 코드에서 이 과정을 확인할 수 있다.

▼ 위치: ch01/basic-gitops-operator/main.go

```
...(중략)...
func applyManifestsClient(localPath string) error {
    dir, err := os.Getwd()
    if err != nil {
        return err
    }
    cmd := exec.Command("kubectl", "apply", "-f", path.Join(dir, localPath))
    cmd.Stdout = os.Stdout
    cmd.Stderr = os.Stderr
    err = cmd.Run()
    return err
}
...(중략)...
```

마지막으로 main 함수는 이러한 기능들을 호출하는 곳이다. 깃 리포지터리를 동기화하고 클러스터에 매니페스트를 적용해 5초 간격으로 루프에서 수행한다(데모를 목적으로 시간을 짧게 설정했지만 실제 환경에서 Argo CD는 3분마다 동기화를 수행한다). 필요한 변수 값을

---

11 다른 프로그램이나 기능을 감싸서 추가적인 기능을 제공하거나 사용을 간소화하는 스크립트나 프로그램으로 main.go 코드의 cmd 부분에서 확인할 수 있다. − 옮긴이

정의하고, 복제할 깃 리포지터리를 지정한다. 저장소를 포크^{fork}한 경우 gitopsRepo 값을
수정해야 한다. 다음으로, syncRepo 메서드메서드를 호출해 오류를 확인한 다음, 정상
상태면 applyManifestsClient를 호출한다. 마지막 부분은 채널^{channel}을 사용해 Go에서
타이머를 구현하는 방법이다.

노트

> **코드 파일 완성하기**
>
> package와 import 선언을 포함해 완성된 코드는 다음과 같다. 다음 코드를 main.go에 복사해 이전
> 에 설명한 기능을 모두 구현할 수 있다.

다음은 모든 것이 구성된 main 함수의 코드다.

▼ 위치: ch01/basic-gitops-operator/main.go

```
package main
import (
    "fmt"
    "os"
    "os/exec"
    "path"
    "time"
    "github.com/go-git/go-git/v5"
)
func main() {
    timerSec := 5 * time.Second
    gitopsRepo := "https://github.com/PacktPublishing/ArgoCD-in-Practice.git"
localPath := "tmp/"
    pathToApply := "ch01/basic-gitops-operator-config"
    for {
        fmt.Println("start repo sync")
        err := syncRepo(gitopsRepo, localPath)
        if err != nil {
            fmt.Printf("repo sync error: %s", err)
            return
        }
        fmt.Println("start manifests apply")
        err = applyManifestsClient(path.Join(localPath, pathToApply))
        if err != nil {
            fmt.Printf("manifests apply error: %s", err)
```

```
        }
        syncTimer := time.NewTimer(timerSec)
        fmt.Printf("\n next sync in %s \n", timerSec)
        <-syncTimer.C
    }
}
```

이전 코드가 작동하게 하려면 코드가 위치한 폴더로 가서 다음 명령을 실행한다.

```
go mod init github.com/<본인의 username>/basic-gitops-operator
```

이 명령은 필요한 Go 모듈을 저장할 go.mod 파일을 생성한다. 그런 다음 main.go라는 파일을 생성하고 이전의 코드 조각을 그 안에 복사하고 syncRepo, applyManifestsClient, main의 3개 함수를 추가한다(main 함수와 함께 제공되는 package와 import 선언도 추가한다). 그리고 다음 명령을 실행한다.

```
go get .
```

이렇게 입력하면 모든 모듈이 다운로드된다(마지막에 점을 꼭 넣길 바란다).

그리고 마지막 단계는 다음 명령을 사용해 지금까지 했던 모든 것을 실행시킨다.

```
go run main.go
```

애플리케이션이 실행되면 tmp 이름을 갖는 폴더를 생성한다. 이 폴더 안에서 클러스터에 적용할 매니페스트를 관리한다. 콘솔에서 나오는 실행 결과는 다음과 같다.

```
start repo sync
Enumerating objects: 36, done.
Counting objects: 100% (36/36), done.
Compressing objects: 100% (24/24), done.
Total 36 (delta 8), reused 34 (delta 6), pack-reused 0
start manifests apply
namespace/nginx created
Error from server (NotFound): error when creating "<>/argocd-in-practice/
```

```
ch01/basic-gitops-operator/tmp/ch01/basic-gitops-operator-config/deployment.
yaml": namespaces "nginx" not found manifests apply error: exit status 1
next sync in 30s
start repo sync
start manifests apply
deployment.apps/nginx created
namespace/nginx unchanged
```

전체 폴더를 적용하려고 했기 때문에 위와 같은 에러가 발생했지만, 오퍼레이터를 두 번째 실행할 때는 디플로이먼트가 잘 생성될 것이다. 클러스터를 살펴보면 nginx라는 네임스페이스를 찾을 수 있고, nginx 디플로이먼트도 존재할 것이다. 자유롭게 리포지터리를 포크해서 오퍼레이터와 적용된 구성을 변경해보자.

노트

> **네임스페이스 먼저 적용하기**
>
> 이와 같은 네임스페이스에 대한 생성 문제는 Argo CD가 먼저 네임스페이스를 식별하고 적용하면서 해결됐다.

간단한 깃옵스 오퍼레이터를 생성해 깃 리포지터리를 복제하고, 원격 리포지터리와 동기화 상태를 유지하며 콘텐츠를 가져와 적용하는 단계를 확인했다. 만약 매니페스트 변경 사항이 없다면 kubectl apply 명령은 클러스터에서 수정할 사항이 없으며, 이런 과정을 1장의 앞부분에서 소개한 컨트롤 루프와 비슷한 방식으로 동작한다. Argo CD는 이런 오퍼레이터 동작과 비슷할 뿐 아니라 성능은 더 향상되고 많은 기능이 추가됐다.

IaC와 깃옵스

어떻게 깃옵스가 IaC 원리를 기반으로 하고 있고, 둘의 차이점은 무엇인지를 비교하는 많은 기사와 블로그 포스트를 찾아볼 수 있다. 이 둘은 공통점이 매우 많다. 특히 소스 제어를 통해 상태를 저장하는 점은 매우 동일하다. 요즘 IaC라고 하면 인프라를 수동이 아닌 자동으로 생성하고 소스 제어를 통해 애플리케이션 코드처럼 코드로 저장되는 방식을 말한다.

IaC를 사용하면 파이프라인을 사용해 변경 사항을 적용할 수 있고 수동으로 프로비저닝하는 것보다 큰 이점이 있다. 이를 통해 필요할 때마다 동일한 환경을 생성할 수 있으므로 스테이징과 프로덕션 환경 간의 불일치가 줄어들게 된다. 예를 들어 개발자는 구성 드리프트[12]로 인해 발생하는 특수한 상황이나 문제를 디버깅하는 데 사용되는 시간을 줄일 수 있다.

변경 사항을 적용하는 방법은 명령형이든 선언형이든 관계없다. CloudFormation이나 테라폼과 같이 특성상 선언형만 지원되는 경우도 있지만 대부분 도구가 두 가지 방식을 모두 지원하고 있다. 처음에는 대부분 명령형 방식을 사용했지만 최근에는 선언형 구성이 더 인기를 끌면서 선언형 구성을 채택하고 있다(https://next.redhat.com/2017/07/24/ansible-declares-declarative-intent).

소스 제어를 통해 인프라를 관리하면 다양한 이점이 있다. PR을 통해 변경 사항이 승인되고 병합merge될 때까지는 추가적인 토론이나 아이디어 제공, 개선 사항 추가, 동료 검토 등을 할 수 있다. 또한 모두가 인프라 변경 사항을 명확하게 확인하고 감시할 수 있다.

1장의 시작에서 Application Delivery TAG가 만든 깃옵스 정의를 설명할 때 이러한 원칙들을 모두 다뤘다. 그러나 더 중요한 점은 IaC 정의에는 포함되지 않은 몇 가지 깃옵스 정의가 있다는 점이다. 예를 들어 소프트웨어 에이전트나 폐쇄 루프 등이다. IaC는 일반적으로 CI/CD 시스템과 함께 적용되며, 파이프라인이 시스템(클라우드, 데이터베이스 클러스터, 가상 머신 등)에 연결돼 변경 작업을 수행하는 푸시 모드로 작동한다. 그 반면 깃옵스는 에이전트가 소스 컨트롤에 선언된 상태와 시스템의 상태를 조율하는 데 사용되는 것이다. 차이점이 계산되고 적용될 때까지 루프가 반복되는데, 이를 통해 상태가 일치하도록 조율된다. 그리고 우리는 이 조율이 계속해서 발생해 더 이상 차이점이 발견되지 않을 때까지 반복되는 실제 루프를 봤다.

IaC 설정은 이와 다르게 진행한다. 인프라 변경 사항을 적용하는 오퍼레이터나 컨트롤러가 없다. 업데이트는 푸시 방식으로 이뤄지는데, 깃옵스의 풀 방식이 보안상 좀 더 우

---

12 구성 드리프트는 시스템이나 네트워크의 의도한 구성과 실제 구성 사이의 불일치를 의미한다. – 옮긴이

수한 접근 방식이다. 파이프라인이나 CI/CD 시스템이 프로덕션 자격 증명을 갖지 않는 대신 에이전트가 자격 증명을 저장하고, 프로덕션과 동일한 계정에서 실행하거나 신뢰할 수 있는 다른 계정에서 실행할 수 있다.

에이전트가 변경 사항을 적용하는 것은 깃옵스가 선언적인 방식만 지원할 수 있다는 말이다. 따라서 원하는 상태를 명확히 지정할 수 있어야 한다. 그러나 그것을 어떻게 원하는 상태로 변경할지에 대한 통제권은 거의 없기 때문에 컨트롤러와 오퍼레이터가 이를 해결해줄 것이다.

이전부터 IaC로 정의된 도구를 깃옵스 방식으로 사용할 수 있을까? 가능하다. 테라폼과 아틀란티스Atlantis(https://www.runatlantis.io)가 좋은 예시다. 아틀란티스는 원격 설정으로 에이전트를 실행하는 방식으로 모든 명령이 파이프라인에서 실행되는 게 아니라 에이전트가 실행한다. 이는 깃옵스 정의에 알맞지만 세부적으로 들어가면 폐쇄 루프와 관련해 일부 다른 점을 찾을 수 있다.

내 생각에 아틀란티스는 깃옵스 방식으로 인프라 변경 사항을 적용하는 반면, 파이프라인에서 테라폼을 적용하면 IaC이다.

따라서 이런 관행들의 차이점은 적고 오히려 밀접하게 관련돼 있다. 둘 다 소스 제어 시스템에 상태를 저장하고 PR로 변경을 진행한다. 깃옵스가 IaC와 비교해 갖는 차이점은 에이전트와 컨트롤 루프라는 개념을 통해 보안을 향상시켰고, 선언적 방식으로만 작동한다는 점이다.

⁙ 요약

1장에서는 깃옵스의 의미와 쿠버네티스의 어떤 부분이 깃옵스를 가능하게 했는지 알아봤다. API 서버가 다른 컴포넌트들과 어떻게 연결되고 컨트롤러가 어떻게 작동하는지 확인하고, 몇 가지 컨트롤러를 소개하면서 끊임없는 컨트롤 루프에서 상태 변경에 어떻게 반응하는지 설명했다. 명령형 커맨드에서 시작해 폴더뿐 아니라 깃 리포지터리를 적용하는 경로를 확인하고 쿠버네티스의 선언적 특성에 대해 자세히 살펴봤다. 마지막으로 Argo CD가 어떻게 동작하는지 확인할 수 있도록 매우 간단한 컨트롤러를 구현해봤다.

2장에서는 Argo CD와 그 작동 방식, 개념, 아키텍처, 동기화 원칙에 대해 세부적으로 알아볼 것이다.

⁝⁝⁝ 더 알아보기

좀 더 많은 정보를 확인하고 싶다면 다음 자료들을 참고하기 바란다.

- 쿠버네티스 컨트롤러 아키텍처: https://kubernetes.io/docs/concepts/architecture/controller/

- 클러스터에 변경 사항을 적용하기 위해서는 kubectl apply 명령을 사용했다. 그런데 만약 Go 코드를 사용해 쿠버네티스 API를 사용하고 싶다면 다음 예시를 참고하기 바란다.
  https://github.com/kubernetes/client-go/tree/master/examples

- 다양한 kubectl의 선언적 설정 옵션: https://kubernetes.io/docs/tasks/manage-kubernetes-objects/declarative-config/

- 깃옵스 작업 그룹은 OpenGitOps를 통해 깃옵스 원칙을 제시: https://opengitops.dev

02

Argo CD 시작하기

2장에서는 Argo CD가 무엇인지 설명하고 이를 이루고 있는 기반 기술을 알아보면서 기본 개념을 습득한다. Argo CD의 핵심 개념을 설명하고 정확하게 이해하는 데 필요한 용어를 정리해볼 것이다.

Argo CD의 전반적인 아키텍처와 깃옵스의 관점에서 전형적인 작동 방식이 어떻게 되는지 알아본다. 각각의 핵심 개념을 설명하고 역할이 무엇인지 이해하면서 잠재적 이슈를 문제 해결할 수 있도록 한다.

후반부에서는 쿠버네티스 클러스터에 Argo CD를 설치해보고, Argo CD를 사용해 애플리케이션을 배포하고, 깃옵스 과정을 확인해본다.

2장에서 다룰 주요 주제는 다음과 같다.

- Argo CD란 무엇인가?

- 핵심 개념과 용어 정리

- 아키텍처 설명

- 동기화 원리synchronization principle

⁝ 기술 요구 사항

2장에서는 접근 가능한 쿠버네티스 클러스터가 있어야 한다.

- kind(https://kind.sigs.k8s.io/)

- K3s(https://docs.k3s.io/)

- minikube(https://minikube.sigs.k8s.io/docs/)

- MicroK8s(https://microk8s.io/docs)

Argo CD와 데모 애플리케이션을 쿠버네티스 클러스터에 배포하기 위해 헬름^{Helm} 차트를 사용할 것이다. 따라서 로컬 컴퓨터에 헬름 CLI(https://helm.sh/docs/intro/quickstart/)를 설치해야 한다. 헬름 차트의 값을 수정하기 위해 비주얼 스튜디오 코드^{VS Code, Visual Studio Code}(https://code.visualstudio.com)도 필요하다. 코드는 이 책의 공식 깃허브 리포지터리(https://github.com/PacktPublishing/ArgoCD-in-Practice)의 **ch02** 폴더에서 확인 가능하다.

⁝ Argo CD란 무엇인가?

수년간 애플리케이션은 개발, 테스트, 스테이징^{staging}, 프로덕션^{production} 환경으로 구분했다. 쿠버네티스에서 이렇게 환경을 분리하는 방법은 다양하고 팀의 크기나 예산같이 다양한 요소에 따라 달라진다. 환경별로 쿠버네티스 클러스터가 있거나, 아니면 하나의 클러스터 안에서 네임스페이스로 구분하는 식이다. 후자는 배포가 필요한 리소스를 위해 네임스페이스를 새로 만들고 애플리케이션을 구성하는 데 필요한 모든 환경(컨피그맵 ConfigMap, 시크릿^{Secrets}, 인그레스^{Ingress} 등)을 추가한다.

앞서 언급한 접근 방식의 단점은 시간이 지남에 따라 구성 드리프트^{configuration drift}[1]가 발생한다는 것이다. 예를 들어 개발 환경 클러스터 네임스페이스에만 최신 버전의 애플

---

[1] 시간이 지남에 따라 인프라 자원들이 서로 다른 상태가 되는 현상 – 옮긴이

리케이션이 배포됐거나 네트워크 정책network policy과 같은 리소스를 수정한 경우, 나머지 다른 환경을 개발 환경과 동일하게 맞추기 위해서는 다른 부분을 확인해 수동으로 변경해줘야 한다. 이 문제를 단순화하려면 헬름, Kustomzie, 제이소넷jsonnet과 같은 패키지 매니저를 사용해 애플리케이션 리소스를 재활용하고 하나의 단일 지점single point of authority처럼 관리하는 방법이 있다. 예를 들어 헬름을 사용하면 여러 버전을 만들고 각 환경에 맞게 원하는 버전을 배포할 수 있다. 하지만 이 방식은 이력을 추적하기 어렵고 관리의 복잡성이 증가한다는 단점이 있다.

깃옵스 접근 방식을 따른다면 어떨까? 깃 리포지터리에 풀 리퀘스트 및 모든 변경 이력인 원천 소스source of truth를 보관한다. 만약 1장 깃옵스와 쿠버네티스에서 설명한 것처럼 유사한 컨트롤러가 있다면 어떨까? 컨트롤러는 깃 리포지터리의 모든 구성을 자동으로 적용할 것이다. 쿠버네티스 리소스를 수동적으로 변화하고 깃 리포지터리에 있지만 아직 반영되지 않은 내용들을 컨트롤러는 깃 리포지터리의 원천 소스를 유지하기 위해 의도한 상태로 다시 만들게 된다.

Argo CD와 친해지기

앞서 언급한 깃옵스는 Argo CD를 만나면서 더 발전했다. Argo CD는 선언적인 declarative 쿠버네티스의 깃옵스 CDContinuous Delivery 도구다. Argo CD의 핵심 구성 요소 중 애플리케이션 컨트롤러가 있다. 애플리케이션 컨트롤러는 운영 중인 애플리케이션을 지속적으로 관찰하고 현재 애플리케이션 상태와 원천 소스인 깃 리포지터리에 작성된 의도한 상태를 비교한다. 다음 사용 사례를 살펴보자.

- **배포 자동화**automated deployment: 깃 커밋 또는 CI 파이프라인이 동작하고 수동 동기화를 트리거한 후에 Argo CD 컨트롤러는 자동으로 클러스터를 깃 리포지터리에 의도한 상태로 푸시할 것이다. 이 방법은 Argo 이벤트 자동화 프레임워크(https://argoproj.github.io/argo-events/)를 사용하거나 사용자의 수동적인 요청을 통해서 가능하다.

- **관찰 가능성**observability: Argo CD는 애플리케이션 상태가 깃에서 의도한 상태와 동기화돼 있는지 식별할 수 있는 UI와 CLI를 제공하고 Argo CD Notifications 엔진을 제공한다.

- **멀티테넌시**^{multi-tenancy}: 인증을 위한 RBAC 정책을 사용해 여러 클러스터를 관리하고 배포하는 기능이다.

Argo Project는 다음과 같이 다양한 도구를 갖고 있다.

- Argo CD(https://argoproj.github.io/cd)
- Argo Rollouts(https://argoproj.github.io/rollouts)
- Argo Events(https://argoproj.github.io/events)
- Argo Workflows(https://argoproj.github.io/workflows)

이 모든 도구는 서로 보완적인 관계를 통해 깃옵스와 데브옵스 문화를 만들어가고 있다.

⠿ 핵심 개념과 용어 정리

이번에는 조정^{reconciliation}과 같은 Argo CD의 핵심 구성 요소 중 일부를 설명하고 Argo CD의 핵심 오브젝트인 사용자 리소스 정의^{CRD, Custom Resource Definition}를 자세히 설명한다. 동시에 Argo CD 작업을 위한 통용되는 용어^{common language}를 파악할 수 있도록 어휘를 알아볼 것이다. 마지막으로 조정 루프^{reconciliation loop}와 Argo CD의 작동 방식을 살펴보자.

Argo CD 조정

깃 리포지터리에 담긴 의도한 상태를 현재 상태의 클러스터와 일치시켜야 하며, 필요한 환경에 올바르게 전달해야 한다. 이것을 조정^{reconciling}이라고 하는데, Argo CD는 깃 리포지터리에서 쿠버네티스로 향하는 조정 루프 속에 있다. 헬름을 이용한다고 가정했을 때 그림 2.1에서 확인할 수 있다.

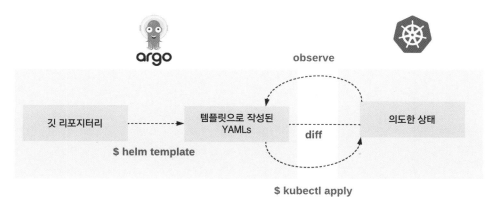

그림 2.1 조정 루프

그림 2.1을 보면 Argo CD는 바라보는 깃 리포지터리에 있는 헬름 차트를 쿠버네티스 yaml로 렌더링한다. 그리고 클러스터를 의도한 상태와 비교한다. 이걸 **동기화 상태**sync status라고 부른다. 만약 Argo CD가 다르다고 판단하면 자동 혹은 수동으로 `kubectl apply`를 사용해 템플릿화된 파일을 적용시키고 쿠버네티스를 의도한 상태로 변경한다. 또한 Argo CD는 운영 중인 쿠버네티스 리소스와 쿠버네티스의 의도한 상태를 비교하면서 애플리케이션의 상태 체크를 진행한다.

여기서 주목할 만한 점은 Argo CD가 `helm install`을 사용하지 않고 `kubectl apply`를 사용했다는 점이다. 왜냐하면 Argo CD는 여러 템플릿 도구를 지원하고 있는데, 이런 도구들을 래퍼로 사용하는 것이 아니라 깃옵스 원칙에 맞는 선언적 도구로 사용해 원하는 상태를 배포하는 데 목적이 있기 때문이다.

용어

깃옵스와 Argo CD의 핵심 개념 소개 후, 실제 현업에서 사용하고 있고 책을 이해하는 데 필요한 용어들을 알아보자.

- **애플리케이션**application: 쿠버네티스 리소스 그룹은 매니페스트에 의해 규정된다. Argo CD에서는 **CRD**(https://kubernetes.io/docs/concepts/extend-kubernetes/api-extension/custom-resources/#customresourcedefinitions)에서 규정한다.

- **애플리케이션 소스 타입**^{application source type}: 헬름, Kustomize, 제이소넷과 같이 애플리케이션을 구축하는 데 사용하는 도구다.

- **타깃 상태**^{target state}: 애플리케이션의 의도한 상태를 이야기하며 원천 소스인 깃 리포지터리를 의미한다.

- **현재 상태**^{live state}: 애플리케이션의 현재 상태로 쿠버네티스 클러스터에 배포된 상태를 의미한다.

- **동기화 상태**: 현재 상태와 타깃 상태가 일치하는지 확인한다. 즉, 쿠버네티스에 배포된 애플리케이션이 깃 리포지터리에서 설명된 의도한 상태와 일치하는지 여부를 확인한다.

- **동기화**^{sync}: 쿠버네티스 클러스터에 변화를 적용해 애플리케이션을 타깃 상태로 변경한다.

- **동기화 동작 상태**^{sync operation status}: 동기화 단계에서 작업이 실패인지 성공인지 여부를 보여준다.

- **새로고침**^{refresh}: 깃 리포지터리의 최신 코드와 현재 상태의 차이점을 비교한다.

- **서비스 상태**^{health status}: 애플리케이션이 요청을 받을 수 있고 운영 중인 상태인지를 말해준다.

아키텍처 설명

이번 절에서는 Argo CD 아키텍처를 깊게 알아보고 Argo CD의 핵심 구성 요소가 무엇인지 알아보자. 마지막에는 쿠버네티스 클러스터에서 Argo CD를 실행시켜보고 몇 가지 좋은 예제를 통해 Argo CD를 사용해보자.

아키텍처 개요

Argo CD의 핵심 구성 요소는 쿠버네티스 컨트롤러로 구성돼 있기 때문에 각 구성 요소를 개별적으로 살펴보기 전에 쿠버네티스 컨트롤러가 작동하는 방식을 이해해야 한다.

쿠버네티스 컨트롤러는 클러스터의 상태를 관찰한 다음 필요한 경우 변경 사항을 적용하거나 요청한다. 따라서 컨트롤러는 클러스터의 현재 상태를 의도한 상태와 비슷하게 유지하려고 한다. 컨트롤러는 쿠버네티스 리소스 오브젝트를 지속적으로 관찰하며, 이 리소스 오브젝트는 스펙spec 필드를 통해 의도한 상태를 나타낸다.

Argo CD의 핵심 구성 요소

Argo CD는 다양한 컴포넌트와 도구로 구성돼 있다. 이제 좀 더 세부적으로 살펴보고 Argo CD의 핵심에 해당하는 각각의 핵심 컴포넌트가 하는 역할을 알아보자.

- **API 서버**: Argo CD는 쿠버네티스와 비슷하게 API 서버가 있다. 이 API 서버는 웹 UI, CLI, 아르고 이벤트, CI/CD 시스템같이 다른 시스템과도 API를 통해 상호 작용한다. API 서버의 역할은 다음과 같다.

  - 애플리케이션 관리 및 상태 보고

  - 애플리케이션 트리거 작업

  - 깃 리포지터리와 쿠버네티스 클러스터 관리

  - 인증과 SSO 지원

  - RBAC 정책 강화

- **리포지터리 서버**: 리포지터리 서버의 주요 역할은 애플리케이션 매니페스트를 보관하는 깃 리포지터리의 로컬 캐시를 유지하는 것이다. 다른 Argo 컴포넌트는 쿠버네티스 매니페스트를 가져오기 위해 리포지터리 서버에 요청한다. 요청할 때 필요한 매개 변수는 다음과 같다.

  - 리포지터리 URL

  - 깃 버전

  - 애플리케이션 경로

○ 템플릿 세부 설정: 매개변수, ksonnet의 environment, 헬름의 values.yaml[2]

- **애플리케이션 컨트롤러**: 애플리케이션 컨트롤러는 지속적으로 애플리케이션의 현재 상태를 확인하고, 깃 리포지터리의 의도한 상태와 비교한다. 만약 리소스를 수정했는데 상태가 동기화되지 않은 경우, 컨트롤러가 상태를 동기화하려고 하며 현재 상태를 의도한 상태와 맞추려고 한다. 또 다른 역할은 사용자가 생성한 훅[hook]을 생명 주기 동안 실행시킨다.

그림 2.2는 Argo CD 아키텍처 개요다.

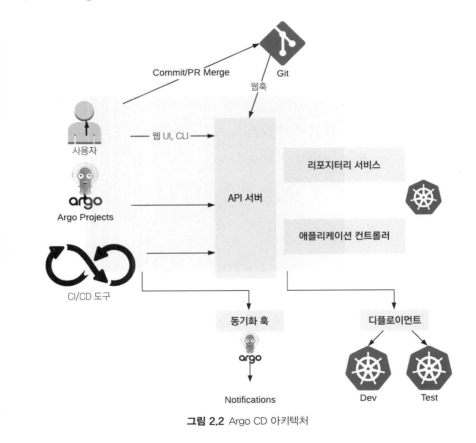

그림 2.2 Argo CD 아키텍처

---

2   ksonnet은 environment를 통해서, 헬름은 vaules.yaml을 통해서 쿠버네티스 리소스를 세부적으로 정의한다. – 옮긴이

그림 2.2에서 아르고 웹 UI, CLI와 CI/CD 도구들이 Argo CD의 API 서버와 직접 소통하는 것을 볼 수 있다. 앞서 설명한 것처럼 Argo CD는 리포지터리를 확인해 원하는 상태를 불러오고 기본적으로 3분마다 깃 리포지터리를 확인한다. 따라서 즉시 반영되지 않기 때문에 지연을 피하기 위해서는 동기화 단계를 즉시 트리거할 수 있는 몇 가지 다른 옵션이 있다.

첫째, Argo CD에는 동기화 단계를 수동으로 시작할 수 있는 UI가 포함돼 있으며 2장의 뒷부분에서 살펴볼 것이다.

둘째, Argo CD에는 그림 2.2에도 나왔던 것처럼 API 서버와 상호 작용하기 위해 사용하는 CLI도 있다. 예를 들어 CI/CD 또는 로컬 머신에서 CLI를 사용해 다음 명령으로 애플리케이션을 동기화할 수 있다.

```
argocd app sync myapp
```

마지막 옵션은 그림 2.2에서 본 것처럼 동기화 단계를 즉시 시작하는 웹훅web-hook 구성을 설정하는 것이다. Argo CD는 깃허브GitHub, 깃랩GitLab, 비트버킷Bitbucket, 비트버킷 서버Bitbucket Server, 곡스Gogs에서 웹훅 알림을 지원한다.

Argo CD의 핵심 오브젝트와 리소스

Argo CD 애플리케이션, 프로젝트, 리포지터리, 클러스터의 자격 증명과 설정 값들은 쿠버네티스 매니페스트를 이용해 선언적으로 정의할 수 있다. 이것을 CRD라고 한다. Argo CD의 핵심 오브젝트와 리소스를 자세히 알아보자.

- **애플리케이션**: Argo CD는 실제 쿠버네티스 클러스터에 배포하려는 애플리케이션의 인스턴스를 Application이라는 CRD로 구현한다. 다음 예시 코드를 확인해보자.

```
apiVersion: argoproj.io/v1alpha1
kind: Application
metadata:
  name: guestbook
```

```
  namespace: argocd
spec:
  project: default
  source:
    repoURL: https://github.com/argoproj/argocd-example-apps.git
    targetRevision: HEAD
    path: guestbook
destination:
  server: https://kubernetes.default.svc
  namespace: guestbook
```

- **앱 프로젝트**^{AppProject}: 애플리케이션처럼 앱 프로젝트 CRD는 태그 지정과 같이 관련 있는 애플리케이션을 논리적으로 그룹화시켜줄 수 있다. 실무에서는 애플리케이션 과 유틸리티 서비스가 분리된다. 다음 예시를 확인해보자.

```
apiVersion: argoproj.io/v1alpha1
kind: AppProject
metadata:
  name: applications
  namespace: argocd
  finalizers:
    - resources-finalizer.argocd.argoproj.io
spec:
  description: Example Project
  # 매니페스트가 모든 깃 리포지터리에서 배포되도록 허용
  sourceRepos:
  - '*'
  # 애플리케이션이 동일한 클러스터의 guestbook 네임스페이스에만 배포되도록 허용
  destinations:
  - namespace: guestbook
    server: https://kubernetes.default.svc
  # 네임스페이스를 제외하고 모든 클러스터 범위에서 리소스 생성 거부
  clusterResourceWhitelist:
  - group: ''
    kind: Namespace
```

- **리포지터리 자격 증명**^{repository credentials}: 실제 운영에서는 프라이빗 리포지터리를 사 용하기 때문에 Argo CD가 해당 리포지터리에 접근하기 위해서는 접근 가능한 자격 증명이 필요하다. Argo CD는 이를 쿠버네티스 시크릿과 컨피그맵을 사용해 해결

한다. 따라서 'argocd.argoproj.io/secrettype: repository' 같은 특정 쿠버네티스 레이블을 포함해 쿠버네티스 시크릿 리소스를 생성한다. 해당 시크릿 예시는 다음과 같다.

```yaml
apiVersion: v1
kind: Secret
metadata:
  name: private-repo
  namespace: argocd
  labels:
    argocd.argoproj.io/secret-type: repository
  stringData:
    url: git@github.com:argoproj/my-private-repository
    sshPrivateKey: |
    -----BEGIN OPENSSH PRIVATE KEY-----
    ...
    -----END OPENSSH PRIVATE KEY-----
```

- **클러스터 자격 증명**cluster credentials: 리포지터리 자격 증명과 마찬가지로 Argo CD가 여러 클러스터를 관리하고 Argo CD가 이미 실행 중인 클러스터에 포함되지 않은 경우 다른 쿠버네티스 클러스터에 대한 액세스 권한을 얻어야 한다. 리포지터리 자격 증명과 클러스터 자격 증명의 차이점은 시크릿 유형이 다르기 때문에 쿠버네티스 레이블이 다르다는 것이다. 'argocd.argoproj.io/secret-type: cluster' 다음의 시크릿 예시를 통해 확인할 수 있다.

```yaml
apiVersion: v1
kind: Secret
metadata:
  name: mycluster-secret
  labels:
    argocd.argoproj.io/secret-type: cluster
type: Opaque
stringData:
  name: mycluster.com
  server: https://mycluster.com
  config: |
    {
      "bearerToken": "<인증 토큰>",
```

```json
        "tlsClientConfig": {
          "insecure": false,
          "caData": "<base64로 인코딩된 인증서>"
        }
      }
    }
```

지금까지 Argo CD에 필요한 주요 핵심 오브젝트와 리소스를 학습했다. 이제 Argo CD 를 로컬에서 실행해보면서 실제로 어떻게 동작하는지 확인해보자.

헬름으로 Argo CD 실행하기

Argo CD를 실행하기 위해 쿠버네티스 클러스터가 필요하다. 먼저 kind 도구를 사용해 새로운 쿠버네티스 클러스터를 생성한다. 클러스터 생성을 위해 kind.yaml 파일을 생성하고, 내부 설정 코드를 다음과 같이 입력한다.

▼ 위치: ch02/kind.yaml

```yaml
kind: Cluster
apiVersion: kind.x-k8s.io/v1alpha4
nodes:
- role: control-plane
  kubeadmConfigPatches:
  - |
    kind: InitConfiguration
    nodeRegistration:
      kubeletExtraArgs:
        node-labels: "ingress-ready=true"
  extraPortMappings:
  - containerPort: 80
    hostPort: 80
    protocol: TCP
  - containerPort: 443
    hostPort: 443
    protocol: TCP
```

위의 YAML 코드에 노드 레이블 값은 인그레스 컨트롤러에게 레이블셀렉터[labelSelector] 와 일치하는 특정 노드에서만 실행하도록 구성한 것이다.

클러스터를 생성하기 위해서 다음 명령어를 입력하고 성공적으로 생성될 때까지 기다린다.

```
kind create cluster --config=kind.yaml --name=ch02
```

명령어를 입력하면 그림 2.3처럼 결과가 나온다.

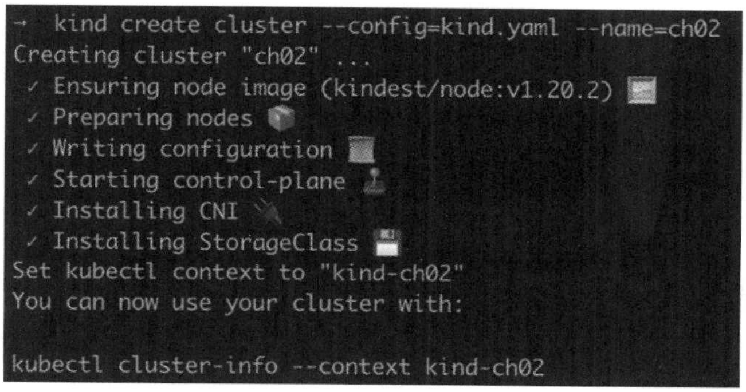

그림 2.3 kind 클러스터 상태

kind로 클러스터 생성이 완료되면 다음 명령어를 통해서 새로운 클러스터의 콘텍스트 context를 설정한다.

```
kubectl config set-context kind-ch02
```

이제 템플릿 도구인 헬름을 통해서 Argo CD를 설치할 준비가 완료됐다. 다음 링크 (https://github.com/argoproj/argo-helm/tree/master/charts/argo-cd)에서 설치할 헬름 차트를 확인할 수 있다.

먼저 로컬 컴퓨터의 헬름 리포지터리에 Argo CD를 추가한다. 다음 명령어를 통해 특정 헬름 차트를 배포할 수 있다.

```
helm repo add argo https://argoproj.github.io/argo-helm
```

그리고 다음 명령어를 통해 argocd 네임스페이스를 생성하고 Argo CD를 설치한다.

```
$ kubectl create namespace argocd
$ helm install ch02 --namespace argocd argo/argo-cd
```

아직 인그레스 컨트롤러를 설치하지 않았기 때문에 디플로이먼트에 연결된 포트로 포트 포워딩port forwarding을 시켜줘야 Argo CD UI에 접근할 수 있고, CLI를 통해서 API 통신이 가능하다.

```
kubectl port-forward service/ch02-argocd-server -n argocd 8080:443
```

이제 UI 접속이 가능하다면 argocd-initial-admin-secret라는 시크릿에서 패스워드를 가져온다. 이 시크릿은 Argo CD가 배포되면서 같이 생성된다.

```
kubectl -n argocd get secret argocd-initial-admin-secret -o
jsonpath="{.data.password}" | base64 -d
```

Argo CD 첫 애플리케이션 실행하기

이제 Argo CLI를 활용해 Argo CD의 첫 애플리케이션을 동작시켜볼 차례다. 첫 번째로 Argo CD 애플리케이션에 필요한 CRD를 생성하고, NGINX 클러스터에 적용시켜 설치해보자.

▼ 위치: ch02/argo—app/application.yaml

```
apiVersion: argoproj.io/v1alpha1
kind: Application
metadata:
  name: nginx
  namespace: argocd
  finalizers:
  - resources-finalizer.argocd.argoproj.io
spec:
  syncPolicy:
    automated:
      prune: true
```

```
      selfHeal: true
    syncOptions:
      - CreateNamespace=true
  destination:
    namespace: nginx
    server: https://kubernetes.default.svc
  project: default
  source:
    chart: nginx
    repoURL: https://charts.bitnami.com/bitnami
    targetRevision: 13.2.10
```

이 CRD를 잘 살펴보면 Argo CD에 애플리케이션을 설치하기 위해 헬름을 사용한다는 것을 알 수 있다. 즉, 애플리케이션 CRD 매니페스트의 특정 부분에서 Argo CD에 헬름을 사용해야 한다고 작성돼 있다.

```
source:
  chart: nginx
  repoURL: https://charts.bitnami.com/bitnami
  targetRevision: 13.2.10
```

kubectl apply 명령어를 이용해 매니페스트를 적용해보자.

```
kubectl apply -f argo-app/
```

UI 화면에서 SYNC 버튼을 눌러보자. 만약에 성공적으로 동작하고 있다면, UI상에 초록색 상태 표시가 보이고 레플리카셋과 같이 방금 배포한 쿠버네티스 리소스들을 확인할 수 있다.

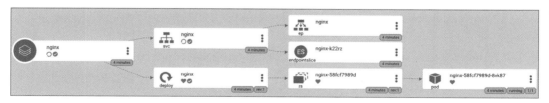

그림 2.4 애플리케이션 동기화

CRD 없이 애플리케이션을 생성하고 동기화하는 방법은 Argo CLI를 사용하는 것이다. 다만 이 방법은 빠른 테스트가 필요한 경우 주로 사용한다.

Argo CLI를 사용하기 위해서는 Argo CD 서버에 로그인해야 한다. 지금 이 예제에서 사용하는 자격 증명은 위에서 UI상에서 로그인했던 '**admin/시크릿 비밀번호**'로 로그인할 수 있다.

```
argocd login localhost:8080
```

그리고 username과 password를 입력하면 다음 결과를 볼 수 있다.

```
'admin:login' logged in successfully
Context 'localhost:8080' updated
```

로그인을 성공했다면 Argo CD API 서버와 소통할 수 있게 된다. 이번에는 CLI만 사용해서 기존에 배포했던 NGINX Argo CD 애플리케이션을 배포해보자.

```
argocd app create nginx --repo https://charts.bitnami.com/bitnami \
--helm-chart nginx --revision 13.2.10 \
```

---

3 source of truth는 데이터나 정보에 대해 가장 신뢰할 수 있는 출처 또는 권위 있는 원본을 의미한다. 데이터의 일관성과 정확성을 가장 중요한 지표로 삼는다. - 옮긴이

```
    --dest-server https://kubernetes.default.svc \
    --dest-namespace nginx
```

기존에 했던 작업과 동일하지만 애플리케이션이 동기화되지 않는다. 명시적으로 트리거를 작동시켜야 동기화가 가능하다. 이제부터는 UI가 아니라 실제 운영처럼 Argo CLI를 사용한다. 다음 명령어를 입력해보자.

```
argocd app sync nginx
```

이 명령어는 Argo CD NGINX 애플리케이션의 동기화 단계를 실행할 것이다. 그림 2.4에서 언급한 선언적 구성에 해당하는 작업이다.

핵심 노트

> 이번 예제에서는 admin 사용자로 접근한다. Admin 사용자는 초기 설정에만 사용하고 그 외에는 로컬 사용자를 사용하거나 SSO를 통합해 사용하도록 한다(https://argo-cd.readthedocs.io/en/stable/operator-manual/user-management). 더 자세한 내용은 3장 접근 제어에서 다룰 것이다. CI 시스템을 실행할 때는 특정 사용자가 CI에 접근할 수 있는 토큰을 사용해야 한다. 해당 토큰은 $argocd account generate-token --account ci-bot 형태의 명령어를 통해서 생성할 수 있다.

지금까지 처음 Argo CD를 로컬에 헬름으로 설치하고 Argo CD를 통해 처음으로 애플리케이션을 배포해봤다. Argo CD는 도구들 모음이기 때문에 Argo CD 팀은 지금처럼 운영자가 수동으로 처리하는 작업들을 단순화하고 자동화하려고 노력하고 있다. 이 후로는 Argo CD 오토파일럿Autopilot을 통해 어떻게 이러한 단계들을 단순화하는지 알아보자.

Argo CD 오토파일럿을 통해 Argo CD 운영하기

만약에 깃옵스와 Argo CD를 처음 접한다면 깃 리포지터리를 어떻게 구성하고 각기 다른 환경에서 애플리케이션을 어떻게 관리하는지 궁금증이 생길 것이다. Argo CD 팀은 Argo CD 오토파일럿이라는 도구를 만들어 깃옵스와 Argo CD를 쉽게 시작할 수 있도록 도움을 주고 있다. Argo CD 오토파일럿은 다음과 같은 기능으로 운영을 보다 간편하게 해준다.

- 깃옵스를 사용해 부트스트랩 Argo CD 애플리케이션을 생성하고 관리할 수 있다.

- 깃허브 리포지터리를 짜여진 구조로 세팅해 새로운 서비스를 추가하고 Argo CD의 수명 주기에 적용한다.

- 각각 다른 환경에서 애플리케이션을 업데이트하고 승격promote할 수 있게 해준다.

- 재해 복구를 대비할 수 있고, 필요한 모든 유틸리티와 애플리케이션에 대한 장애 조치failover 클러스터를 부트스트랩한다.

- Argo CD 애플리케이션에 시크릿에 대한 암호화도 곧 지원할 예정이다.

첫 번째 기능부터 놀라운 것은 Argo CD는 이처럼 자기 자신의 배포와 구성을 관리할 수 있다. Argo CD는 매니페스트나 헬름을 통해 클러스터에서 배포를 할 수 있다. 원하면 깃옵스 원리에 맞춰 설정을 바꾸기만 하면 된다.

실제로 Argo CD 오토파일럿은 정말 놀라운 일을 한다. 오토파일럿 부트스트랩은 깃 리포지터리의 특정 폴더 안에 Argo CD 애플리케이션 매니페스트를 직접 올리기도 한다. 그래서 Argo CD 설치를 관리하고 깃옵스 방식으로 관리할 수 있다.

Argo CD 오토파일럿 아키텍처

Argo CD 오토파일럿 아키텍처를 그림 2.5를 보면서 이해하면 더 쉬울 것이다.

부트스트랩 단계에서 Argo CD를 배포할 때 오토파일럿은 쿠버네티스 클러스터와 통신한다. 그 후에는 더 이상 쿠버네티스 클러스터에 접근할 일이 없다. 이제 접근이 필요한 건 깃옵스 리포지터리뿐이다. 새로운 Argo CRD를 쿠버네티스 클러스터에 추가할 때 오토파일럿은 Argo CD 서버에 접근해야 한다.

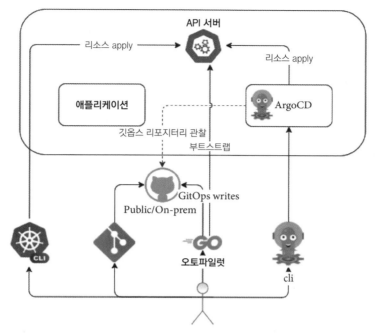

그림 2.5 Argo CD 오토파일럿 아키텍처

오토파일럿

이제 실전 예제를 다뤄보자. 먼저 **Argo CD** 오토파일럿을 설치해야 한다. 설치 가이드 페이지(https://argocd-autopilot.readthedocs.io/en/stable/Installation-Guide)에서 본인의 운영체제에 맞는 방식으로 설치하면 된다. 로컬 시스템에 설치하는 도구를 최소화하기 위해 도커 컨테이너 방식으로 설치할 것을 추천한다.

다음으로는 **Argo CD** 오토파일럿이 관련된 구조와 매니페스트를 올릴 유효한 깃 리포지터리가 필요하다. 변화 내용을 푸시^{push}하고 클론^{clone}하기 위해서 깃 리포지터리에 연결할 깃 토큰이 필요하다. 예를 들어 우리가 깃허브를 사용한다면 **개발자 세팅**^{Developer settings} 필드에 들어가 개인 액세스 토큰을 생성할 수 있다(https://docs.github.com/en/github/authenticating-to-github/keeping-your-account-and-data-secure/creating-a-personal-access-token).

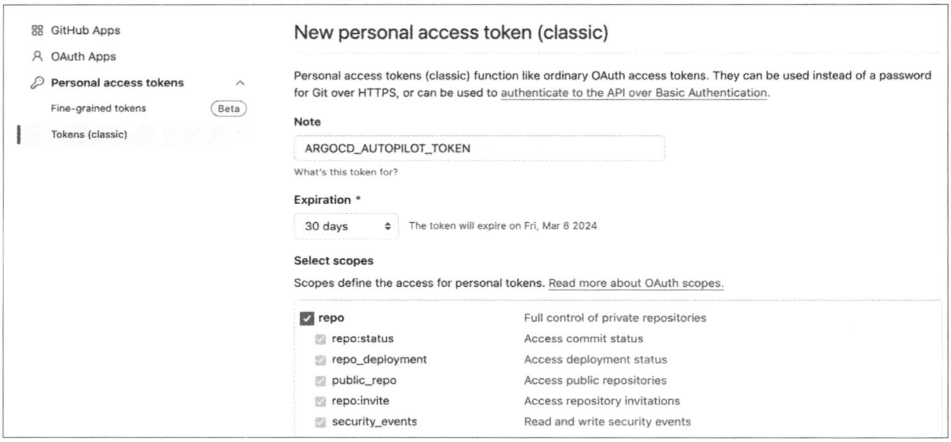

그림 2.6 깃허브에서 개인 액세스 토큰 생성하기

다음으로 도커 컨테이너에서 `GIT_REPO`와 `GIT_TOKEN` 환경변수를 설정해야 한다. 그래야 Argo CD 오토파일럿을 운영할 수 있다.

```
export GIT_TOKEN=<개인 액세스 토큰>
export GIT_REPO=https://<깃 리포지터리 주소>
argocd-autopilot repo bootstrap
```

`argocd-autopilot repo bootstrap` 명령은 매니페스트를 푸시하고 깃 리포지터리 안에 필요한 구조를 생성한다. 동시에 이미 앞의 예제에서 설정한 콘텍스트의 쿠버네티스 클러스터에 Argo CD를 설치한다. 리포지터리에 대한 자세한 내용은 다음 링크(https://github.com/spirosoik/ch02)에서 확인할 수 있다. 해당 명령어가 성공적으로 실행됐다면 Argo CD UI에 접속할 준비가 됐고, 다음과 같은 결과를 확인할 수 있다.

```
INFO argocd initialized. password: <생성된 패스워드>
INFO run:
  kubectl port-forward -n argocd svc/argocd-server 8080:80
```

port-forward 명령을 실행하고, http://localhost:8080으로 접속해 admin 사용자와 생성된 패스워드로 로그인한다. 그러면 UI상에서 Argo CD가 자기 자신을 관리하는 것을 볼 수 있다.

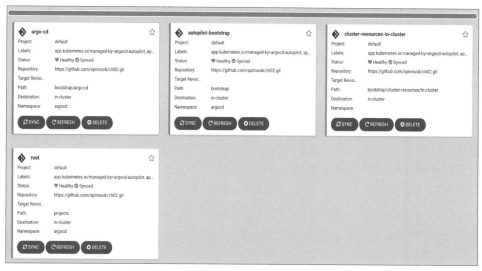

그림 2.7 Argo CD 오토파일럿 첫 화면

이제 Argo CD 오토파일럿을 사용해 테스트할 Argo CD 프로젝트와 애플리케이션을 생성해보자.

```
$ argocd-autopilot project create testing
$ argocd-autopilot app create hello-world \--app github.com/argoproj-labs/
argocd-autopilot/examples/demo-app/ -p testing--wait-timeout 2m
$ argocd-autopilot app create hello-world2 \--app github.com/argoproj-labs/
argocd-autopilot/examples/demo-app/ -p testing--wait-timeout 2m
```

애플리케이션이 생성되고 Argo CD가 동기화를 완료하면 새로운 프로젝트가 root 애플리케이션 아래에 등장하게 된다.

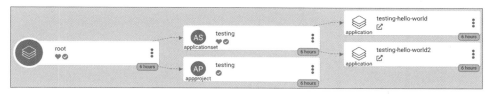

그림 2.8 Argo 오토파일럿의 app of apps 패턴

Argo CD에서는 이러한 그룹핑을 app of apps 패턴(https://argo-cd.readthedocs.io/en/stable/operator-manual/declarative-setup/#app-of-apps)이라고 부른다. 이 패턴은 다른 애플리케이션을 생성하는 메인 애플리케이션을 구축할 수 있다는 것이다. app of apps 패턴의 강점은 애플리케이션 선언적 방식으로 애플리케이션 그룹을 관리할 수 있도록 해주고 구성과 배포를 함께 할 수 있다는 것이다.

핵심 노트

> 집필 시점에 Argo CD 오토파일럿은 Gitea와 깃허브에서만 지원한다.[4]

Argo CD 오토파일럿 연습을 한번 쭉 따라해봤으니 Argo CD의 핵심 개념에 많이 친숙해졌을 것이다. 이제는 Argo CD의 동기화 원리를 더 학습해보자.

동기화 원리

Argo CD의 동기화 단계는 운영에 가장 중요한 부분이고 리소스 훅$^{resource\ hook}$이나 동기화 웨이브$^{sync\ wave}$를 사용한다면 더 효과적이다. 이번에는 이러한 운영 원리를 더 설명하고 이 기능들은 실제 운영 시 많은 도움이 될 것이다.

리소스 훅

이전에 설명한 것처럼 동기화란 쿠버네티스 클러스터에 변경 내용을 적용해 애플리케이션을 타깃 상태로 만드는 단계다. 그리고 이러한 작업이 Argo CD에서 여러 단계를 거쳐 실행된다. 동기화 단계는 다음과 같다.

- 사전 동기화$^{pre-sync}$
- 동기화^{sync}
- 사후 동기화$^{post-sync}$

---

4 다음 링크(https://argocd-autopilot.readthedocs.io/en/stable/Git-Providers/)에 따르면 현재는 Gitlab, Bitbucket Server(온프레미스만 가능), Azure devops에서도 지원한다. – 옮긴이

이를 **리소스 훅**이라고 하며 동기화 단계 전, 중, 후에 다른 작업을 실행할 수 있는 권한을 제공한다.

- PreSync 훅은 동기화 단계 전에 완료돼야 하는 작업을 수행할 때 사용한다. 일반적으로 데이터베이스 마이그레이션을 예시로 드는데 마이그레이션을 먼저 진행하기 때문이다.

- Skip은 Argo CD에 애플리케이션 매니페스트가 적용되지 않도록 할 때 사용한다.

- Sync 훅은 블루-그린이나 카나리canary 배포와 같은 쿠버네티스 롤링 업데이트 전략보다 더 정교하고 복잡한 배포를 오케스트레이션하는 데 사용한다.

- PostSync 훅은 배포 후에 통합 및 상태 확인을 하거나, 새로운 릴리스나 다른 시스템과 통합 같은 내용을 알리는 데 사용한다.

- SyncFail 훅은 동기화 작업이 실패했을 경우 로직을 정리 또는 종료시킬 때 사용한다.

리소스 훅은 특정 쿠버네티스 매니페스트에 적용된다. 예를 들어 데이터베이스 스키마 마이그레이션을 쿠버네티스 잡ob을 통해서 실행한다고 해보자. 리소스 훅은 쿠버네티스 어노테이션annotation으로 설정할 수 있다. 이 어노테이션이 동기화 작업 중에 리소스를 실행해야 할 때 Argo CD에게 알려준다. 다음은 이에 대한 예시 매니페스트다.

```
apiVersion: batch/v1
kind: Job
metadata:
  generateName: schema-migrate-
  annotations:
    argocd.argoproj.io/hook: PreSync
```

리소스 훅은 논리적인 순서나 사용 사례에 맞게 매니페스트 동기화 순서를 배치하는 데 유리하다.

동기화 웨이브

앞서 설명한 것처럼 동기화 단계에는 사전 동기화, 동기화, 사후 동기화 이렇게 세 단계가 있다. 이 세 단계 내에서 후속 리소스가 동기화되기 전에 특정 리소스가 정상인지 확인할 수 있는 하나 이상의 웨이브를 가질 수 있다.

요약하면, 어노테이션을 통해서 쿠버네티스 매니페스트를 동기화시킬 수 있다. 웨이브는 양수와 음수 값을 모두 가질 수 있다. 웨이브 값이 특정되지 않으면 기본값으로 0을 할당한다.

웨이브를 규정하는 것은 매우 간단하다. 매니페스트에 어노테이션을 추가해주면 된다.

```
metadata:
  annotations:
    argocd.argoproj.io/sync-wave: "5"
```

이 두 가지 방식으로 매니페스트 실행 순서를 재배치할 수 있다.

- 리소스 훅

- 동기화 웨이브

먼저 두 가지 방법을 동시에 진행하거나 결합할 수 있다. 동기화 작업을 시작할 때 Argo CD는 다음 순서에 따라 리소스를 변경한다.

1. 어노테이션annotation 확인

2. 웨이브 어노테이션(낮은 값부터)

3. 쿠버네티스 리소스 종류(네임스페이스 먼저)

4. 이름(오름차순)

Argo CD는 다음에 어떤 웨이브를 적용할지 결정하고, 동기화되지 않았거나out-of-sync 비정상 리소스를 확인한다. 그리고 다음 웨이브를 적용하는 방식으로 모든 단계와 웨이브가 동기화되고 정상이 될 때까지 반복한다. 첫 번째 웨이브 동안 애플리케이션에서 리소스가 비정상이라면 그 애플리케이션은 정상이 아니라는 것을 명심하자.

5장에서 실제 작동 방식을 살펴보고 프로덕션 환경에서 Argo CD의 실제 활용 사례를 확인할 수 있다.

⋮⋮⋮ 요약

2장에서는 Argo CD의 핵심 개념과 조금 더 친숙해졌고 3장에서 자주 쓰일 Argo CD 용어를 알아봤다. 아키텍처 개요를 통해 세부적으로 살펴보고 어떻게 Argo CD가 동작하는지 봤다. 동시에 로컬 환경에서 Argo CD를 직접 구동해보고 첫 애플리케이션을 배포해봤다. 마지막에는 Argo CD의 가장 강력한 특징 두 가지인 리소스 훅과 동기화 웨이브를 살펴봤다.

3장에서는 운영자 입장에서 선언적 방식을 통해 Argo CD를 어떻게 운영할지 탐구하고 모범 사례도 확인해보자.

⋮⋮⋮ 더 알아보기

* Argo CD 아키텍처 개요: https://argo-cd.readthedocs.io/en/stable/operator-manual/architecture/

* app of apps 패턴 설명: https://argo-cd.readthedocs.io/en/stable/operator-manual/cluster-bootstrapping/

* Argo CD 오토파일럿: https://argocd-autopilot.readthedocs.io/en/stable/

* 동기화 웨이브와 훅: https://redhat-scholars.github.io/argocd-tutorial/argocd-tutorial/04-syncwaves-hooks.html

2부

SRE와 Argo CD

2부에서는 사이트 신뢰성 엔지니어^{SRE, Site Reliability Engineer}가 Argo CD를 운영할 때 필요한 핵심 개념과 논의 사항에 대해서 소개한다.

2부의 구성은 다음과 같다.

- **3장**, Argo CD 운영
- **4장**, 접근 제어

03

Argo CD 운영

3장에서는 **고가용성**HA, High Availability 매니페스트를 사용해 Kustomize로 Argo CD를 설치하고 깃옵스 접근 방식에 따라 몇 가지 구성 옵션을 설정해볼 것이다. 실제 Argo CD 설치 컨피그맵을 수정하면서 Argo CD를 깃옵스 방식으로 어떻게 변화를 줄 수 있을지 확인해보자.

다양한 Argo CD 구성 요소를 살펴보고 고가용성 매니페스트로 발생한 변경 사항을 확인하고 고가용성 설치를 위해 더 수행할 작업이 있는지 생각해본다. 쿠버네티스 클러스터가 여러 컨트롤 플레인control plane과 워커 노드worker node를 갖고 있어도 장애가 날 수 있다. 따라서 어떻게 재해 복구에 대비하고 모든 클러스터의 상태를 포함해 기존 클러스터에서 다른 클러스터로 이동하는 방법을 배우게 될 것이다.

마지막으로 어떤 메트릭이 노출되는지, 애플리케이션의 동기화 성공 여부를 최종 사용자end user에게 알람을 어떻게 줘야 하는지 또는 커스텀 훅을 어떻게 CI/CD 시스템에 보낼지에 대해서도 알아볼 것이다.

3장에서 다룰 주요 주제는 다음과 같다.

- 선언적 구성declarative configuration

- 고가용성 설치

- 재해 복구 계획

- 관찰 가능성observability 활성화

- 사용자에게 통지

⠿ 기술 요구 사항

3장에서도 쿠버네티스 클러스터에 접근한다. 그러나 이번에는 고가용성 매니페스트를 사용할 것이므로 로컬 클러스터 하나로는 충분하지 않고 파드를 분산 배치할 수 있는 여러 노드가 필요하다. 최소한 3개의 노드가 클러스터에 존재해야 하며 클라우드 벤더 사는 중요하지 않다. 이 책의 경우 AWS의 EKS 클러스터를 사용하고, eksctl(https://eksctl.io)을 사용하면 조금 더 쉽게 클러스터를 설치할 수 있다.

여기서는 Kustomize를 통해서 Argo CD를 클러스터에 설치할 것이다. 따라서 Kustomize(https://kubectl.docs.kubernetes.io/installation/kustomize/)와 kubectl(https://kubernetes.io/docs/tasks/tools/#kubectl)을 설치해야 한다.

깃 리포지터리의 코드도 수정할 것이므로 깃(https://git-scm.com/book/en/v2/Getting-Started-Installing-Git)을 설치해야 하며, VS Code(https://code.visualstudio.com) 같은 코드 편집기도 필요하다. 깃 호스트 플랫폼[1]인 깃허브의 계정과 커밋을 생성하고 원격 저장소에 풀pull, 푸시push하는 기본적인 깃 명령어와도 친숙해져야 한다.

3장에서 사용하는 코드는 이 책의 공식 깃허브 리포지터리(https://github.com/Packt Publishing/ArgoCD-in-Practice)의 ch03 폴더에서 확인할 수 있다.

---

1   깃 버전 관리 시스템을 사용해 코드를 호스팅하는 플랫폼 – 옮긴이

⁞⁞⁞ 선언적 구성

쿠버네티스 클러스터에서 Argo CD를 설치하는 방법은 정말 다양하다. 하나는 Argo CD에서 운영하는 깃허브 페이지(https://github.com/argoproj/argo-cd/blob/master/manifests/install.yaml)에서 제공하는 최신 버전의 매니페스트를 직접 받아 바로 apply시키는 것이다. 필요한 경우 각 버전에 맞는 yaml도 존재한다. v2.0.0 버전은 다음 페이지 (https://github.com/argoproj/argo-cd/blob/v2.0.0/manifests/install.yaml)에서 찾을 수 있다. kubectl을 사용할 때는 raw 매니페스트를 사용해야 한다. 앞선 페이지의 깃허브 링크에 접속해 UI에서 **Raw** 버튼을 눌러도 되고, 다음 코드처럼 raw가 적힌 링크를 통해 바로 apply해도 된다.

```
kubectl apply -f https://raw.githubusercontent.com/argoproj/argo-cd/v2.0.0/
manifests/install.yaml
```

공식 헬름 차트(https://github.com/argoproj/argo-helm/tree/main/charts/argo-cd)를 사용할 수도 있다. 이것은 이미 2장에서 오토파일럿을 생성할 때 사용했던 방법이다.

다른 방법은 Kustomize를 사용하는 것인데, Argo CD 리포지터리에 있는 것과 비슷하다. Argo CD 리포지터리(https://github.com/argoproj/argo-cd/tree/master/manifests/base)에는 kustomization.yaml 파일이 있다. 이를 통해서 오토파일럿 없이 자체적으로 어떻게 관리할지, 설정 값은 무엇인지 등 더 구체적인 옵션을 살펴볼 수 있다. 이 외에도 고가용성 설치를 위한 Kustomize 매니페스트가 있는데 이건 나중에 살펴보도록 한다.

Kustomize를 활용한 고가용성 설치

이 책에서는 4.3.0 버전을 사용하고 있지만, 다음 명령어를 통해 최신 버전을 조회할 수 있다.

```
kustomize version
```

위 명령어를 입력하면 나오는 출력 값은 다음과 같다.

```
{Version:kustomize/v4.3.0
GitCommit:cd17338759ef64c14307991fd25d52259697f1fb
BuildDate:2021-08-24T19:24:28Z GoOs:darwin GoArch:amd64}
```

Kustomize 설치 코드는 이 책의 공식 깃허브 리포지터리(https://github.com/Packt Publishing/ArgoCD-in-Practice)의 ch03/kustomize-installation 폴더에서 찾을 수 있다.

설치 순서는 다음과 같다.

1. 설치 설정 파일을 보관할 리포지터리를 만든다. 이것이 깃옵스 방식인데 모든 변경 사항에 대해 풀 리퀘스트가 이뤄지도록 한다. 단순화를 위해 모든 데모 설치 파일은 같은 리포지터리에 하나의 폴더 속에 뒀다. 그러나 실제 운영에서는 리포지터리를 분리하는 것을 추천한다. 깃 옵스의 이점을 활용하기 위해서는 변경 사항을 직접 푸시하지 말고 동료의 리뷰가 가능하도록 풀 리퀘스트를 통해서 푸시하는 것을 추천한다.

2. 리포지터리에서 resources 폴더를 생성한다.

3. resources 폴더 안에서는 새로운 namespace.yaml이라는 파일을 만들고 Argo CD 가 설치될 네임스페이스를 만든다. 파일 내용은 다음과 같다.

   ▼ 위치: ch03/kustomize-installation/resources/namespace.yaml

   ```
   apiVersion: v1
   kind: Namespace
   metadata:
     name: argocd
   ```

4. 이제 리포지터리의 루트 경로로 이동해 다음 코드 내용으로 kustomization.yaml라는 새로운 파일을 생성한다. 여기서는 이 책 저술 시점 가장 최신 버전인 Argo CD HA 2.1.1 버전의 매니페스트를 사용한다. 그리고 방금 만든 namespace.yaml 파일을 resources 필드에 참조로 넣는다.

▼ 위치: ch03/kustomize–installation/kustomization.yaml

```
apiVersion: kustomize.config.k8s.io/v1beta1
kind: Kustomization
namespace: argocd
bases:
  - github.com/argoproj/argo-cd/manifests/ha/clusterinstall
?ref=v2.1.1
resources:
  - resources/namespace.yaml
```

5. 루트 디렉터리에서 다음 명령을 입력한다. 'kustomize build .' 부분은 매니페스트를 생성하고 뒷부분 'kubectl apply -f -'에서 생성된 매니페스트를 선언형 방식으로 클러스터에 적용시킨다.

```
kustomize build . | kubectl apply -f -
```

실행하면 결과는 다음과 같다(실행 결과가 너무 많아 상위 7줄만 작성했다. 정상적으로 표시된다면 잘 작동한다고 볼 수 있다).

```
namespace/argocd created
customresourcedefinition.apiextensions.k8s.io/applications.argoproj.io
created
customresourcedefinition.apiextensions.k8s.io/appprojects.argoproj.io
created
serviceaccount/argocd-application-controller created
serviceaccount/argocd-dex-server created
serviceaccount/argocd-redis-ha created
serviceaccount/argocd-redis-ha-haproxy created
```

6. 원격 리포지터리에 커밋하고 푸시한다.

설치가 제대로 됐다면 포트 포워드 설정을 통해 UI에 접속해 확인해보자(원하면 책과 다른 포트를 사용해도 된다).

```
kubectl port-forward svc/argocd-server -n argocd 8085:80
```

로컬 브라우저에서 https://localhost:8085로 접속하면 로그인 페이지가 나온다. 2장에서 이미 했던 것처럼 패스워드를 입력한다. 아마 자체 서명된 인증서를 사용하고 있기 때문에 보안 경고가 발생할 것이다. 지금은 실습이므로 웹 사이트 방문에 큰 위험은 없기 때문에 그냥 접속한다. 프로덕션용으로 설치하기 위해서는 TLS 인증서가 적용된 로드밸런서로 서비스를 오픈해야 한다.

다음 절에서는 Argo CD가 스스로를 애플리케이션처럼 관리하도록 전환하는 쉽고 선언적인 방법을 배워보자.

Argo CD 자체 관리

Argo CD는 클러스터에서 애플리케이션을 관리하는 것처럼 자기 자신을 애플리케이션으로 관리할 수 있다. 2장에서 이야기했던 오토파일럿(https://argocd-autopilot.readthedocs.io/en/stable/)과 동일한 기능이다. 이번 절에서는 **Argo CD** 애플리케이션을 만들고 **Kustomize** 매니페스트에 특정 폴더를 지정할 것이다. 그렇기 때문에 Argo CD는 리포지터리와 폴더 변화를 모니터링하기 시작한다. 폴더에 어떤 커밋이 발생하면 자동으로 적용될 것이다.

먼저 리포지터리 안에 다음 내용을 기반으로 argocd-app.yaml이라는 파일을 생성해야 한다. Argo CD 애플리케이션은 세 가지 부분으로 나뉜다. destination 필드는 매니페스트가 적용되는 위치, project 필드는 구체적인 제한 요소(예를 들면, 이 애플리케이션은 특정 클러스터 혹은 특정 네임스페이스에만 배포돼야 한다는 제한 요소), 마지막 source 필드는 리포지터리의 브랜치branch와 폴더를 모두 포함해 매니페스트가 존재하는 곳을 말한다.

▼ 위치: ch03/argocd-app.yaml

```
apiVersion: argoproj.io/v1alpha1
kind: Application
metadata:
  name: argocd
spec:
  destination:
```

```
    namespace: argocd
    server: https://kubernetes.default.svc
  project: default
  source:
    path: ch03/kustomize-installation
    repoURL: https://github.com/PacktPublishing/ArgoCD-in-Practice.git
    targetRevision: main
```

kubectl을 통해서 이 애플리케이션을 생성해보자.

```
kubectl apply -f argocd-app.yaml -n argocd
```

실행 결과는 다음과 같을 것이다.

```
application.argoproj.io/argocd created
```

이 애플리케이션을 생성하면서 Argo CD에게 리포지터리(https://github.com/Packt Publishing/ArgoCD-in-Practice.git) ch03/kustomize-installation 폴더의 매니페스트를 적용해야 한다고 알리게 된다. 이 매니페스트들은 Argo CD 설치를 위한 매니페스트다. 컨트롤 루프 관점에서 원하는 상태가 곧 클러스터의 상태가 돼야 하므로 관찰observe 단계가 끝나면 더 이상 수행할 작업이 없어야 한다. 가장 중요한 것은 Argo CD는 기본값으로 3분마다 리포지터리를 모니터링하고 새로운 커밋을 체크한다. 만약 변경 사항을 감지하면 매니페스트를 다시 확인하고 클러스터에 변경 사항을 적용한다. 이것이 바로 Argo CD가 자기 자신을 관리할 수 있는 메커니즘이다.

만약 포트 포워드를 멈췄다 하더라도 다시 명령어를 통해서 포트 포워딩시킬 수 있다.

```
kubectl port-forward svc/argocd-server -n argocd 8085:80
```

https://localhost:8085로 접속하면 첫 번째 애플리케이션이 Argo CD 자신을 동기화하고 있는 것을 확인할 수 있다.

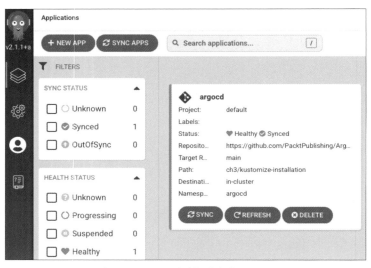

그림 3.1 Argo CD 자신을 관리하는 Argo CD

이제 커밋을 하거나 원격 저장소에 푸시하면 자동으로 Argo CD에 적용되는 간단한 설정 업데이트를 해보자.

설정 변경

Argo CD 버전 2.1부터 컨피그맵에 새로운 설정 값이 생겨 깃 리포지터리의 신규 업데이트를 확인하는 기본 주기를 변경할 수 있다. 기본적으로는 180초마다 새 커밋이 푸시됐는지 확인한다. `timeout.reconciliation` 매개변수를 통해 확인 주기를 변경할 수 있다. 이 매개변수가 도입되기 전에는 애플리케이션 컨트롤러의 `StatefulSet`에서 `--app-resync` 플래그로 값을 설정해야 했다(버전 2.1부터 사용되지 않는다).

이런 확인 주기를 변경하기 위해 resource 폴더와 동일한 위치에 patch 폴더를 생성한다. 이 폴더에는 argocd-cm.yaml이라는 새 파일을 만든다. 여기서 전체 컨피그맵을 수정하는 것이 아니라 필요한 부분만 수정한다. 지금의 경우 `timeout.reconciliation` 필드만 적용한다. 새로운 argocd-cm.yaml에 들어갈 내용은 다음과 같다.

```
apiVersion: v1
kind: ConfigMap
metadata:
  name: argocd-cm
data:
  timeout.reconciliation: 300s
```

kustomization.yaml 파일에도 앞서 수정한 컨피그맵을 참조로 등록한다. 작성한 코드는 다음과 같다.

```
apiVersion: kustomize.config.k8s.io/v1beta1
kind: Kustomization
namespace: argocd
bases:
  - github.com/argoproj/argo-cd/manifests/cluster-install?ref=v2.1.1
resources:
  - resources/namespace.yaml
patchesStrategicMerge:
- patches/argocd-cm.yaml
```

다음으로 새로 만든 argocd-cm.yaml 파일과 변경한 kustomization.yaml 파일의 내용을 커밋하고 원격 저장소에 푸시해야 한다. Argo CD는 기본적으로 새로운 커밋이 있는지 180초마다 확인하고 있다. 그래서 만약 이 변경 사항이 잘 적용됐다면 300초마다 새로운 커밋을 확인하게 될 것이다.

공식 문서에서는 이런 세팅 값을 수정하는 것만으로는 적용되지 않고, 새로운 설정 값이 적용되도록 argocd-repo-server 디플로이먼트를 수동으로 재시작해야 한다고 설명하고 있다. 디플로이먼트는 다음 명령어를 통해서 재시작이 가능하다.

```
kubectl rollout restart -n argocd deployment argocd-repo-server
```

그러면 다음과 같은 결과가 표시된다.

```
deployment.apps/argocd-repo-server restarted
```

앞서 본 것처럼 Argo CD를 운영 중인 상태에서 간단한 설정 값 변경부터 버전 업그레이드까지 자체적으로 관리할 수 있다는 점은 매우 유용하다. Argo CD에 의해 모든 것이 자동으로 적용돼 Argo CD가 관리하는 애플리케이션이 된다. 일반적인 깃옵스의 작업 방식은 변경 사항에 대해서 풀 리퀘스트를 만들어 동료 리뷰를 하도록 한다. 지금은 간단하게 원격 디폴트 브랜치에 직접 푸시하기 때문에 즉시 적용된다. 다음으로 다양한 Argo CD의 구성 요소와 적용할 사항을 모두 살펴보고 고가용성 설치를 하는 방법에 대해 알아보자.

고가용성 설치

Kustomize를 통해 고가용성 옵션에 대해서 이미 적용했기 때문에 설치된 컴포넌트가 무엇인지 살펴보고 고가용성 파트를 어떻게 다룰지 그리고 운영자가 할 수 있는 것이 무엇인지 알아보자.

- **API 서버**: 외부 통신을 담당하는 서버로 CLI 혹은 UI를 사용하거나 클라이언트를 생성하거나 할 때 API로 통신하게 된다. 고가용성 매니페스트에서는 이미 2개의 파드 인스턴스로 설정돼 있다.

- **리포지터리 서버**: 클러스터에 적용할 최종 매니페스트 파일을 생성하는 역할을 한다. 헬름(v2, v3), Kustomize, 제이소넷과 같이 Argo CD에서 지원되는 템플릿이 매우 다양하기 때문에 매니페스트 생성이 복잡하다. 고가용성 매니페스트에서는 2개의 레플리카를 제공한다.

- **애플리케이션 컨트롤러**: 작업이 시작되고, 컨트롤 루프가 동작하면 애플리케이션 동기화가 발생한다. 처음에는 하나의 인스턴스만 둘 수 있었지만 이제는 클러스터 샤드shard당 하나의 인스턴스를 둘 수 있다. 고가용성 매니페스트에서는 하나의 컨트롤러 인스턴스를 사용한다.

- 레디스 캐시^{Redis cache}: 매니페스트 생성이 무거운 작업이기 때문에 Argo CD는 레디스 인스턴스에 매니페스트를 저장하려고 한다. 캐시가 실패해도 재생성되기 때문에 문제는 없지만 성능상에 패널티는 생길 수 있다. 여기에 일반적인 매니페스트와 고가용성 매니페스트의 차이가 있다. 고가용성 모드에서는 이미 추가적인 HAProxy 디플로이먼트가 있고 레디스 레플리카도 3개가 존재한다. 하나는 마스터고 나머지 둘은 슬레이브다.

- Dex 서버: SAML^{Security Assertion Markup Language}, OIDC^{OpenID Connect} 또는 LDAP^{Lightweight Directory Access Protocol}와 같은 외부 ID 공급자를 사용할 때 사용자 인증을 담당한다. 선택 사항이지만 깃허브나 구글 계정을 Argo CD에 연결하려는 경우 이 구성 요소가 필요하다.

이제 고가용성 측면에서 더 알아보자.

API 서버

API 서버는 UI, CLI 또는 curl과 같이 사용자 지정 클라이언트로부터 들어오는 모든 요청의 진입점^{entry point}이다. API는 상태^{state}를 갖지 않으므로 부하에 따라 확장하거나 축소할 수 있다. 이 말은 디플로이먼트의 레플리카 수를 변경하기만 하면 고가용성 설치가 가능하다는 것이다. 고가용성 옵션을 사용해 2개의 레플리카를 갖게 되는데, 레플리카를 3개로 수정하고 다른 필요한 변경 사항이 있는지 살펴보자.

레플리카 이외에도 `ARGOCD_API_SERVER_REPLICAS` 환경변수를 수정해 현재 사용 중인 레플리카의 수와 동일하게 맞출 수 있다. 이 방법은 무차별 패스워드 대입공격에 대한 제한을 계산할 때 사용한다. 한 인스턴스에 대해 동시에 30개의 로그인 요청이 올 경우 서버에서 다른 응답을 트리거한다. 3개의 인스턴스로 설정하면 부하가 분산돼 10개의 요청만 받게 된다. 이 말은 갖고 있는 인스턴스 수가 많을수록 해당 변수의 설정 값을 낮게 설정해야 한다는 의미다. 이 환경변수를 수정하지 않아도 애플리케이션은 작동하지만 변경하는 것이 더 안전하다.

argocd-server 디플로이먼트가 3개의 레플리카를 두려면 다음 작업을 수행한다. patches 폴더에 argocd-server-deployment.yaml이라는 새 파일을 만들고 다음 코드를 입력한다.

▼ 위치: ch03/kustomize-installation/patches/argocd-server-deployment.yaml

```yaml
apiVersion: apps/v1
kind: Deployment
metadata:
  name: argocd-server
spec:
  replicas: 3
  template:
    spec:
      containers:
      - name: argocd-server
        env:
        - name: ARGOCD_API_SERVER_REPLICAS
          value: '3'
```

변경 사항이 반영될 수 있도록 kustomization.yaml 파일에 다음과 같이 필드를 추가한다. 책에서는 전체 코드를 작성하지 않고, patchesStrategicMerge 부분만 표시했다.

```yaml
patchesStrategicMerge:
  - patches/argocd-cm.yaml
  - patches/argocd-server-deployment.yaml
```

이제 2개의 파일을 깃 커밋하고, 원격 저장소에 푸시한다. 그러면 Argo CD가 새로운 버전을 확인하고 변경 사항을 적용하는 것을 확인할 수 있다.

리포지터리 서버

리포지터리repo 서버는 클러스터에 적용할 리소스를 생성하는 중요한 구성 요소다. 보통 깃옵스 리포지터리에서는 간단한 매니페스트를 사용하지 않고, 헬름, 제이소넷, Kustomize와 같은 템플릿 엔진을 사용한다. 이 구성 요소는 이런 템플릿을 kubectl apply 명령에 적용할 수 있는 매니페스트로 변환시킨다. 리포지터리 서버는 깃 리포지터리의 내용을 가져와 헬름, Kustomize 등 어떤 템플릿 엔진을 사용할지 판단한다(예를 들어 Chart.yaml의 경우 헬름 차트임을 알 수 있다). 템플릿 엔진이 무엇인지 확인한 후 helm template이나 kustomize build와 같은 명령을 실행해 최종 형태의 매니페스트를 생성한다. 헬름의 경우 외부 종속성을 가져오기 위해 먼저 helm dep update 명령을 실행해야 할 수도 있다.

이 리포지터리 서버 애플리케이션에서는 많은 일을 수행한다. 여러 인스턴스를 실행하면 더 많은 매니페스트를 동시에 생성할 수 있다. 메모리 부족이나 CPU 스로틀링throttling으로 인해 컨테이너가 종료되지 않도록 충분한 리소스를 제공해줘야 한다. 만약 Argo CD로 배포되는 애플리케이션이 수천 개라면 리포지터리 서버를 10대 이상 실행하고, 각 인스턴스에 4~5개의 CPU와 8~10GB의 메모리를 할당하는 것이 좋다. 고가용성 매니페스트에서는 이미 2개의 인스턴스가 있지만 3개로 수정할 것이다. 로컬 클러스터를 사용 중이기 때문에 리소스 요청request이나 제한limit을 두지 않았지만 실제 운영 환경에서는 이를 적극 사용하기 바란다.

또 변경할 만한 중요 매개변수는 템플릿 엔진의 시간 제한timeout이다. Argo CD는 헬름이나 Kustomize 명령을 포크fork하고 이 작업에 대해 90초 제한 시간을 설정한다. 가끔 Kustomize가 큰 원격 베이스remote base를 사용하거나 헬름이 kube-prometheus-stack (https://github.com/prometheus-community/helm-charts/tree/main/charts/kube-prometheus-stack)(이전에는 prometheus-operator로 알려져 있었다)이나 Istio(https://istio.io/latest/docs/setup/install/helm/)와 같은 큰 차트를 템플릿화해야 한다. 따라서 몇 가지 테스트를 실행해 작업에 적합한 값을 확인할 수 있다. ARGOCD_EXEC_TIMEOUT 환경변수를 사용하면 제한 시간을 늘릴 수 있다.

patches 폴더가 있는 곳에 argocd-repo-server-deployment.yaml 파일을 생성하고 다음 내용을 입력한다. 리포지터리 서버의 레플리카가 3개로 설정하고 템플릿 제한 시간은 3분으로 설정했다.

▼ 위치: ch03/kustomize-installation/patches/argocd-repo-server-deployment.yaml

```
apiVersion: apps/v1
kind: Deployment
metadata:
  name: argocd-repo-server
spec:
  replicas: 3
  template:
    spec:
      containers:
      - name: argocd-repo-server
        env:
        - name: "ARGOCD_EXEC_TIMEOUT"
          value: "3m"
```

또한 kustomization.yaml 파일을 수정해 patches 폴더에 방금 생성한 새 파일에 대한 참조를 포함한다(파일의 전체 내용이 아닌 변경 사항을 포함하는 patchesStrategicMerge 필드에 추가한다).

```
patchesStrategicMerge:
  - patches/argocd-cm.yaml
  - patches/argocd-server-deployment.yaml
  - patches/argocd-repo-server-deployment.yaml
```

깃 커밋을 생성하고 원격 저장소로 푸시해 Argo CD가 리포지터리 서버의 디플로이먼트를 업데이트할 수 있도록 한다.

애플리케이션 컨트롤러

초기의 애플리케이션 컨트롤러는 동기화의 시작점인 컨트롤 루프가 있기 때문에 하나 이상의 레플리카를 가질 수 없었다. 따라서 하나 이상의 레플리카를 가지면 동일한 애플리케이션에 대해 2개 이상의 동기화가 동시에 시작될 가능성이 있게 된다. 그러나 1.8 버전부터는 여러 개의 레플리카를 가질 수 있으며, 각 인스턴스는 Argo CD에 등록된 클러스터의 일부를 담당한다.

예를 들어 Argo CD가 애플리케이션을 설치할 클러스터가 9개이고 애플리케이션 컨트롤러는 3개를 갖고 있다고 하자. 각 컨트롤러는 클러스터를 3개씩 맡을 것이다. 이렇게 컨트롤러의 개수를 늘리는 것이 고가용성 설치에 필수적인 요소는 아니지만 분명 도움이 된다. 왜냐하면 하나의 컨트롤러에 문제가 생기면 오직 그 클러스터에만 영향이 가고 전체 클러스터가 멈추지는 않기 때문이다. 다수의 인스턴스가 부하를 나눠 받기 때문에 Argo CD의 전반적인 성능 향상에도 도움이 된다.

StatefulSet에 있는 ARGOCD_CONTROLLER_REPLICAS라는 환경변수를 사용해 Argo CD 애플리케이션 컨트롤러에 몇 개의 샤드(또는 인스턴스)를 둘지 설정할 수 있다. 애플리케이션 컨트롤러를 3개의 샤드(3개의 레플리카)로 설정해 Kustomize로 설치하는 방법을 살펴보자. 다음 코드 내용으로 patches 폴더에 argocd-application-controllerstatefulset.yaml 이라는 파일을 생성해보자.

▼ 위치: ch03/kustomize-installation/patches/argocd-application-controller-statefulset.yaml

```
apiVersion: apps/v1
kind: StatefulSet
metadata:
  name: argocd-application-controller
spec:
  replicas: 3
  template:
    spec:
      containers:
      - name: argocd-application-controller
        env:
        - name: ARGOCD_CONTROLLER_REPLICAS
          value: "3"
```

이제 kustomization.yaml 파일의 patchesStrategicMerge 필드를 다음과 같이 작성한다.

```
patchesStrategicMerge:
  - patches/argocd-cm.yaml
  - patches/argocd-server-deployment.yaml
  - patches/argocd-repo-server-deployment.yaml
  - patches/argocd-application-controller-statefulset.yaml
```

커밋을 생성하고 원격 리포지터리에 푸시하면 Argo CD가 처리할 것이다.

특정 사례에서는 개발, 테스트, QA 또는 프로덕션 여부와 관계없이 모든 애플리케이션이 하나의 클러스터에만 설치되는 경우도 있다. 이 경우에는 애플리케이션 컨트롤러의 인스턴스를 2개 이상 두는 것이 의미가 없고 컨테이너에 CPU와 메모리를 많이 할당해야 한다. 공식 문서(https://argo-cd.readthedocs.io/en/stable/operatormanual/high_availability/#argocd-application-controller)에서 --operation-processors, --status-processors, --kubectl-parallelism-limit 플래그를 확인하고 이 값들을 높게 설정해 인스턴스가 더 많은 애플리케이션을 처리할 수 있도록 해야 한다.

노트

> **레플리카의 환경변수**
>
> 이 패턴은 API 서버와 애플리케이션 컨트롤러 최소 두 곳 이상에서 사용된다. 여기서 레플리카의 수는 환경변수를 통해 컨테이너에 입력된다. 이렇게 하면 각 인스턴스에서 쿠버네티스 API를 호출해 숫자를 확인하는 것보다 훨씬 간단하다. 개발자가 두 곳을 모두 업데이트해야 하는 부담이 있지만 이렇게 하는 것이 더 효율적이다.

레디스 캐시

레디스Redis는 Argo CD에서 일회성 캐시로 사용된다. 레디스가 응답하지 않는 경우, 오류가 발생하는 경우, 심지어 설치되지 않은 경우에도 시스템은 여전히 작동하지만 성능에 영향을 미칠 수 있다. 따라서 레디스는 선택적 구성 요소이지만 사용하는 것을 적극 권장한다.

그 이유는 깃 리포지터리에서 생성된 매니페스트가 레디스 캐시에 보관되는데 레디스가 없다면 동기화 요청 때마다 매니페스트를 다시 만들어야 하기 때문이다. 캐시는 깃 리포지터리에 새로운 커밋이 있는 경우에만 삭제된다(커밋의 SHA를 키로 생각하면 된다). 캐시가 손실되면 모든 것을 다시 만들어야 하므로 애플리케이션은 계속 작동하지만 성능이 저하된다.

고가용성 설치는 레디스용 레플리카 3개(마스터 1개와 슬레이브 2개)를 가진 `StatefulSet`으로 구성한다. 또한 레디스 앞에 **HAProxy** 디플로이먼트를 둔다. 만약 어떤 이유로 마스터 레디스에 장애가 난 경우 슬레이브 중 하나가 새로운 마스터로 승격되면 **HAProxy**는 이 내용을 클라이언트 애플리케이션에 전달한다.

고가용성 측면으로 봤을 때 레디스는 이미 최적화된 설정으로 설치돼 있기 때문에 별도로 변경할 필요가 없다.

노트

> **레디스 매니페스트**
>
> Argo CD에서 사용하는 레디스 매니페스트는 redis-ha 헬름 차트(https://github.com/DandyDeveloper/charts/tree/master/charts/redis-ha)로 생성한다. Kustomize나 간단한 매니페스트 옵션을 사용할 때 헬름 차트는 이미 템플릿화돼 있어 간단한 리소스로 변환된다. Argo CD에서 레디스를 헬름으로 설치 시 redis-ha 차트를 종속적으로 선언하고 있어, 해당 차트가 직접 사용된다.

Dex 서버

Dex(https://github.com/dexidp/dex)는 OIDC[2]와 같은 외부 시스템을 사용할 때 인증을 위임하기 위해 사용한다. Dex는 인메모리in-memory 캐시를 갖고 있어 하나의 인스턴스만 사용할 수 있다. 그렇지 않으면 일관성 문제가 발생할 수 있다. 사용 시 위험한 요소는 만약에 Dex가 작동하지 않을 경우 외부 시스템을 사용해 로그인할 수 없다는 것이다. 다만 이는 Argo CD 자체에서는 중요한 문제가 아니다. Argo CD는 여전히 필요한 조정 작업을 계속 수행할 수 있고, 깃 리포지터리와 대상 쿠버네티스 클러스터는 연결이 계속 유지되기 때문이다. 즉 작업은 중단되지 않는다. 컨트롤러가 단일 레플리카

---

2 OIDC는 웹 애플리케이션 및 모바일 앱에서 사용자 인증 및 인가를 위한 프로토콜이다. – 옮긴이

로 설치됐기 때문에 인스턴스가 재시작될 것이므로 로그인 중단은 일시적일 것이다(때로는 노드 이슈가 관련돼 있을 경우 수동으로 재시작할 수도 있다).

만약 로컬 사용자(4장에서 자세히 알아볼 것이다) 혹은 어드민admin 사용자만 사용하는 경우 레플리카의 수를 0으로 조절해 Dex 설치를 비활성화할 수 있다.

고가용성은 서비스 중단 위험을 줄이기 위한 가장 좋은 방법 중 하나다. Argo CD 인스턴스가 짧은 시간 동안 중단되더라도 프로덕션 배포나 롤백 과정에서 이런 일이 발생하는 것은 아무도 원하지 않을 것이다. 따라서 Argo CD 구성 요소에 내결함성과 회복력을 갖추도록 해 단일 장애 지점을 제거하는 것이 중요하다. 고가용성 매니페스트는 이를 기본으로 제공한다. 고가용성을 갖추려면 어떻게 각 구성 요소를 수정하면 되는지 이해한 후, 기본 설정보다 더 많은 레플리카를 사용해 서비스를 개선하는 데 필요한 조치를 취할 수 있다. 또한 애플리케이션 컨트롤러를 더 많이 사용해 배포하는 쿠버네티스 클러스터를 분할하는 등의 추가 작업을 수행할 수 있다. 다음으로 재해 복구에 대해 알아볼 것이다. 이는 시스템이 동작하지 않는 상태일 때 시스템을 정상 상태로 되돌리는 것이다. 이를 통해 고가용성만으로는 충분하지 않은 상황에도 시스템을 정상 상태로 복구하는 데 도움이 될 수 있다.

⁝⁙ 재해 복구 계획

Argo CD는 별도의 데이터베이스를 직접 사용하지 않기 때문에(레디스는 캐시로 사용한다) 별도로 상태를 저장하지 않는 것처럼 보인다. 앞에서는 주로 각 디플로이먼트의 레플리카 수를 늘려 고가용성 설치를 수행하는 방법을 알아봤다. 그러나 애플리케이션 정의(예: 깃 소스와 대상 클러스터)와 쿠버네티스 클러스터에 접근하는 방법 또는 프라이빗 깃 리포지터리나 헬름에 연결하는 방법과 같은 세부 정보도 갖고 있다. 이런 요소들이 Argo CD의 상태를 구성하고, 이는 쿠버네티스 리소스에 보관된다. 세부 연결 정보와 같은 네이티브 리소스를 위해 시크릿과 같은 기본 리소스가 사용되거나 애플리케이션과 애플리케이션 제약 조건을 위해 사용자 정의 리소스를 사용한다.

쿠버네티스 클러스터나 Argo CD 네임스페이스가 삭제되거나 일부 클라우드 공급자 문제와 같이 사람의 개입으로 인해 장애가 발생할 수 있다. Argo CD가 설치된 클러스터에서 다른 클러스터로 이동하려는 경우도 있을 수 있다. 예를 들어 현재 클러스터가 더 이상 지원하지 않는 기술로 생성됐을 수 있고, 이제는 클라우드 공급자가 관리하는 클러스터로 이전하려고 할 수 있다.

아마 "깃옵스라면 모든 것이 깃 리포지터리에 저장돼 있으니 재생성도 쉽겠네"라고 생각하는 사람도 있을 것이다. 첫째, 모든 것이 깃 리포지터리에 저장되는 것은 아니다. 예를 들어 Argo CD에 새 클러스터를 등록할 때 명시적으로 명령을 실행하기 때문에 세부 정보는 깃에 남지 않는다(보안적으로는 좋다). 둘째, 깃옵스 리포지터리에서 가져와 모든 것을 재생성하려면 시간이 많이 소요된다. 수천 개의 애플리케이션, 수백 개의 클러스터, 수만 개의 깃 리포지터리가 있을 수도 있기 때문이다. 가장 좋은 방법은 모든 리소스를 처음부터 다시 만드는 대신 백업으로 이전 리소스를 복원하는 것이 훨씬 빠를 것이다.

CLI 설치하기

Argo CD는 메인 CLI의 일부인 `argocd admin` 하위 명령을 제공한다. 이 명령은 백업을 생성해 관련된 모든 데이터를 YAML 파일로 보내거나 기존 데이터를 가져오는 데 사용할 수 있다. CLI는 메인 도커 이미지에 포함돼 있거나 별도로 설치할 수 있다.

v2.1.1 버전의 CLI를 설치하려면 다음 명령을 실행하면 된다(이 코드는 macOS 버전이므로 다른 운영체제에서 설치는 공식 페이지(https://argo-cd.readthedocs.io/en/stable/cli_installation/)를 참조하기 바란다).

```
curl -sSL -o /usr/local/bin/argocd https://github.com/argoproj/argo-cd/
releases/download/v2.1.1/argocd-darwin-amd64
chmod +x /usr/local/bin/argocd
argocd version --client
```

만약 설치가 잘 됐다면 다음과 같이 Argo CD 클라이언트 버전 결과가 나온다.

```
argocd: v2.1.1+aab9542
  BuildDate: 2021-08-25T15:14:05Z
  GitCommit: aab9542f8b3354f0940945c4295b67622f0af296
  GitTreeState: clean
  GoVersion: go1.16.5
  Compiler: gc
  Platform: darwin/amd64
```

이제 CLI 설치를 완료했으니 백업을 생성할 수 있다.

백업 생성하기

이제 클러스터를 연결하고 백업해보자. 먼저 클러스터에 Argo CD가 연결돼 있어야한다(쿠버네티스 콘텍스트가 해당 클러스터를 지정하고 있는지 꼭 확인해보자). 다음 명령어를실행하면 현재 날짜와 시간을 기반으로 사용자가 지정한 이름을 가진 파일이 생성된다(이렇게 하면 매일 또는 수시로 실행할 수 있다).

```
argocd admin export -n argocd > backup-$(date +"%Y-%m-%d_%H:%M").yml
```

심지어 애플리케이션 하나(Argo CD 자체)만 간단히 설치했어도 백업 파일이 상당히 큰것을 볼 수 있다(거의 1,000줄 정도다). 그 이유는 Argo CD 애플리케이션이 많은 리소스를 배포했고 동기화했던 모든 기록을 유지하기 때문이다. 이 책의 공식 깃허브 리포지터리(https://github.com/PacktPublishing/ArgoCD-in-Practice)의 ch03/disaster-recovery폴더에서 고가용성 설치를 위해 생성한 백업 파일을 찾을 수 있다.

다음으로 이 백업 파일을 가져와서 클라우드 스토리지 시스템(예: AWS S3, Azure Blob또는 Google Cloud Storage)에 저장하고 암호화하고 관련 액세스 정책을 설정한다. 실제운영 환경에서 쿠버네티스 클러스터를 설치하는 경우 액세스 정보를 포함해 많은 민감정보가 여기에 저장되기 때문이다.

다른 클러스터에서 복원하기

백업을 복원하려면 대상 클러스터에 Argo CD를 설치해야 한다. 이는 백업에 Argo CD의 구성뿐 아니라 모든 컨피그맵과 시크릿도 포함되기 때문에 초기 설치에 대한 모든 변경 사항이 포함돼야 한다. 그러나 백업은 실제 디플로이먼트나 스테이트풀셋을 저장하는 것은 아니므로 백업을 복원하기 전에 이 리소스들은 설치돼야 한다는 것을 의미한다. 사용자 정의 리소스CRD, CustomResourceDefinitions에도 동일한 원칙이 적용되는데 Application이나 AppProject 인스턴스는 있지만 CRD는 포함돼 있지 않기 때문이다.

따라서 새 클러스터에서 이전에 Kustomize를 사용한 고가용성 설치 부분에서 수행한 것과 동일하게 설치한다. 그리고 다음 명령어를 실행한다(파일 이름은 본인이 복구하고자 하는 파일 이름과 일치하도록 변경해야 한다).

```
argocd admin import - < backup-2021-09-15_18:16.yml
```

이제 백업했을 때 모든 구성 요소의 상태로(애플리케이션, 클러스터, 깃 리포지터리) 새로 설치해야 한다. 유일한 차이점은 레디스 캐시에 아무것도 없기 때문에 Argo CD는 모든 매니페스트를 깃 리포지터리에서 받아와 다시 계산해야 하므로 처음 몇 분 동안은 시스템 성능에 영향을 미칠 수 있다. 이후에는 모든 것이 평소처럼 정상적으로 동작해야 한다.

이번 절에서 Argo CD 도구가 정기적인 백업 생성부터 새로운 클러스터에 복원하는 것까지 자동화하기 쉽다는 것을 확인했다. 백업 전략을 수립하고 수시로 복원 연습을 하는 것이 좋다. 언제든 발생할 수 있는 장애를 대비하고 새벽 2시든 오후 2시든 상관없이 동일한 결과로 실행할 수 있는 운영 매뉴얼runbook이 있어야 한다. 장애 상황은 매우 드물지만 수시로 정말 많은 사건이 발생할 것이다. 동기화할 애플리케이션 숫자가 많아지거나 특정 버전의 yaml 템플릿 도구로 인해 타임아웃 혹은 시스템이 응답하지 않는 경우도 있을 수 있다. 이를 해결하기 위한 관찰 가능성observability 전략이 필요하다. 이 전략에 대해서 다음 절에서 살펴볼 예정이다.

⠿ 관찰 가능성 활성화

관찰 가능성^{observability}은 시스템의 상태, 성능, 동작에 대한 답을 제공할 수 있기 때문에 중요하다. 수십 개의 팀이 쿠버네티스에 모놀리식 또는 마이크로서비스 아키텍처로 수천 개의 애플리케이션을 배포하는 대규모 환경을 구축할 때 작업이 항상 기대만큼 원활하게 진행되지 않을 가능성이 크다. 그 이유는 잘못된 값이 설정된 경우, 지원하지 않는 오래된 버전 사용하는 경우, 값을 바꿔야 하지만 수정 불가능한 필드가 있는 경우, 많은 애플리케이션이 동시에 동기화돼야 하는 경우, 특정한 한 팀만 SSH 키 없이 프라이빗 리포지터리를 사용하는 경우, 타임아웃을 일으키는 큰 애플리케이션이 있는 경우 등이 항상 존재한다.

다행히 Argo CD는 시스템이 충분히 활용되지 않았거나 과도하게 활용된 경우, 그리고 이때 어떻게 해야 하는지 시스템에 대한 많은 메트릭을 제공한다. 또한 동기화 실패와 같이 뭔가 잘못됐을 때 특정 애플리케이션을 담당하는 개발 팀에게 직접 알림을 줄 수도 있다. 우리가 생성할 알림은 Argo CD 운영을 담당하는 팀과 마이크로서비스를 관리하는 팀, 이렇게 두 방면으로 나눌 수 있다.

이번 절에서는 쿠버네티스에서 동작하는 마이크로서비스와 같이 동적인 환경을 모니터링하는 데 필수가 돼버린 프로메테우스^{Prometheus}를 통해 Argo CD를 모니터링하는 방법에 대해서 알아보자. 프로메테우스는 안정성에 특화된 최고의 도구로 시스템의 현재 상태를 확인하고 이슈를 파악하는 데 특화돼 있다.

프로메테우스로 모니터링하기

쿠버네티스가 컨테이너 오케스트레이션의 표준이 된 것처럼 프로메테우스도 모니터링의 표준이 됐다. 프로메테우스는 CNCF의 두 번째 프로젝트로 쿠버네티스 이후의 프로젝트다. 클라우드 네이티브 환경에서 쿠버네티스에 프로메테우스를 동작시키는 것을 (Argo CD가 깃옵스의 오퍼레이터인 것처럼) **프로메테우스 오퍼레이터**(https://prometheus-operator.dev)라고 한다. Argo CD 구성 요소가 프로메테우스 형식에 맞게 메트릭 값을 노출하고, 클러스터에 프로메테우스 오퍼레이터를 쉽게 설치하도록 해준다. 그리고 엔드포인트에서 메트릭을 가져오기 시작한다. 설치하기 위한 헬름 차트는 다음 링크 (https://github.com/prometheus-community/helm-charts/tree/main/charts/kube-prometheus-stack)에 있다. 일반적으로 설치는 **monitoring**이라는 별도의 네임스페이스에서 진행한다.

설치가 완료되면 프로메테우스에게 메트릭을 가져올 대상 엔드포인트가 어딘지 알려줘야 한다. 알려 주기 위해서는 커스텀 리소스 중 ServiceMonitor(https://prometheus-operator.dev/docs/operator/design/#servicemonitor)를 사용한다. 애플리케이션 컨트롤러, API 서버, 리포지터리 서버, 이렇게 Argo CD를 구성하는 세 가지 서비스가 스크랩돼야 한다. 해당 내용에 대해서는 공식 문서(https://argo-cd.readthedocs.io/en/stable/operator-manual/metrics/#prometheus-operator)에서 확인할 수 있다. 뿐만 아니라 이 책의 공식 깃허브 리포지터리(https://github.com/PacktPublishing/ArgoCD-in-Practice)의 ch03/ servicemonitor 폴더에도 해당 내용을 복사해 올려 놨다.

이 파일을 깃 리포지터리의 폴더에 넣고 해당 리포지터리를 가리키는 애플리케이션을 생성해 깃옵스를 통해 적용할 수 있다.

ServiceMonitor 리소스가 생성되고 스크래핑 프로세스가 실행되면 그라파나^{Grafana} 대시보드(https://grafana.com/grafana/dashboards)는 공식 문서에서 제공하는 예시(https:// argo-cd.readthedocs.io/en/stable/operator-manual/metrics/#dashboards)를 사용해보자. 공식 문서(https://grafana.com/docs/grafana/latest/dashboards/export-import/#import-dashboard)를 참고해 프로메테우스 오퍼레이터를 그라파나 대시보드에 어떻게 추가하는지 따라해 보기 바란다. 이제 Argo CD를 관리하는 운영팀과 애플리케이션을 구축하는 마이크로 서비스팀의 두 가지 관점에서 모니터링을 다뤄볼 것이다.

운영팀이 확인할 메트릭

Argo CD는 동기화를 수행하기 위해 리포지터리 서버와 컨트롤러를 사용한다. 이 둘은 가장 중요하게 모니터링해야 할 대상이며, 잘 관리하면 우수한 성능을 낼 수 있다. 다양한 메트릭을 통해 상태를 파악하는 데 많은 도움을 준다. 몇 가지 메트릭에 대해서 더 살펴보자.

OOMKilled

시간이 지나면서 리포지터리와 컨트롤러의 의미 있는 메트릭은 Argo CD에서 노출되는 것이 아니라 노드 운영체제에서 컨테이너가 너무 많은 리소스를 사용하려고 할 때 나타나는 **메모리 부족**OOM, Out-Of-Memory에 의한 종료 현상이다. 이는 컨테이너에 충분한 리소스가 설정돼 있지 않거나 병렬 처리에 너무 큰 리소스가 할당된 경우에 발생한다. Argo CD 공식 문서(https://argo-cd.readthedocs.io/en/stable/operator-manual/high_availability)에서는 OOM이 발생할 수 있는 경우와 병렬 처리를 줄이기 위해 사용하는 매개변수를 잘 설명하고 있다. 리포지터리 서버의 경우 동시에 너무 많은 매니페스트가 생성됐거나 애플리케이션 컨트롤러의 경우 동시에 너무 많은 매니페스트가 적용된 경우 발생할 수 있다.

다음 쿼리(https://github.com/kubernetes/kubernetes/issues/69676#issuecomment-455533596)를 사용해 이런 이벤트에 대한 알림을 받을 수 있다. 지난 5분 동안 컨테이너가 다시 시작됐거나 마지막으로 종료된 이유가 OOMKilled인지 여부를 확인한다.

```
sum by (pod, container, namespace)
(kube_pod_container_status_last_terminated_reason{reason="OOMKilled"}) *
on (pod,container) group_left sum by (pod, container)
(changes(kube_pod_container_status_restarts_total[5m])) > 0
```

이런 알람을 일주일에 한두 번 정도 받는다면 몇 주 정도 지켜봐도 괜찮다. 만약 리포지터리 서버나 컨트롤러에서 하루에도 두 번 이상 발생한다면 조치를 취해야 한다. 조치 방법은 다음과 같다.

- 디플로이먼트나 스테이트풀셋의 레플리카 숫자를 증가시킨다. 그래서 애플리케이션 동기화가 발생해 부하가 다른 인스턴스로 분산될 수 있도록 한다.

- 컨테이너의 CPU와 메모리 리소스를 더 높게 할당한다.

- 리포지터리 서버의 `--parallelismlimit` 매개변수 값과 컨트롤러의 `--kubectl-parallelism-limit` 매개변수의 값을 줄인다.

OOM은 컨트롤러가 애플리케이션의 상태를 조율하기 위해 수행해야 하는 작업량과 관련이 있다. 따라서 며칠 동안 배포 작업이 없다면 이런 문제가 발생하지 않을 수 있지만, 여러 애플리케이션을 동시에 동기화하기 시작하면 OOM 경고를 받을 수 있다. 이 경우 시스템에서 정의한 로드load 메트릭과의 상관관계를 확인해야 한다. 이제 그 메트릭들을 살펴보자.

시스템 부하 메트릭

시스템 부하를 나타낼 수 있는 몇 가지 메트릭이 있다. 여기에서는 리포지터리 서버와 관련된 필드와 애플리케이션 컨트롤러와 관련된 필드에 대해 살펴보자.

리포지터리 서버는 깃 리포지터리에서 콘텐츠를 가져온 다음 사용된 템플릿 엔진을 기반으로 매니페스트를 생성하는 작업을 담당한다. 최종 매니페스트를 생성한 후 애플리케이션 컨트롤러로 전달한다. 수많은 매니페스트가 동시에 적용될 때 OOM 이슈가 발생할 수 있다는 것을 앞서 확인했다. 그러나 깃 리포지터리의 콘텐츠를 가져오기 위해 많은 요청이 있는 경우는 어떻게 할까? 이 경우 리포지터리 서버 인스턴스에서 보류 중인 요청 수에 따라 변동되는 argocd_repo_pending_request_total 메트릭이 있다(프로메테우스에서는 '게이지' 메트릭 타입이다). 물론 이 값이 0에 가까운 것이 좋으며, 현재 리포지터리 인스턴스가 작업 부하를 처리할 수 있는지 보여준다. 이 수치가 잠시 상승하는 것은 문제되지 않는다. 그러나 장기간 큰 값이 지속되는 경우 문제가 발생할 수 있으므로 주의해야 한다.

> **노트**
>
> **리포지터리 서버의 HPA 스케일링**
> 만약 독자 중 이 게이지를 기반으로 HPA를 사용해 리포지터리 서버를 확장해보고 싶다면, 다음 링크(https://github.com/argoproj/argo-cd/issues/2559)에서 스레드 토론에 참여해보기 바란다. 실제로는 그렇게 쉽지 않다.

애플리케이션 컨트롤러 쪽에서는 시스템 부하를 나타내는 다른 중요한 메트릭인 argocd_kubectl_exec_pending 값이 있다. 이 값은 대상 클러스터에서 실행 대기 중인 pending 상태의 apply와 auth 명령의 수를 나타낸다. 최대 값은 --kubectl-parallelism-limit 플래그 값과 동일할 수 있다. 왜냐하면 이 값은 대상 클러스터에서 병렬로 명령을 시작할 수 있는 스레드 수를 나타내기 때문이다. 이 값이 잠시 동안 최대치에 도달하는 것은 문제가 안 되지만, 오랜 기간 큰 값으로 유지되는 경우 동기화가 오래 걸리는 등의 문제가 발생할 수 있다.

마이크로서비스 팀을 위한 메트릭

만약 플랫폼팀이 개발팀을 위한 셀프 서비스 플랫폼을 구축해주는 경우 개발팀이 라이브 배포에서 문제가 발생했을 때 모니터링하면서 경고나 조치를 할 수 있도록 해줘야 한다. 따라서 개발팀이 자신의 마이크로서비스를 프로덕션 환경으로 이동하는 데 사용하는 Argo CD 애플리케이션에 대한 경고를 설정하도록 허용해주는 것도 방법이다. 두 가지 메트릭이 개발팀에게 유용한 정보를 전달할 수 있다. 하나는 동기화 상태를 나타내는 메트릭인데, 특히 동기화 과정 중에 오류가 발생한 경우 유용하다. 다른 하나는 애플리케이션의 운영 상태를 나타내는 메트릭인데, 특히 Degraded 상태인 경우 기능이 제대로 작동하지 않는 것을 의미한다.

애플리케이션 동기화 상태

동기화 상태는 새 버전 배포 상태를 확인하기 위해 UI를 계속 확인하거나 CLI를 통해 정기적으로 명령을 실행해 새 버전 배포 상태를 확인할 필요가 없도록 한다. 특히 이러한 작업을 주간에 여러 번 수행하거나 더 자주 수행하는 경우에 더 유용하다. 팀은 관리 대상 애플리케이션에 알람을 설정할 수 있어 새로운 버전의 도커 이미지나 매니페스트에 변경 사항이 생겼을 때 동기화가 실패한다면 알림을 받을 수 있다. 이를 위해 argocd_app_sync_total 지표를 사용하면 된다.

다음 쿼리를 이용하면 지난 5분간 동기화 상태가 실패로 변경된 애플리케이션에 대해 알림을 줄 수 있다. 이 쿼리는 argocd 네임스페이스에서 accounting으로 시작하는 애플리케이션만 찾는다.

```
sum by (name) (changes(argocd_app_sync_total{phase="Failed",
exported_namespace="argocd", name=~"accounting.*"}[5m]))>0
```

만약에 문제가 없었다면 아무런 결과도 발생하지 않는다. 그러나 동기화가 실패 상태라면 이유를 조사해봐야 한다.

애플리케이션 건강 상태

건강 상태health status와 동기화 상태synchronization status는 서로 다른 개념이다. 건강 상태는 동기화와 무관하게 변경될 수 있다. 일반적으로 우리는 Degraded 상태를 주로 확인하는데, 뭔가가 제대로 작동하지 않을 때 발생한다. 예를 들어 스테이트풀셋에서 3개의 레플리카를 요청했지만 2개만 정상적으로 실행되고 세 번째 레플리카는 오랫동안 초기화되지 않거나 종료돼 스케줄링되지 않고 Pending 상태로 남아 있을 때 등의 상황이다. 이러한 시나리오는 언제든지 애플리케이션 운영 중에 발생할 수 있으며, 동기화 이벤트와는 직접적인 관련이 없다. 이러한 상태를 확인하기 좋은 메트릭은 argocd_app_info다. argocd 네임스페이스에서 이름이 prod로 시작하고 app으로 끝나지 않는 Argo CD 애플리케이션의 Degraded 상태를 추적하기 위해 다음 쿼리를 사용할 수 있다. 이는 app-of-apps 패턴을 사용한다면 중간 애플리케이션이 app 접미사를 사용하는 경우 유용할 수 있다(https://argo-cd.readthedocs.io/en/stable/operator-manual/cluster-bootstrapping/#app-of-apps-pattern).

```
argocd_app_info{health_status="Degraded",exported_namespace="argocd",
name=~"prod.*",name!~".*app"}
```

애플리케이션이 Degraded 상태로 표시되면 클러스터의 어떤 문제로 인해 애플리케이션이 제대로 동작하지 않는다는 분명한 신호이므로 확인해봐야 한다.

다음으로 Argo CD에 애플리케이션이 성공적으로 배포되는 경우처럼 어떠한 이벤트가 발생하면 사용자에게 통지하는 방법에 대해 알아보자. 다른 도구도 가능하지만 Argo CD에 특화해서 알아보자. 예를 들면 Argo CD Notifications 프로젝트나 Argo CD에 커스텀 웹훅을 구축하는 방식으로 말이다.

사용자에게 통지

Argo CD가 애플리케이션을 동기화하는 방식은 두 가지가 있다. 첫 번째는 수동으로 동작하는 것이다. 단순히 깃옵스 리포지터리에 새로 커밋하는 것으로는 동기화되지 않고 CLI, UI 혹은 API 호출을 통해 수동으로 동기화해야 한다. 두 번째가 가장 많이 쓰이는 방식일 것 같은데, 리포지터리에 푸시한 후 Argo CD가 자동으로 클러스터 상태를 비교해 원하는 상태로 맞추는 것이다.

상태를 변경한 개발자는 변경한 마이크로서비스가 올바르게 잘 동작하고 있는지 또는 새로 구성하거나 새로 만든 이미지에 문제는 없는지 등에 대한 결과를 궁금해하기 마련이다.

앞서 프로메테우스를 사용해 동기화 프로세스를 모니터링하는 방법과 Argo CD가 애플리케이션 상태나 동기화 상태에 대해 표시하는 메트릭을 알아봤다. 하지만 개발팀이 운영하는 마이크로서비스에 문제가 생기거나 정상적으로 동작하고 있을 때 알림을 보낼 또 다른 방법이 있다. 바로 Argo CD Notifications 프로젝트다. 이 프로젝트는 Argo CD를 염두에 두고 제작했기 때문에 사용자에게 더 유용한 정보를 제공한다. Argo CD Notifications 프로젝트에 대해서는 프로젝트 사이트에서 더 자세히 알아볼 수 있다 (https://github.com/argoproj-labs/argocd-notifications).

Argo CD Notifications 설치

Argo CD Notification 프로젝트는 헬름 차트, 단순 매니페스트, Kustomize, 이렇게 세 가지 방식으로 설치할 수 있다. 우리는 Kustomize 방식을 사용해 깃옵스를 적용해 설치해보자. 알림 설치에 사용되는 모든 코드는 이 책의 공식 깃허브 리포지터리(https://github.com/PacktPublishing/ArgoCD-in-Practice)의 ch03/notifications 폴더에서 확인할 수 있다.

Argo CD를 설치했던 리포지터리에서 notifications라는 폴더를 만든다. 폴더 내에는 kustomization.yaml이라는 파일을 만들고 다음 코드를 입력한다. 여기서도 argocd 네임스페이스를 계속 사용한다. 독립적으로 동작하는 애플리케이션이 아니기 때문에 굳

이 다른 네임스페이스를 만들 필요는 없다. 다시 말해서 Argo CD가 설치돼 있지 않다면 Argo CD Notifications 인스턴스 설치는 무의미하다.

▼ 위치: ch03/notifications/kustomization.yaml

```
apiVersion: kustomize.config.k8s.io/v1beta1
kind: Kustomization
namespace: argocd
bases:
  - github.com/argoproj-labs/argocd-notifications/manifests/controller?ref=v1.1.1
```

리포지터리에 파일을 커밋하고 원격 저장소에 푸시해 애플리케이션 파일을 만든다. argocd-notifications-app.yaml이라는 파일을 만들고 3장 처음에 Argo CD 자체 관리를 만들 때 사용했던 argocd-app.yaml 파일이 위치한 최상위 폴더에 둔다. 파일의 내용은 다음과 같다. Path와 repoURL 부분만 각자 알맞게 변경해 사용한다.

▼ 위치: ch03/argocd—notifications—app.yaml

```
apiVersion: argoproj.io/v1alpha1
kind: Application
metadata:
  name: argocd-notifications
spec:
  destination:
    namespace: argocd
    server: https://kubernetes.default.svc
  project: default
  source:
    path: ch03/notifications
    repoURL: https://github.com/PacktPublishing/ArgoCD-in-Practice.git
    targetRevision: main
  syncPolicy:
    automated: {}
```

이제 파일을 생성했으니 다음 명령어를 통해 적용한다(추후에라도 커밋과 리포지터리에 푸시하는 것을 잊지 말기 바란다).

```
kubectl apply -n argocd -f argocd-notifications-app.yaml
```

코드를 통해 적용하면 Argo CD를 통해서 클러스터 내에 Argo CD Notifications 애플리케이션이 설치된다. 그림 3.2와 같은 UI 화면에서 확인할 수 있다.

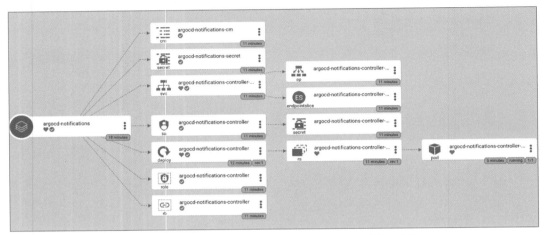

그림 3.2 Argo CD UI에서 보이는 argocd-notifications 애플리케이션

다음으로 Argo CD Notifications을 통해 깃랩^GitLab 파이프라인을 시작하는 방법을 알아보자. 이는 다양한 추적 시스템에서 애플리케이션의 배포 상태를 업데이트하기 위해 수행하는 것으로 깃옵스 조정 루프를 완성해나갈 수 있다.

파이프라인 시작하기

Argo 블로그(https://blog.argoproj.io/notifications-for-argo-bb7338231604)에서는 이메일을 통해 알림을 보내기 위한 설정 방법을 잘 설명하고 있다. 공식 문서에는 슬랙^slack, 마이크로소프트 팀즈^Teams, 텔레그램^Telegram 등과 같은 정말 많은 알림 서비스 예시가 있다. 또한 깃허브 커밋에 상태를 설정하기 위해 웹훅을 사용하는 방법과 데이터를 게시하기 위한 사용자 정의 훅을 설정하는 방법도 설명하고 있다(알림 서비스(https://argocd-notifications.readthedocs.io/en/latest/services/overview/), 웹훅 설정(https://argocd-notifications.readthedocs.io/en/latest/services/webhook/#set-github-commit-status)).

새로운 것을 만들어도 좋지만 이미 너무 좋은 시나리오들이 많이 있다. 그러니 깃랩 CI/CD에서 파이프라인을 시작하는 예시를 살펴보자. 최근에는 깃랩이 러너runner3를 통해 모든 것이 컨테이너에서 클라우드 네이티브 방식으로 실행되는 파이프라인을 가능하게 해서 CI/CD에 더 많이 사용되고 있다. 데모에서는 쿠버네티스 익스큐터executor(https://docs.gitlab.com/runner/executors/kubernetes.html)를 사용하지 않고, 도커 머신docker-machine(https://docs.gitlab.com/runner/executors/docker_machine.html) 기반으로 제공되는 익스큐터를 사용할 것이다. 생성하는 파이프라인은 쿠버네티스와 도커 머신 익스큐터에서 동일하게 실행될 것이다.

먼저 다음 링크(https://gitlab.com/users/sign_up)에 접속해 깃랩에서 사용자를 생성하자. 계정을 생성했으면 프로젝트를 생성한다. 깃랩 홈페이지에서 오른쪽 상단에 **New project** 버튼이 있을 것이다. 다음 페이지에서 **Create blank project** 버튼을 클릭하면 프로젝트 이름을 설정할 수 있다.

책에서는 resume-manual-pipeline라는 이름으로 설정했고 누구나 볼 수 있도록 **Public**으로 프로젝트를 오픈했다. 원하는 이름이 있다면 바꿔도 좋다.

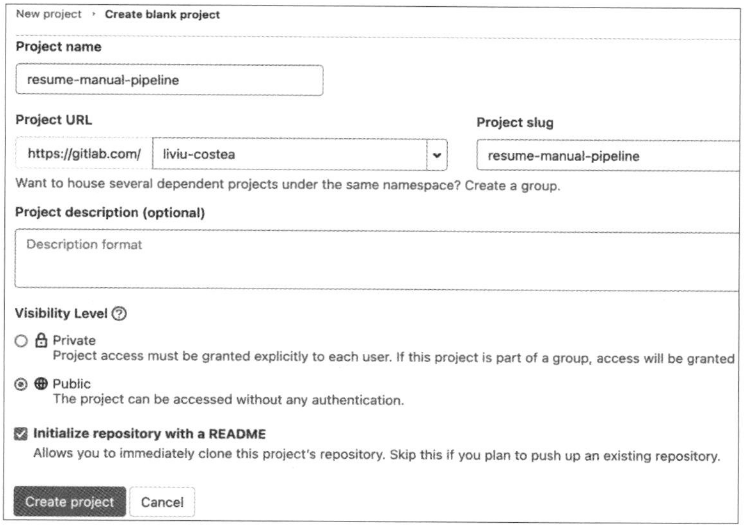

그림 3.3 깃랩 프로젝트 생성

---

3 다양한 환경에서 실행돼 코드 빌드, 테스트, 배포 등을 자동화한다. – 옮긴이

프로젝트를 생성한 후에는 코드를 추가하기 전에 깃 리포지터리에 대한 간편한 인증 방법으로 SSH 키를 설정해야 한다. 먼저 오른쪽 상단에 있는 버튼 중에서 오른쪽 끝에 있는 버튼을 클릭하고 **Preferences** 메뉴를 선택한다. 이동한 페이지에서 왼쪽에 많은 항목 중 **SSH Keys** 필드가 있다. 그 필드를 클릭하면 SSH 키를 추가하는 페이지로 이동한다. SSH 키를 추가하려면 이어지는 스크린샷 1, 2, 3 순서대로 따라하면 된다. 해당 페이지에는 어떻게 새로운 SSH 키를 생성하는지에 대한 링크도 있다. SSH 키를 새로 생성했다면 **Public** 키를 복사해 텍스트 상자에 붙여 넣고(Private 키는 안 됨), 키의 제목을 부여한 다음 **Add key** 버튼을 클릭한다.

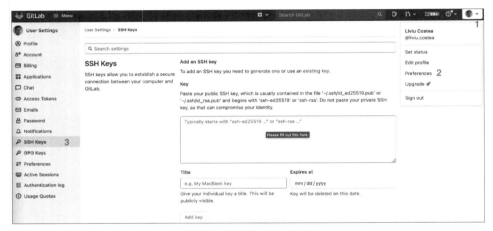

그림 3.4 SSH 키를 받는 페이지

이제 설치를 완료했으니 깃 리포지터리에 클론clone, 풀, 푸시가 문제없이 될 것이다.

이제 리포지터리로 돌아가서 로컬에 클론한 후 코드 편집기에서 열어보자. update-deploy-status라는 하나의 잡job으로 구성된 파이프라인을 만들 것이다. 이 작업은 alpine 도커 이미지를 사용하고, 애플리케이션의 이름, 상태, Argo CD에 의해 적용된 커밋 SHA를 보여주는 더미 스크립트를 실행한다. 이 작업은 동기화 이벤트가 발생한 후 깃 커밋에 태그를 설정하거나 일부 작업에 Production 레이블을 추가하는 등 몇 가지 변경 작업을 수행할 수 있다. 이벤트와 파이프라인 간에 연결을 설명하기 위해 더미 스크립트를 사용하지만, 더 발전시켜보기 바란다. 따라서 README.md 파일과 함께

gitlab-ci.yml이라는 새로운 파일을 생성하고, 다음과 같이 파이프라인을 정의해보자.

```
update-deploy-status:
  stage: .post
  script:
    - echo "Deploy status $APPLICATION_DEPLOY_STATUS for Application
$APPLICATION_NAME on commit $APPLICATION_GIT_COMMIT"
  image: alpine:3.14
  only:
    variables:
      - $APPLICATION_DEPLOY_STATUS
      - $APPLICATION_NAME
      - $APPLICATION_GIT_COMMIT
```

노트

> **수동 깃랩 파이프라인**
>
> 잡(job)을 실행하려면 특정 변수가 존재해야 한다는 조건문을 사용해 수동 시작을 할 수 있다(위 코드의 only: 필드 참조). 이를 통해 깃랩 UI에서 파이프라인을 시작할 수 있고 이를 디버깅하기 좋은 방법이다.

다음으로 생성한 gitlab-ci.yml 파일을 커밋하고 원격 리포지터리로 푸시한다. 웹훅을 설정하기 전에 Argo CD Notifications이 깃랩 파이프라인에 대해 인증하는 방법이 필요하다. 인증을 위해 파이프라인 트리거 토큰(https://docs.gitlab.com/ee/api/pipeline_triggers.html)을 사용한다. 토큰은 깃랩 UI에서 생성이 가능하다. 프로젝트의 메인 페이지에서 왼쪽 메뉴에 **Settings** 필드가 있다. 클릭하면 하위 메뉴에 **CI/CD** 필드가 있다. 이를 클릭하면 확장 가능한 여러 섹션으로 이뤄진 페이지로 이동한다. 그중 **Pipeline triggers**로 이동한다. 여기에서 새로운 트리거를 생성할 수 있다. Argo CD Notifications Webhook이라고 설명을 적고 **Add trigger** 버튼을 클릭하면 토큰이 표시된다.

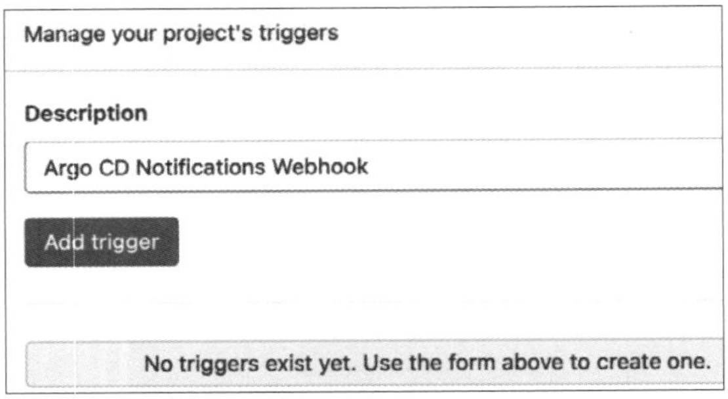

그림 3.5 파이프라인 트리거 생성 – 이름을 입력하고 Add trigger 버튼을 클릭한다.

이제 Argo CD Notifications 웹훅에서 파이프라인을 시작하려고 할 때 인증에 필요한 토큰이 생겼다. **Pipeline triggers** 섹션에서 웹훅이 어떻게 보여야 하는지 이미 예시가 있다. 이제 해볼 것은 이 구성을 조금 더 사용자에 맞게 변경하는 것이다. 다음 코드에서 TOKEN은 방금 생성된 토큰이며, REF_NAME은 메인 브랜치, 그리고 변수에 대해서는 Argo CD Notifications 템플릿에서 값을 채워 넣을 것이다.

```
curl -X POST \ -F token=TOKEN \ -F "ref=REF_NAME" \ -F
"variables[RUN_NIGHTLY_BUILD]=true" \ https://gitlab.com/api/v4/projects/
29851922/trigger/pipeline
```

이 후의 과정은 공식 문서의 Argo CD Notifications에서 웹훅을 만드는 법에서 확인할 수 있다(https://argocd-notifications.readthedocs.io/en/stable/services/webhook/).

argocd-notifications-cm 컨피그맵을 수정하려면 깃에서 변경해야 한다. Argo CD Notifications를 설치할 때 생성한 notifications라는 폴더 안에 patches라는 새 폴더를 생성한다. 그 안에 argocd-notifications-cm.yaml이라는 파일을 추가한다. 이 파일에는 트리거, 웹훅 전송 시기, 알림 템플릿과 관련된 웹훅 모양을 정의한다. 트리거 이름은 on-sync로 지정했다. 이 트리거는 동기화가 성공했을 때, 오류가 발생했을 때, 또는 실패했을 때 활성화된다. 그리고 이 트리거를 깃랩 웹훅 템플릿에 연결한다. 이렇게 템플릿이 깃랩 웹훅과 연결되면 HTTP POST 요청이 전송되고, 필요한 변수들이 설정돼 작업이 시작된다. 이때 ref는 main 브랜치 이름으로 설정하고, 인증 토큰도 설정해야 한다(이전에 생성한 토큰의 실제 값으로 설정한다).

```
apiVersion: v1
kind: ConfigMap
metadata:
  name: argocd-notifications-cm
data:
  trigger.on-sync: |
    - when: app.status.operationState.phase in ['Succeeded', 'Error', 'Failed']
      send: [gitlab-webhook]
  service.webhook.gitlab: |
    url: https://gitlab.com/api/v4/projects/29851922/trigger/pipeline
    headers:
    - name: Content-Type
      value: multipart/form-data
  template.gitlab-webhook: |
    webhook:
      gitlab:
        method: POST
        body: ref=main&token=<토큰정보>&variables[APPLICATION_DEPLOY_STATUS]
={{.app.status.sync.status}}&variables[APPLICATION_NAME]
={{.app.metadata.name}}&variables[APPLICATION_GIT_COMMIT]
={{.app.status.operationState.operation.sync.revision}}
```

이 새 파일을 참조하도록 kustomization.yaml의 patchesStrategicMerge 필드에 기입
한다.

```
apiVersion: kustomize.config.k8s.io/v1beta1
kind: Kustomization
namespace: argocd
bases:
  - github.com/argoproj-labs/argocd-notifications/manifests/controller?ref=v1.1.1
patchesStrategicMerge:
  - patches/argocd-notifications-cm.yaml
```

이제 새로 커밋을 하고, 원격지에 푸시하면 Argo CD 애플리케이션이 변경 사항을 동
기화하도록 한다. 이제 방금 전 생성한 웹훅을 구독하기 위해 애플리케이션 커스텀 리
소스를 업데이트할 준비가 완료됐다. 이 경우에 애플리케이션은 깃에 있지만 Argo CD

가 변동 사항을 추적하지는 않기 때문에 만약 변경이 있다면 수동으로 적용해줘야 한다. 5장에서는 애플리케이션 정의를 모두 깃에 저장하는 app-of-apps 패턴을 알아보겠지만, 지금은 이런 작은 변경 사항을 수동으로 수행하는 것만으로도 괜찮다.

이전에 ch03 폴더에서 argocd-app.yaml 파일을 생성했다. 이제 이 파일을 수정해 on-sync 트리거와 함께 깃랩의 특정 웹훅을 구독하는 어노테이션 코드를 넣을 것이다(코드에서 강조되는 부분).

▼ 위치: ch03/argocd-app.yaml

```
apiVersion: argoproj.io/v1alpha1
kind: Application
metadata:
  annotations:
    notifications.argoproj.io/subscribe.on-sync.gitlab: ""
  name: argocd
spec:
  destination:
    namespace: argocd
    server: https://kubernetes.default.svc
  project: default
  source:
    path: ch03/kustomize-installation
    repoURL: https://github.com/PacktPublishing/ArgoCD-in-Practice.git
    targetRevision: main
```

이 파일을 다음 명령을 통해 수동으로 적용시켜줘야 한다.

```
kubectl apply -f argocd-app.yaml
```

결과는 다음과 같을 것이다.

```
application.argoproj.io/argocd configured
```

이제 깃랩 프로젝트 안에서 argocd 애플리케이션에 대한 모든 변경 사항이나 동기화가 발생할 때마다 깃랩 프로젝트에서 파이프라인이 시작되도록 설정했다. 앞에서 Argo

CD 자체 관리에 대해 이야기할 때 추가한 `argocd-cm` 컨피그맵을 수정할 수 있다. 변경 사항을 원격 리포지터리에 푸시하면 파이프라인에서는 다음과 비슷한 결과를 보여줄 것이다.

```
32 Using docker image sha256:14119a10abf4669e8cdbdff324a9f9605d99697215a0d21c360fe8dfa8471bab for alpine:3.14 with digest
   2e3d3c45cccac829840a25941e679c25d438cc8412c2fa221cf1a824e6a ...
33 $ echo "Deploy status $APPLICATION_DEPLOY_STATUS for Application $APPLICATION_NAME on commit $APPLICATION_GIT_COMMIT"
34 Deploy status Synced for Application argocd on commit e8035777f082ff4d214503d0a0b26a2281b5a0f7
36 Cleaning up project directory and file based variables
38 Job succeeded
```

그림 3.6 Argo CD Notifications에서 시작된 파이프라인의 깃랩 작업 결과

이번 절에서는 Argo CD 애플리케이션에서 동기화가 실패하거나 성공적으로 수행될 경우 알림을 받도록 구성된 작은 깃랩 파이프라인을 생성하는 데모를 실습했다. 다른 방법으로는 새로운 커밋이 수행될 때마다 파이프라인에서 애플리케이션 동기화 상태를 정기적으로 쿼리한 다음, 원하는 상태에 도달할 때까지 필요한 작업을 수행하는 방법이 있다. 푸시 방식을 우회할 필요 없이 Notification을 통해 깃옵스를 따르는 풀 방식을 사용할 수 있다.

⋮⋮ 요약

3장을 시작할 때는 Kustomize를 사용해 Argo CD를 설치했다. 고가용성 배포를 위해 많은 노드가 필요해 클라우드 제공자가 관리하는 클러스터를 선택했다. 어떻게 Argo CD가 스스로 업데이트하고 설치 과정에서 설정을 변경하는지도 확인했다. 프로덕션 쿠버네티스 클러스터가 고가용성을 갖추고 있고 클라우드 제공자가 클러스터를 관리하더라도 언제든 장애가 발생할 수 있다. 그래서 항상 재해 복구 전략을 마련해둬야 한다. 그래서 Argo CD 상태에 대해서 백업을 생성하고 새로운 클러스터에 복구하는 방법을 알아봤다.

관찰 가능성은 매우 중요하고 Argo CD 설치에서 어떤 메트릭이 모니터링에 사용할 수 있는지 확인했다. OOM 컨테이너 재시작부터 마이크로서비스팀이 주의해야 할 사항까지 다양한 메트릭 필드를 다뤘다. 마지막으로 동기화 결과를 파이프라인에 연결해 모든

것을 자동화하는 방법을 배웠다.

4장에서는 Argo CD를 사용해 AWS에서 새로운 쿠버네티스 클러스터를 부트스트랩하는 방법을 알아본다. 새롭게 생성된 클러스터에서 외부external DNS 혹은 Istio 같은 애플리케이션을 어떻게 세팅하는지도 같이 알아보자.

⚡ 더 알아보기

좀 더 많은 정보를 확인하고 싶다면 다음 자료들을 참고하기 바란다.

- Argo Project의 공식 블로그(Argo CD뿐 아니라 Argo 조직의 다른 프로젝트도 같이 볼 수 있다.): https://blog.argoproj.io

- 고가용성 설치는 파드가 각 노드 또는 가용 영역에 분산되는 것이 매우 중요하다. 다음 링크(https://kubernetes.io/docs/concepts/scheduling-eviction/assign-pod-node/)에서 노드 어피니티node affinity가 어떻게 적용되는지 살펴본다.

- 프로메테우스의 관찰 가능성: https://prometheus.io/docs/introduction/overview/

04

접근 제어

4장에서는 Argo CD에서 어떻게 사용자의 접근을 제어하는지 확인해보고, 터미널이나 CI/CD 파이프라인에서 CLI를 통해 연결하기 위한 옵션은 무엇이 있는지, 어떻게 **RBAC** 가 적용되는지 살펴본다. **SSO** 옵션은 무엇이 있는지 확인해본다. 일반적으로는 비용을 지불해야 하는 기능이지만, 완전히 오픈 소스화된 Argo CD를 이용하면 상업적 비용 없이도 바로 사용할 수 있다.

4장에서 다룰 주요 주제는 다음과 같다.

- 선언적 사용자declarative user

- 서비스 어카운트service account

- SSOSingle Sign-On

⁙ 기술 요구 사항

4장에서는 이미 개인 디바이스 혹은 클라우드 플랫폼에 Argo CD가 설치돼 있다는 것을 가정하고 진행한다. 고가용성 클러스터일 필요는 없다. 로컬 쿠버네티스 클러스터여도 된다. 다만, 변경 사항을 적용할 수 있게 관리가 가능한 클러스터이기만 하면 된다. SSO 파트에서는 외부 공급자와 통신이 가능한 도메인 주소나 공인 IP가 필요하다.

대부분 YAML 형식 코드 작성할 예정이므로 코드 에디터도 필요하다. 일반적으로 VS Code(https://code.visualstudio.com)를 사용하고 있다. 모든 수정 사항에 대해서는 이 책의 공식 깃허브 리포지터리(https://github.com/PacktPublishing/ArgoCD-in-Practice)의 ch04 폴더에서 확인할 수 있다.

⁙ 선언적 사용자

오픈 웹 애플리케이션 보안 프로젝트OWASP, Open Web Application Security Project(https://owasp.org)는 웹 애플리케이션 보안에 관해 많은 기여를 하는 비영리 재단이다. 가장 유명한 프로젝트는 웹 애플리케이션 보안에 중요하게 고려해야 할 위험 목록인 **OWASP TOP 10**(https://owasp.org/www-project-top-ten/)이다. 이 목록은 몇 년에 한 번씩 업데이트되는데 현재 최신 버전인 2021년 버전에는 **취약한 접근 제어**Broken Access Control가 1위를 차지했다(이전 버전인 2017년에는 5위였다). TOP 10의 목표는 주요 웹 보안 취약점에 대한 커뮤니티의 인식을 높이는 것으로 취약한 접근 제어가 1위라는 것은 사용자와 액세스 종류에 대해 적절하게 설정해 최소 권한 원칙을 위반하지 않도록 하는 것이 매우 중요하다는 것을 알 수 있다. SRE가 모든 권한을 갖는 반면 개발팀이 개발 환경에서 쓰기 권한을 갖고 프로덕션 환경에서 읽기 전용 권한을 갖는 것은 매우 흔한 일이다. 이제 접근 제어가 어떻게 이뤄지는지 자세히 살펴보자.

관리자와 로컬 사용자

클러스터에 Argo CD를 설치하면 admin 사용자만 생성된다. 초기 Argo CD의 경우

admin 사용자의 비밀번호가 argocd-server-bfb77d489-wnzjk와 같이 애플리케이션 서버의 파드 이름이었다(이런 이름이 여러 개 있을 경우 처음으로 시작된 파드 이름). 그러나 대부분 파드가 argocd-server-로 시작하는 첫 번째 부분은 고정돼 있는 반면 두 번째 부분은 무작위 문자를 포함해야 했지만 실제로는 그렇지 않았기 때문에 문제가 있었다. 자세한 내용은 다음 링크(https://argo-cd.readthedocs.io/en/stable/security_considerations/#cve-2020-8828-insecure-default-administrative-password)에서 확인할 수 있다. 더구나 클러스터에 접근 권한이 있는 모든 사용자가 볼 수 있기 때문에 (반드시 Argo CD의 관리자 권한이 필요한 것이 아니다) 2.0.0 버전부터는 애플리케이션이 생성되면 사용자 비밀번호가 새로 생성되고 argocd-initial-admin-secret이라는 시크릿에 저장된다. 다음 명령을 사용해 설치 후 암호가 무엇인지 확인할 수 있다.

```
kubectl -n argocd get secret argocd-initial-admin-secret -o
jsonpath="{.data.password}" | base64 -d
```

다음과 같이 패스워드가 결과물로 나오게 된다. 이때 마지막 % 기호는 프롬프트가 새 줄에서 시작하도록 CR/LF를 삽입한 것으로 제거하고 사용하면 된다.

```
pOLpcl9ah90dViCD%
```

이제 Argo CD를 사용할 때 UI나 CLI에서도 패스워드를 사용할 수 있다. 패스워드를 변경하려면 UI상에서 **User-Info** 탭에서 변경할 수 있고, CLI에서는 argocd account update-password 명령어(https://argo-cd.readthedocs.io/en/stable/user-guide/commands/argocd_account_update-password/)를 통해 변경할 수 있다. 비밀번호를 잊어버린 경우에는 초기화하거나 Argo CD의 비크립트[bcrypt] 해시 저장소인 메인 시크릿 리소스에서 직접 수정할 수 있다(https://argo-cd.readthedocs.io/en/stable/faq/#i-forgot-the-admin-password-how-do-i-reset-it).

다음으로 할 일은 관리자를 비활성화하는 것이다. 관리자 사용자는 막강한 권한을 갖고 있어 일에 필요한 최소한의 권한만 줘야 한다는 최소 권한 원칙(https://en.wikipedia.org/wiki/Principle_of_least_privilege)을 지키기 위해서 비활성화해야 한다. 하지만 시스템 접근은 가능해야 하기 때문에 일상적인 작업을 수행할 최소 권한의 로컬 사용자를 만들어야 한다. alina라는 이름으로 사용자를 생성하고, UI와 CLI 접근을 모두 허용한다. 경험상 Argo CD에 그룹이나 팀이 아니라 그냥 접근해야 하는 경우를 위해 항상 모두를 위한 전용 사용자를 두는 것이 좋다. 왜냐하면 만약 누군가 팀을 떠나 시스템 접근 권한이 없어지면 그 사람 계정을 비활성화하거나 삭제해야 하기 때문이다. 새로운 사용자를 추가하기 위해 argocd-cm이라는 컨피그맵을 다음과 같이 구성한다.

▼ 위치: ch04/kustomize-installation/patches/argocd-cm.yaml

```
apiVersion: v1
kind: ConfigMap
metadata:
  name: argocd-cm
data:
  accounts.alina: apiKey, login
```

커밋을 생성하고 원격 저장소에 수정 내용을 푸시해 변경된 설정이 Argo CD에 적용되도록 한다(푸시가 완료되고 컨피그맵이 자동으로 적용되려면 3장에서 설명한 대로 Argo CD가 설치 및 구성돼 있어야 한다). CLI가 설치돼 있고 API 서버 인스턴스에 admin 사용자로 로그인돼 있다면 다음 명령을 실행해 새 사용자가 생성됐는지 확인할 수 있다.

```
argocd account list
```

결과는 다음과 같다.

```
NAME    ENABLED    CAPABILITIES
admin   true       login
alina   true       apiKey, login
```

이 내용은 사용자는 준비됐으나 아직 패스워드 설정이 안 된 상태다. 그래서 다음 명령을 통해 현재 admin의 패스워드를 current password에 넣고 변경할 수 있다.

```
argocd account update-password --account alina --current-password
pOLpcl9ah90dViCD --new-password k8pL-xzE3WMexWm3cT8tmn
```

결과는 다음과 같다.

```
Password updated
```

update-password 명령을 사용할 때 --current-password와 --new-password 매개변수를 생략할 수 있다. 이 방법을 사용하면 비밀번호가 셸 히스토리^{shell history}에 저장되지 않는다. 이 경우 대화형 셸로 값을 물어보기 때문에 더 안전한 방법이다.

변경된 내용을 확인하기 위해서 argocd-secret이라는 시크릿 리소스를 다음 명령어를 통해 살펴보자. 관리자 사용자처럼 새로운 사용자에 대한 값이 추가됐을 것이다.

```
kubectl get secret argocd-secret -n argocd -o yaml
```

다음과 같은 내용이 나올 것이다(관련 없는 내용은 일부 생략했다).

```
apiVersion: v1
data:
  accounts.alina.password: JDJhJDEwJHM0MVdJdTE5UEFZak9oUDdWdk9iYS5KVEladjFj
LkdReFZ0eVdlN0hYLnlLem01Z3BEelBX
  accounts.alina.passwordMtime: MjAyMS0xMC0wOVQxMzo1MDoxNVo=
  accounts.alina.tokens: bnVsbA==
  admin.password: JDJhJDEwJEd1LzlZVG4uOEVmY2x3bGV6dDV3amVDd2djQW1FUEk3c21Bb
GoxQjV0WXIxek9pYYUxjL1ZL
  admin.passwordMtime: MjAyMS0xMC0wOFQwNzo0Mzo1NVo=
  server.secretkey: WkI3dzBzYYkpoT1pnb2Njb2ZZSEh0NmpQUFM3YkRDMTNzc1Z5VWpCNWR
Kcz0=
kind: Secret
metadata:
  labels:
    app.kubernetes.io/instance: argocd
    app.kubernetes.io/name: argocd-secret
    app.kubernetes.io/part-of: argocd
  name: argocd-secret
  namespace: argocd
type: Opaque
```

accounts.alina.token 부분에서 생성된 사용자 토큰을 보면 아직 생성된 것이 없기 때문에 실제 값은 null이다.

```
echo "bnVsbA==" | base64 -d
```

결과는 다음과 같다.

```
null%
```

현재 이 사용자에게 권한이 무엇이 있는지 궁금할 수 있는데, 아무것도 없다. 로그인은 할 수 있지만 애플리케이션이나 클러스터 목록을 조회해도 볼 수 없고 빈 내용만 표시된다. 권한을 부여하려면 두 가지 방법이 있다. 사용자에게 특정 권한을 부여하거나, 권한을 찾을 수 없는 경우 부여할 기본 정책을 설정하는 것이다. 기본 정책을 읽기 전용으로 설정하고 액세스 토큰을 사용할 때 특정 권한을 부여받는 방법에 대해서 알아보자. 이를 위해서 새로운 컨피그맵 리소스가 필요한데, 여기서 모든 **RBAC**를 설정할 것이다. argocd-rbac-cm.yaml이라는 파일을 이전에 만든 argocd-cm.yaml 파일과 같은 경로에 두고 다음 내용을 추가한다.

▼ 위치: ch04/kustomize-installation/patches/argocd-rbac-cm.yaml

```
apiVersion: v1
kind: ConfigMap
metadata:
  name: argocd-rbac-cm
data:
  policy.default: role:readonly
```

kustomization.yaml 파일에도 argocd-rbac-cm.yaml 파일을 등록하는 것을 잊지 말자. patchesStrategicMerge에 조금 전에 수정한 컨피그맵 파일 2개를 기입한다.

```
patchesStrategicMerge:
  - patches/argocd-cm.yaml
  - patches/argocd-rbac-cm.yaml
```

두 파일을 커밋하고 원격 저장소로 푸시해 Argo CD에 RBAC 기본 정책이 적용되도록 할 수 있다. 변화가 적용되면 새로운 사용자를 CLI에서 사용할 수 있다. 이렇게 함으로 써 API 서버에 접근할 수 있게 된다(책에서는 로컬에서 포트 포워딩을 사용했기 때문에 서버는 localhost:8083에서 접속할 수 있다).

```
argocd login localhost:8083 --username alina
```

명령어를 입력하면 인증서가 알 수 없는 인증 기관에서 발급됐다는 경고 메시지가 나온다. 자체 서명된 인증서이므로 경고 메시지가 출력되는 것이 알맞다. 로컬 호스트로 연결하는 것이기 때문에 이 메시지를 무시해도 된다.

```
WARNING: server certificate had error: x509: certificate signed
by unknown authority. Proceed insecurely (y/n)?
```

alina 계정의 비밀번호를 입력해 로그인하면 명령어를 실행할 준비가 된다. 읽기 접근이 가능한지 확인하기 위해 Argo CD 애플리케이션 리스트를 조회해보자.

```
argocd app list
```

실행 결과는 다음과 같다(기본 정책이 읽기 전용으로 돼 있기 전에는 리스트가 빈 필드만 있었다).

```
CURRENT  NAME              SERVER
*        localhost:8083    localhost:8083
```

이제 admin 사용자를 비활성화해보자. argocd-cm 컨피그맵에서 admin.enabled 필드를 false 값으로 변경하면 된다. 실제 코드는 다음과 같다.

▼ 위치: ch04/kustomize-installation/patches/argocd-cm.yaml

```
apiVersion: v1
kind: ConfigMap
metadata:
  name: argocd-cm
data:
  accounts.alina: apiKey, login
  admin.enabled: "false"
```

변경 사항을 커밋하고 원격 저장소에 푸시하면 더 이상 admin 사용자는 사용할 수 없게 된다. Argo CD 인스턴스에 대해 조금 더 보안을 갖췄고, 실제 운영 환경을 위한 준비가 완료됐다.

지금까지 선언적 방식으로 사용자를 관리하는 방법, 새 로컬 사용자를 생성하고 관리자를 비활성화하는 방법, 암호를 관리하는 방법을 살펴봤다. 이후에는 서비스 어카운트라는 자동화에 사용되는 사용자에 대해 알아보자.

⋮⋮⋮ 서비스 어카운트

서비스 어카운트는 CI/CD 파이프라인과 같은 자동화를 시스템에 인증하는 데 사용하는 계정이다. 사용자를 비활성화하거나 권한을 제한하면 파이프라인이 실패할 수 있기 때문에 사용자와 연결돼서는 안 된다. 서비스 어카운트는 엄격하게 권한을 제한해야 하고 파이프라인에서 수행하는 것 이상의 권한이 있으면 안 된다. 반면 실제 사용자는 더 다양한 리소스에 접근할 수 있어야 한다.

Argo CD에서 서비스 어카운트를 생성하는 방법은 두 가지가 있다. 첫째는 login 기능은 제거하고 api 키만을 사용하는 로컬 사용자이고, 둘째는 프로젝트 역할을 사용하고 그 역할에 토큰을 할당하는 것이다.

로컬 서비스 어카운트

이제 apikey만 활성화된 별도의 로컬 계정을 만들 것이다. 이 경우 사용자는 UI나 CLI에 대한 암호가 없고 API 키를 생성한 후에만 접근이 가능하다(CLI 혹은 직접 API 접근을 제공). 특정 애플리케이션에 대한 동기화를 시작할 수 있는 권한과 같은 특정 권한을 부여할 것이다.

argocd-cm 컨피그맵을 수정해 새로운 gitops-ci라는 이름의 서비스 어카운트 사용자를 추가해보자.

▼ 위치: ch04/kustomize-installation/patches/argocd-cm.yaml

```
apiVersion: v1
kind: ConfigMap
metadata:
  name: argocd-cm
data:
  accounts.alina: apiKey, login
  accounts.gitops-ci: apiKey
  admin.enabled: "false"
```

커밋하고 원격으로 푸시해 새 계정을 만들고 실행할 수 있다. 새 계정을 만든 후에는 액세스 토큰을 생성하기 위해 명령을 실행한다. 여기서 문제는 이번에 생성한 alina 사용자가 토큰을 생성할 권한이 없고 관리자 계정은 비활성화됐다는 것이다. 관리자를 다시 활성화할 수도 있지만, 다시 비활성화하는 것을 잊어버리거나 오랫동안 활성화 상태로 둘 수 있기 때문에 좋은 방법은 아니다. 일반적으로 모든 로컬 사용자 설정을 완료한 후에 관리자를 비활성화해야 한다. 그러나 팀에 새로운 사람이 합류하거나 파이프라인에 자동화할 새로운 경우가 생길 수 있기 때문에 언제든지 새로운 것을 만들어야 할 수도 있다.

이제 alina 사용자에게 계정 업데이트 권한을 할당하는 방법을 알아보자. 방법은 argocd-rbac-cm.yaml 파일에 user-update라는 새 역할을 생성하고 사용자에게 이 역할을 할당하면 된다(p의 경우 정책을 정의할 때 사용하고, g의 경우 사용자 또는 그룹에 역할을 연결할 때 사용한다).

▼ 위치: ch04/kustomize-installation/patches/argocd-rbac-cm.yaml

```
apiVersion: v1
kind: ConfigMap
metadata:
  name: argocd-rbac-cm
data:
  policy.default: role:readonly
  policy.csv: |
    p, role:user-update, accounts, update, *, allow
    p, role:user-update, accounts, get, *, allow
    g, alina, role:user-update
```

> **RBAC – policy.csv**
>
> policy.csv 파일의 출처나 p와 g 같은 표기법이 궁금하다면 Argo CD가 RBAC를 구현하는 데 사용하는 casbin 라이브러리(https://casbin.org/docs/get-started)를 확인해보기 바란다.

커밋하고 변경 사항을 원격으로 푸시하면 Argo CD를 통해 적용된다. 이제 토큰을 생성하기 위해 명령을 실행할 수 있다(alina 사용자로 CLI에 로그인했다고 가정한다).

```
argocd account generate-token -a gitops-ci
```

결과는 다음과 같이 계정 토큰이 생성된다.

```
eyJhbGciOiJIUzI1NiIsInR5cCI6IkpXVCJ9.eyJqdGkiOiIzZTc2NWI5Ny04MGYyLTRkODUtYT
kzYi1mNGIzMjRkYTc0ODciLCJpYXQiOjE2MzQxNDkyODksImlzcyI6ImFyZ29jZCIsIm5iZiI6M
TYzNDE0OTI4OSwic3ViIjoiZ2l0b3BzLWNpOmFwaUtleSJ9.azbvrvckSDevFOG6Tun9nJV0fEM
cMpI9Eca9Q5F2QR4
```

새로 생성된 토큰이 작동하는지 간단히 확인하려면 `argocd account get-user-info` 명령을 사용한다. 로그인한 사용자로 한번 실행해보고 인증 토큰으로 다시 실행해보자. 여기서는 토큰에 대해서만 예제 코드를 넣었다(로그인한 사용자의 경우 --auth-token 매개변수가 필요 없다). --auth-token 플래그는 일반적인 것으로 모든 명령에 사용할 수 있다(다음 명령어는 예시이므로 본인에 맞게 토큰 값을 변경하는 것을 잊지 말자).

```
argocd account get-user-info --auth-token
eyJhbGciOiJIUzI1NiIsInR5cCI6IkpXVCJ9.eyJqdGkiOiIzZTc2NWI5Ny04MGYyLTRkODUtYT
kzYi1mNGIzMjRkYTc0ODciLCJpYXQiOjE2MzQxNDkyODksImlzcyI6ImFyZ29jZCIsIm5iZiI6M
TYzNDE0OTI4OSwic3ViIjoiZ2l0b3BzLWNpOmFwaUtleSJ9.azbvrvckSDevFOG6Tun9nJV0fEM
cMpI9Eca9Q5F2QR4
```

실행 결과는 다음과 같다.

```
Logged In: true
Username: gitops-ci
```

```
Issuer: argocd
Groups:
```

새로 생성된 서비스 어카운트의 경우 권한을 지정하지 않았으므로 기본 권한인 읽기 전용 액세스만 가능하다. 물론 읽기 권한만 있는 토큰을 생성하는 것은 그다지 의미가 없다. 일반적으로 새 클러스터 등록 또는 등록 취소, 사용자 생성 또는 제거, 애플리케이션 생성 혹은 동기화 등과 같은 작업을 수행해야 한다(보통 명령을 실행하는 명령형 방식으로 수행한다). 로컬 계정을 RBAC 그룹에 포함시킬 수는 없고, 역할을 로컬 사용자에게 할당할 수만 있다. 4장의 뒷부분에서 SSO 사용자에 대해 설명할 때 그룹이 어떻게 작동하는지 살펴볼 것이다. RBAC 컨피그맵에서 로컬 계정에 사용할 수 있는 리소스 및 작업의 전체 목록은 공식 문서(https://argo-cd.readthedocs.io/en/stable/operator-manual/rbac/#rbac-resources-and-actions)에서 확인할 수 있다.

프로젝트 역할과 토큰

프로젝트 역할은 서비스 어카운트에서 사용할 수 있는 두 번째 옵션이다. 애플리케이션 프로젝트는 역할을 통해 애플리케이션 정의에 일부 제약 조건을 적용하는 방법이다. 상태를 가져오는 리포지터리, 대상 클러스터나 배포할 수 있는 네임스페이스를 지정할 수 있고, 설치할 수 있는 리소스 유형을 필터링할 수도 있다. 예를 들어 이 프로젝트를 사용하는 애플리케이션은 시크릿을 배포할 수 없도록 할 수 있다. 이 외에도 프로젝트 역할을 생성하고, 할 수 있는 작업의 종류를 제한하고 역할에 토큰을 할당할 수도 있다.

Argo CD가 설치되면 default라는 기본 프로젝트가 제공되는데, 기본 프로젝트는 애플리케이션에 대한 제한 사항이 설정돼 있지 않다('*' 표시로 모든 것에 대해서 허용돼 있다). 프로젝트를 토큰과 함께 사용하는 방법을 확인하기 위해 새 프로젝트를 만들고 기존 argocd 애플리케이션에 사용해볼 것이다. 일단 새 프로젝트를 만들면 프로젝트에 사용할 역할을 생성하고 역할에 권한을 할당하고 토큰을 생성해야 한다.

argocd-proj.yaml이라는 파일을 생성하고 같은 위치에 argo-app.yaml 파일을 생성한다(파일에 대해서는 깃허브 ch04/kustomize-intallation 폴더에서 확인할 수 있다). 파일 생성

후에는 수동으로 적용시켜줘야 한다(5장에서 app-of-apps 패턴을 사용하면 이 애플리케이션과 AppProject를 자동으로 어떻게 생성하는 데 도움이 되는지 알게 된다). 다음 코드는 argo-app. yaml 파일의 내용이다. 대상 네임스페이스와 클러스터를 제한하고 정해진 리포지터리로부터 상태 파일을 가져온다. read and sync라는 역할을 생성하고 AppProject 내의 모든 애플리케이션에 대한 가져오기, 동기화 작업만 허용하고 있다는 것을 확인할 수 있다.

▼ 위치: ch04/kustomize-installation/argocd-proj.yaml

```yaml
apiVersion: argoproj.io/v1alpha1
kind: AppProject
metadata:
  name: argocd
spec:
  roles:
    - name: read-sync
      description: read and sync privileges
      policies:
      - p, proj:argocd:read-sync, applications, get, argocd/*, allow
      - p, proj:argocd:read-sync, applications, sync, argocd/*, allow
  clusterResourceWhitelist:
    - group: '*'
      kind: '*'
  description: Project to configure argocd self-manage application
  destinations:
    - namespace: argocd
      server: https://kubernetes.default.svc
  sourceRepos:
    - https://github.com/PacktPublishing/ArgoCD-in-Practice.git
```

클러스터의 AppProject에 적용하기 위해서는 kubectl apply를 한다.

```
kubectl apply -n argocd -f argocd-proj.yaml
```

결과는 다음과 같다.

```
appproject.argoproj.io/argocd created
```

definition 필드에 있는 project: default를 project: argocd로 수정해 새로운 AppProject를 통해 argocd 애플리케이션을 시작하도록 변경한다. 이제 파일을 수정하고 클러스터에 적용하기 위해서 kubectl apply 명령을 사용한다(수정된 argocd-app.yaml 파일은 깃허브의 ch04/kustomize-installation에서 확인할 수 있다).

```
kubectl apply -n argocd -f argocd-app.yaml
```

이제 읽기 및 동기화 역할에 대한 토큰을 생성할 준비가 됐다. 이 작업은 CLI나 UI에서 동기식으로 수행해야 생성된 토큰을 확인할 수 있다. alina 사용자를 사용해 CLI 명령을 실행할 수 있지만 권한이 없기 때문에 오류가 발생할 것이다.

```
FATA[0000] rpc error: code = PermissionDenied desc = permission denied:
projects, update, argocd, sub: alina, iat: 2021-10-16T10:16:33Z
```

RBAC 컨피그맵을 수정해 필요한 권한을 추가해보자. 책에서는 policy.csv 부분만 수록했다. 여기서 argocd라는 특정 프로젝트에만 권한을 제한할 것이다.

```
policy.csv: |
  p, role:user-update, accounts, update, *, allow
  p, role:user-update, accounts, get, *, allow
  p, role:user-update, projects, update, argocd, allow

  g, alina, role:user-update
```

커밋하고 원격 리포지터리에 푸시해 변경 사항이 Argo CD에 의해 클러스터에 적용되도록 하는 것을 잊지 말자. 그 후에 다음 명령어를 통해 토큰을 생성할 수 있다.

```
argocd proj role create-token argocd read-sync
```

결과는 다음과 같을 것이다.

```
Create token succeeded for proj:argocd:read-sync.
  ID: ccdc5906-11fc-483b-8e8d-0511c6f28978
```

```
Issued At: 2021-10-16T13:44:19+03:00
Expires At: Never
Token: eyJhbGciOiJIUzI1NiIsInR5cCI6IkpXVCJ9.eyJqdGkiOiJjY2RjNTkwNi0xMWZjL
TQ4M2ItOGU4ZC0wNTExYzZmMjg5NzgiLCJpYXQiOjE2MzQzODEwNTksImlzcyI6ImFyZ29jZCIs
Im5iZiI6MTYzNDM4MTA1OSwic3ViIjoicHJvamphcmdvY2Q6cmVhZC1zeW5jIn0.R02VHylpb4a
Pjtpd5qLOXHpELGOVgnelCJr3q8bGU5Y
```

이제 이 토큰을 사용해 Argo CD AppProject 하위의 모든 애플리케이션을 수동으로 동기화할 수 있다. 현재는 argocd 앱 프로젝트와 같은 이름을 가진 하나의 애플리케이션만 존재한다. 로그인한 사용자 alina를 통해 동기화를 실행하면 다음 명령어에 대한 결과 값으로 권한 거부 오류가 발생하는 것을 볼 수 있다.

```
argocd app sync argocd
```

에러 내용은 다음과 같을 것이다.

```
FATA[0000] rpc error: code = PermissionDenied desc = permission denied:
applications, sync, argocd/argocd, sub: alina, iat: 2021-10-16T10:16:33Z
```

다음 명령어와 같이 생성한 토큰을 사용해 다시 조회해보자.

```
argocd app sync argocd --auth-token eyJhbGciOiJIUzI1NiIsInR5cCI6IkpXVCJ9.
eyJqdGkiOiJjY2RjNTkwNi0xMWZjLTQ4M2ItOGU4ZC0wNTExYzZmMjg5NzgiLCJpYXQiOjE2Mz
QzODEwNTksImlzcyI6ImFyZ29jZCIsIm5iZiI6MTYzNDM4MTA1OSwic3ViIjoicHJvamphcmdvY2dv
Y2Q6cmVhZC1zeW5jIn0.R02VHylpb4aPjtpd5qLOXHpELGOVgnelCJr3q8bGU5Y
```

실행 결과는 Argo CD 애플리케이션이 설치한 모든 리소스의 상태를 포함해 나열하기 때문에 매우 길다. 이는 동기화가 계속 진행중이라는 것을 말한다. 동기화 상태는 UI에서도 확인할 수 있다(argocd 애플리케이션으로 이동해 해당 페이지의 마지막으로 시작된 동기화 세부 정보를 표시하는 Sync Status 버튼이 있을 것이다).

OPERATION	Sync
PHASE	Succeeded
MESSAGE	successfully synced (all tasks run)
STARTED AT	a minute ago (Tue Oct 04 2022 22:39:58 GMT+0300)
DURATION	00:01 min
FINISHED AT	a minute ago (Tue Oct 04 2022 22:39:59 GMT+0300)
REVISION	e37ff4b
INITIATED BY	proj:argocd:read-sync

그림 4.1 argocd: 프로젝트 역할에 의해 동기화가 시작됨

생성하는 모든 토큰은 프로젝트 역할에 저장된다. 이 토큰을 사용한 시간과 교체할 시기가 됐는지 확인할 수 있다. 제한된 시간 동안 토큰을 사용하고자 한다면 토큰의 만료 일자를 설정할 수도 있다. 반면에 교체 시기를 짧게 지정하면 Argo CD를 관리하는 엔지니어는 일정 관리를 철저하게 해야 한다. 접근 제어에 대한 분기별 검토를 1~2주 연기하는 경우가 많아 만료 일자가 있으면 파이프라인 실패로 이어지는 경우가 발생할 가능성이 있다.

노트

> **동기화 역할만 있는 토큰**
>
> 애플리케이션이 자동으로 동기화되도록 동기화 권한만 있는 토큰(로컬 계정이나 프로젝트 역할에서)을 갖는 것이 합리적일까? 그렇다고 생각한다. 애플리케이션이 자동으로 동기화되는 것은 허용하지만 시스템 부하를 줄이고 성능을 향상시키기 위해 타임아웃은 10~15분 정도로 크게 설정하는 것이 좋다(추가적으로 깃옵스 리포지터리에 커밋을 수행한 뒤에도 파이프라인에서 동기화를 호출할 수 있다).

프로젝트 역할은 애플리케이션 리소스에 대한 작업을 수행하는 데에만 사용할 수 있고, 그 애플리케이션은 역할이 생성된 프로젝트 내에 존재해야 하므로 범위가 상당히 제한적이다. 그러나 이런 제한 사항이 오히려 보안적으로는 파이프라인에 공격 가능한 범위가 줄어드는 등 장점이 되기도 한다.

⠿ SSO

SSO(https://en.wikipedia.org/wiki/Single_sign-on)를 사용하면 마스터 로그인[1]을 할 수 있으며 이를 기반으로 다른 독립적인 애플리케이션에 대한 권한을 부여받을 수 있다(독립 돼 있다고 해도 마스터 시스템과 연결은 계속 유지한다). 예를 들어 argocd.mycompany.com에 접근하려는 경우, argocd.mycompany.com은 외부 공급자를 신뢰해 사용자의 신원을 확인한다. 또한 argocd.mycompany.com에 대한 접근 유형은 외부 마스터 시스템에서 사용자의 소속 그룹 또는 계정 설정에 따라 제어할 수 있다.

SSO를 필수로 적용해야 하는 회사도 있기 때문에 SSO를 옵션으로 제공하는 것이 Argo CD의 큰 장점이다. 그리고 사용하는 모든 애플리케이션마다 각각의 암호가 필요하지 않고 하나의 대시보드에서 모든 것을 제어해 회사 구성원을 쉽게 추가/삭제 onboarding/offboarding 할 수 있어 보안적인 이점이 있다. 이런 장점들이 SSO 사용을 우선적으로 고려하게 한다.

다행히 Argo CD는 두 가지 방법으로 SSO 기능을 제공한다. 하나는 기본적으로 설치되는 Dex OIDC(https://github.com/dexidp/dex) 공급자를 사용하는 것이고, 다른 하나는 Dex 설치 없이 다른 OIDC 공급자를 통해 Argo CD를 직접 사용하는 것이다. 두 가지 경우에 대한 예를 살펴보자.

Argo CD는 UI와 CLI에서 SSO 로그인을 제공한다. SSO를 활성한 상태에서 로그인할 수 있는 로컬 계정이 없고 관리자가 비활성화된 경우, 사용자/비밀번호 입력 양식이 UI에서 자동으로 제거되고 SSO를 통한 로그인 버튼만 남게 된다.

---

1   일종의 통합 로그인 – 옮긴이

그림 4.2 사용자/비밀번호 로그인 없이 SSO만 사용, admin 사용 불가

CLI에서 SSO 명령어를 통해 로그인하는 방법은 다음과 같다(argocd.mycompany.com는 본인의 서버 주소로 변경해서 사용한다).

```
argocd login --sso argocd.mycompany.com
```

SSO를 사용하면 다양한 애플리케이션에 접근하는 데 하나의 자격 증명 세트만 사용하기 때문에 공격 취약 범위를 줄일 수 있다. 그리고 Argo CD에서 Dex를 이용하거나 외부 OIDC 공급자를 사용해 Argo CD에 직접 연결해 SSO를 쉽게 사용할 수 있다. Dex를 시작으로 두 가지 옵션을 모두 살펴보자.

Dex를 통해 SSO 이용하기

Dex는 애플리케이션이 인증을 보다 쉽게 할 수 있도록 하는 인증 시스템이다. LDAP 또는 SAML과 같은 다양한 인증 체계를 사용할 수 있으며 구글, 깃허브, 마이크로소프트와 같은 잘 알려진 ID 공급자에 연결할 수 있다. 가장 큰 장점은 Dex에 한번 연결하면 Dex가 지원하는 모든 커넥터에 연결할 수 있다는 점이다(예를 들어 Dex를 사용하기만 하면 구글, 마이크로소프트, 깃허브를 통해 웹 사이트에 대한 인증을 받을 수 있다).

다음과 같이 Argo CD 공식 문서에 대표적인 확장 사례를 포함해 SSO에 대한 내용이 잘 서술돼 있다.

- Argo CD: https://argo-cd.readthedocs.io/en/stable/operator-manual/user-management/#sso

- 구글의 SAML 인증: https://argo-cd.readthedocs.io/en/stable/operator-manual/user-management/google/#g-suite-saml-app- auth-using-dex

- 마이크로소프트 AD^{Active Directory}: https://argo-cd.readthedocs.io/en/stable/operator-manual/user-management/microsoft/#azure-ad-saml-enterprise-app-auth-using-dex

- 깃허브: https://argo-cd.readthedocs.io/en/stable/operator-manual/user-management/#2-configure-argo-cd-for-sso

노트

> **Dex SAML 커넥터 – 지원 중단**
> 이 책의 집필을 마무리하는 시점(2022년 10월)에 Dex SAML 커넥터는 더 이상 유지 보수되지 않기 때문에 지원이 중단된다. 그래도 이 커넥터가 공급자와 연결하는 좋은 방법이므로 추후에 더 발전된 방법으로 되돌아오기 바라면서 이 책의 데모는 이 커넥터를 기반으로 했다. 더 자세한 내용을 다음 링크(https://github.com/dexidp/dex/discussions/1884)를 참조하기 바란다.

RBAC 그룹

SSO를 사용하면 모든 것이 SSO 시스템을 통해 제어되기 때문에 Argo CD에서는 별도로 개별 사용자를 생성할 필요 없이 RBAC 그룹에 자동으로 추가할 수 있다.

많이 사용하는 구글 SAML은 구글 시스템에서 설정한 그룹 정보를 내보내는 옵션이 없다. 그러나 사용자 속성을 통해 추가적인 구글 사용자 정보를 노출할 수 있고, 사용자를 Argo CD RBAC 그룹에 할당할 수 있다. 사용자 속성은 초기에 정의되고 사용자마다 값이 설정돼 있다. 초기 설정을 포함해 이런 모든 변경 사항을 수행하려면 GSuite

계정에 대한 관리자 접근 권한이 필요하다.

그룹 설정을 하기 전에 구글 SAML 설정에 대한 공식 가이드를 따르기 바란다. 이제 새로운 스키마 속성을 정의해보자. 스키마 이름은 `ArgoCDSSO`로 지정하고 역할 이름은 `ArgoCDRole`로 정의한다. 다음 링크(https://developers.google.com/admin-sdk/directory/reference/rest/v1/schemas/insert?authuser=1)로 이동해 **Try this method** 양식을 사용한다. **Request Body**의 `customerId` 필드에 `my_customer` 값을 입력하고(로그인한 사용자의 customerId를 사용하겠다는 의미다) 새로운 속성을 정의한 다음 JSON 내용을 추가한다.

▼ 위치: ch04/sso-setup/ArgoCDSSO_schema.json

```json
{
    "schemaName": "ArgoCDSSO",
    "displayName": "ArgoCD_SSO_Role",
    "fields": [
      {
          "fieldType": "STRING",
          "fieldName": "ArgoCDRole",
          "displayName": "ArgoCD_Role",
          "multiValued": true,
          "readAccessType": "ADMINS_AND_SELF"
      }
    ]
}
```

양식을 실행한 후에는 SAML Attribute Mapping 페이지로 돌아가 추가 속성을 작성한다. `name`에 연결할 역할을 입력하고 첫 번째 드롭다운 필드에서 새로 생성한 `ArgoCDSSO` 스키마를 선택하고, 두 번째 드롭다운 필드에서 `ArgoCDRole` 속성을 선택할 수 있다.

`argocd-cm` 컨피그맵에서 `dex.config` 필드를 추가하고 RBAC 그룹과 구글 SAML에서 생성한 역할 간의 매핑을 위해 수정한다. 책에서는 `dex.config`가 있는 부분만 붙여놨다. 중요한 부분은 마지막 줄의 `groupsAttr` 값인데 매핑할 이름과 일치해야 한다(완성된 argocd-cm.yaml 파일은 깃허브 저장소 ch04/sso-setup에서 확인할 수 있다).

▼ 위치: ch04/sso-setup/argocd-cm.yaml

```
...(중략)...
url: https://argocd.mycompany.com
dex.config: |
  connectors:
    - type: saml
      id: argocd-mycompany-saml-id
      name: google
      config:
      ssoURL: https://accounts.google.com/o/saml2/idp?idpid=<구글에서 제공한 id값>
      caData: |
        BASE64-ENCODED-CERTIFICATE-DATA
      entityIssuer: argocd-mycompany-saml-id
      redirectURI: https://argocd.mycompany.com/api/dex/callback
      usernameAttr: name
      emailAttr: email
      groupsAttr: role
```

로컬 계정을 생성하고 사용자 역할을 수정해 권한을 할당하면서 어떻게 RBAC 역할이 동작하는지 확인했다. 로컬 계정의 경우 사용자 이름/비밀번호를 사용하든 API 키를 사용하든 관계없이 각 계정을 역할에 연결해 권한을 부여할 수 있다. 그러나 SSO의 경우 그룹에 자동으로 연결된 것을 확인할 수 있다.

엔지니어가 수행하는 업무에 따라 개발자와 SRE로 나눌 수 있다. 즉, 시스템에 최소한 이 두 그룹은 정의해놓는 것이 좋다. 신규 가입자에게는 개발자보다 더 적은 권한을 부여하는 일이 더 많을 것이다. 예를 들면 개발 환경 애플리케이션에서조차도 쓰기 권한이 없도록 말이다.

Argo CD가 설치되면 2개의 RBAC 역할이 이미 설정돼 있다. 하나는 모든 권한을 가진 admin이고, 다른 하나는 이름에서 알 수 있듯 모든 읽기 권한만 있고 수정이나 삭제는 불가능한 readonly 사용자가 있다. 기본으로 제공되는 역할 권한은 다음 링크(https://github.com/argoproj/argo-cd/blob/master/assets/builtin-policy.csv)에서 확인할 수 있다. 읽기 전용 사용자는 새로운 참여자에게 알맞은 역할이고 개발자에게는 읽기 권한과 애플리케이션 동기화하도록 허용할 수 있다. SRE는 애플리케이션과 AppProjects를 수정,

삭제할 권한이 있어야 한다. 이제 Argo CD RBAC 컨피그맵에서 그룹을 정의하고 SSO에 연결하는 방법을 알아보자.

새로운 developer 역할 권한을 새로운 developer 역할에 모두 상속하려면 g 필드를 이용해 'g, role:developer, role:readonly'라고 입력하면 된다. 그다음 developer 역할이 가질 권한을 추가로 설정한다. 지금의 경우 애플리케이션 동기화 권한을 추가한다. developer 역할 설정을 마쳤다면 이제 SRE는 developer의 권한은 모두 상속받고 새로운 권한을 추가해보자. 결국에는 ID 제공자에서 정의하는 세부 속성 값과 Argo CD RBAC 그룹과 이름을 일치시키는 것이 중요하다. 그래서 이 경우 사용자가 developer 권한을 가지려면 구글 대시보드에서 ArgoCDRole 값이 developer로 설정돼 있어야 한다. 다음 코드는 RBAC 컨피그맵 설정 파일인 argocd-rbac-cm.yaml에서 위 내용을 반영해 수정한 것이다. 이번에는 기본 읽기 전용 정책을 사용하지 않았다. 여기서 언급한 파일들은 이 책의 공식 깃허브 리포지터리(https://github.com/PacktPublishing/ArgoCD-in-Practice)의 ch04/sso-setup에서 확인할 수 있다.

▼ 위치: ch04/sso-setup/argocd-rbac-cm.yaml

```
apiVersion: v1
kind: ConfigMap
metadata:
  name: argocd-rbac-cm
data:
  policy.csv: |
    g, role:developer, role:readonly
    p, role:developer, applications, sync, */*, allow

    g, role:sre, role:developer

    p, role:sre, applications, create, */*, allow
    p, role:sre, applications, update, */*, allow
    p, role:sre, applications, override, */*, allow
    p, role:sre, applications, action/*, */*, allow
    p, role:sre, projects, create, *, allow
    p, role:sre, projects, update, *, allow
    p, role:sre, repositories, create, *, allow
    p, role:sre, repositories, update, *, allow
```

```
    g, Sre, role:sre
    g, Developer, role:developer
    g, Onboarding, role:readonly
```

이 구성은 초기 Argo CD 접근 제어 정책에 좋은 예시이지만 시간이 지남에 따라 변경이 필요할 것이다. 프로덕션에서 발생하는 문제를 해결하기 위해 SRE에게 더 많은 권한을 주거나 시니어 개발자에게 더 많은 권한을 주기 위해 새 역할과 그룹을 만들어야할 수도 있다.

수정하려는 환경에 따라 사용자에게 더 많은 권한을 허용하는 방법 몇 가지를 더 소개하고자 한다. 예를 들어 SRE가 개발/스테이징 환경에서 관리자 권한을 갖고 사전 프로덕션이나 프로덕션 환경에서는 일부 권한만 갖도록 허용할 수 있다. 가장 좋은 방법은 개발 및 라이브 환경을 관리하는 Argo CD를 별도의 인스턴스로 분리하는 것이다. 또다른 방법은 클러스터, 리포지터리 또는 계정이 더 복잡해질 수도 있지만, 애플리케이션과 AppProjects에 특정 접두사를 사용하는 것이다.

Argo CD에서 직접 SSO 활용하기

Argo CD에서 Dex를 사용하지 않고 SSO를 사용하는 방법에 대한 문서는 매우 많다. 공식 문서에서는 다음 공급자를 포함해 외부 OIDC 공급자를 설정하는 방법에 대한 많은 튜토리얼이 있다.

- OKTA – https://argo-cd.readthedocs.io/en/stable/operator-manual/user-management/okta/#oidc-without-dex

- OneLogin – https://argo-cd.readthedocs.io/en/stable/operator-manual/user-management/onelogin/

- OpenUnison – https://argo-cd.readthedocs.io/en/stable/operator-manual/user-management/openunison/

- Keycloak – https://argo-cd.readthedocs.io/en/stable/operator-manual/user-management/keycloak/

설명도 잘 돼 있고 OIDC 공급자 측에서 설정하는 방법에 대해 많은 스크린샷과 Argo CD 구성 예시를 제공하기 때문에 4장에서 설명할 필요는 없을 것 같다. SSO 설정에서 한 가지만 짚고 넘어갈 것은 컨피그맵에 민감한 정보를 저장하지 않고 외부 공급자에서 제공하는 시크릿에 저장하는 것이 더 보안적이라는 것이다.

OneLogin을 예로 들어보면 OneLogin에서 설정을 모두 마치고 Argo CD 구성 파일은 다음과 같이 설정한다.

```
apiVersion: v1
kind: ConfigMap
metadata:
  name: argocd-cm
data:
  url: https://argocd.mycompany.com
  oidc.config: |
  name: OneLogin
  issuer: https://mycompany.onelogin.com/oidc/2
  clientID: aaaaaaaa-aaaa-aaaa-aaaa-aaaaaaaaaaaaaaaa
  clientSecret: abcdef123456
  requestedScopes: ["openid", "profile", "email", "groups"]
```

조금 더 개선된 방법은 clientSecret 필드를 시크릿에 넣고 컨피그맵에서 그 값을 참조하는 것이다. 컨피그맵에서 시크릿 값을 참조해 읽는 것은 쿠버네티스에서 지원하지 않는 기능이지만 Argo CD에서는 표기법을 이해하고 시크릿 값을 읽을 수 있다(https://argo-cd.readthedocs.io/en/stable/operator-manual/user-management/#sensitive-data-and-sso-client-secrets). 민감 정보를 깃에 직접 올릴 수 없기 때문에 별도의 시크릿을 사용하려고 한다. 커스텀 리소스를 만들고 다른 소스에서 발생하는 민감한 정보를 보관하는 몇 가지 솔루션이 있다. 대표적인 솔루션으로는 ESO[ExternalSecretsOperator](https://github.com/external-secrets/external-secrets), **aws-secret-operator**(https://github.com/mumoshu/

aws-secret-operator)가 있고 심지어 Argo CD용 플러그인(https://github.com/IBM/argocd-vault-plugin)도 있다. ExternalSecrets 프로젝트의 가장 큰 장점은 **AWS Parameter Store**, **Azure Key Vault**, **Google Cloud Secrets Manager**, **Hashicorp Vault** 등 다양한 데이터 저장소를 지원한다는 것이다. 이 때문에 아마 대부분의 인프라에 사용 가능할 것이다. 헬름 차트(https://github.com/external-secrets/external-secrets/tree/main/deploy/charts/external-secrets)를 통해 설치할 수 있으며 자세한 내용은 다음 사이트 (https://external-secrets.io)에 접속해 참조하기 바란다. 해당 사이트에는 입문하기 좋은 소스들이 많이 있다.

Dex 디플로이먼트 제거

Argo CD에 OIDC를 직접 사용하거나 SSO를 전혀 사용하지 않는 경우 Dex가 필요 없기 때문에 원한다면 제거할 수 있다. 그 방법은 Dex 파드를 0개로 설정하거나 Kustomize를 수정해 디플로이먼트를 삭제해버리는 것이다. Kustomize를 수정하는 방식은 두 가지를 수정하면 된다. 먼저 argocd-dex-server.yaml 파일을 patches 폴더에 새로 생성한다. 그리고 patch 내용에 delete를 기입한다.

▼ 위치: ch04/sso-setup/argocd-dex-server-deployment.yaml

```
apiVersion: apps/v1
kind: Deployment
metadata:
  name: argocd-dex-server
$patch: delete
```

그리고 kustomization.yaml 파일에 방금 생성한 argocd-dex-server-deployment.yaml 파일 정보를 기입한다.

▼ 위치: ch04/kustomize-installation/kustomization.yaml

```
...(중략)...
patchesStrategicMerge:
  - patches/argocd-cm.yaml
  - patches/argocd-rbac-cm.yaml
  - patches/argocd-dex-server-deployment.yaml
```

다음으로 커밋을 생성하고 Argo CD가 적용할 수 있도록 원격으로 푸시한다. Dex 디플로이먼트가 제거되고 추후에 다시 필요하다면 추가했던 kustomize patch 부분을 제거하면 된다.

대부분의 회사가 모든 시스템에 SSO를 사용할 가능성이 높기 때문에 OIDC 연결을 보호하는 것이 매우 중요하다. Argo CD뿐 아니라 모든 SSO 연결에 대한 모든 민감 정보를 안전하게 보관하는 것이 좋다. 사용하지 않는 서비스는 중지해서 공격 범위를 줄이는 것처럼 Dex 사용을 중지하는 것도 개선 사항으로 볼 수 있다. 예를 들어 향후에 취약점이 발생해도 전혀 영향이 없기 때문이다.

⁝⁚ 요약

4장에서는 사용자 관리와 접근 제어를 수행하는 방법에 대한 다양한 옵션을 살펴봤다. 실제 운영 시 관리자 계정을 사용하는 것은 매우 위험하기 때문에 관리자 계정을 비활성화할 수 있도록 새로운 로컬 사용자를 생성하고 권한을 할당하는 방법부터 시작했다. 그리고 서비스 계정에 대한 옵션은 무엇인지와 파이프라인이나 다른 종류의 자동화 과정에서 Argo CD에 어떻게 접근하는지 알아봤다. 로컬 사용자는 작은 기업에서는 사용하기 좋지만, SSO가 더 안전하고 한 곳에서 모든 것을 관리하기 때문에 대중적으로 쓰이고 있다. Argo CD는 다양한 SSO 공급자를 지원해 직접 연결하거나 Dex를 통해 연결할 수 있다. 공식 문서에서는 설정 방법이나 보안에 대한 더 많은 예제가 있다.

5장에서는 쿠버네티스 클러스터를 생성한 다음 Argo CD의 app-of-apps 패턴을 통해 클러스터에 애플리케이션을 배포하는 방법을 알아볼 것이다.

⁝⁚ 더 알아보기

- 구글 SAML에서 속성 매핑을 그룹 매핑에 사용하는 다른 예시: https://www.dynatrace.com/support/help/how-to-use-dynatrace/user-management-and-sso/manage-users-and-groups-with-saml/saml-google-workspace#preparing-group-mapping

- 왜 Dex 없이 Argo CD에서 직접 OIDC 옵션을 사용하는가?: https://github.com/argoproj/argo-cd/issues/671

- SSO의 이점: https://www.onelogin.com/learn/why-sso-important

- OpenID 커넥트 프로토콜: https://openid.net/connect/faq/

3부

운영 환경에서 Argo CD

3부에서는 이해하기 쉽고 재사용 가능한 방식으로 운영 환경에서 Argo CD를 사용하는 방법을 다룬다.

3부의 구성은 다음과 같다.

- **5장,** Argo CD로 쿠버네티스 클러스터 부트스트랩
- **6장,** Argo CD 배포 파이프라인 설계
- **7장,** Argo CD 문제 해결
- **8장,** YAML과 쿠버네티스 매니페스트
- **9장,** 미래와 결론

05

Argo CD로
쿠버네티스 클러스터 부트스트랩

5장에서는 바로 사용 가능한 필수 서비스와 유틸리티를 사용해 재해 복구를 위해 반복 가능한 자동화 방식으로 쿠버네티스 클러스터를 부트스트랩하는 방법을 알아본다. IaC 도구를 사용해 AWS에서 쿠버네티스 클러스터를 생성하고, Argo CD를 사용해 필요한 서비스와 유틸리티를 쿠버네티스 클러스터에 배포할 것이다. 그리고 클러스터의 의존 성 문제를 어떻게 해결할지와 2장 Argo CD 시작하기에서 다룬 동기화 웨이브로 생성 순서를 제어하는 방법에 대해 자세히 알아보자.

5장의 마지막에는 서비스 배포 시 또는 Argo CD를 통해 깃옵스 사례를 준수할 때 발생 할 수 있는 보안적인 문제를 확인해보고 이를 안전하게 해결할 수 있는 방법에 대해 알 아본다.

5장에서 다룰 주요 주제는 다음과 같다.

- 테라폼을 통한 아마존^{Amazon} EKS 클러스터 생성
- Argo CD로 EKS 부트스트랩하기

- app of apps 패턴 활용

- 부트스트랩 연습

- ApplicationSet

⫶⫶ 기술 요구 사항

5장에서는 헬름 CLI를 이미 설치했다고 가정하고 다음 항목들이 필요하다.

- **AWS 계정**: https://aws.amazon.com/free

- **테라폼**: https://learn.hashicorp.com/collections/terraform/aws-get-started

- **AWS CLI**: https://docs.aws.amazon.com/cli/latest/userguide/getting-started-install.html

- **AWS IAM authenticator**: https://docs.aws.amazon.com/eks/latest/userguide/install-aws-iam-authenticator.html

- **YAML과 테라폼을 지원하는 코드 에디터(대표적으로 VS Code)**: https://code.visualstudio.com

무료 AWS 계정을 사용해 테라폼을 통해 관리형 쿠버네티스 클러스터인 아마존 EKS(https://aws.amazon.com/ko/eks/)를 생성해볼 것이다. Argo CD를 통해서 EKS 클러스터에서 필요한 서비스를 배포해본다.

5장에서 사용하는 코드는 이 책의 공식 깃허브 리포지터리(https://github.com/Packt Publishing/ArgoCD-in-Practice)의 ch05 폴더에서 확인할 수 있다.

테라폼을 통한 아마존 EKS 클러스터 생성

이번 절에서는 프로덕션 환경에서 바로 사용할 수 있는 쿠버네티스 클러스터를 부트스트랩하는 실시간 시나리오를 활용해 AWS에서 쿠버네티스 클러스터를 설치해볼 것이다. AWS의 관리형 쿠버네티스 클러스터인 아마존 EKS에 대해 설명하고 IaC 도구인 테라폼을 사용해 프로비저닝하는 방법에 대해 알아본다.

아마존 EKS와 친해지기

대부분 클라우드 제공 회사는 컨트롤 플레인을 관리해주는 관리형 쿠버네티스 서비스를 갖고 있다. AWS의 경우 EKS 서비스를 제공하는 데 완전 관리형 서비스이며, 쿠버네티스 API 노드와 etcd 클러스터를 포함해 컨트롤 플레인의 고가용성을 보장해준다.

아마존 EKS는 AWS에서 번거로움 없이 쿠버네티스 클러스터의 운영과 유지보수를 도와준다. 쿠버네티스 컨트롤 플레인 컴포넌트들(apiserver, scheduler, kube-controller-manager)은 AWS가 직접 관리하는 VPC 환경에서 동작하며 오토 스케일링 그룹과 다른 가용 영역을 갖고 있다(https://aws.github.io/aws-eks-best-practices/reliability/docs/controlplane/#eks-architecture). 그림 5.1을 통해서 AWS EKS 아키텍처를 자세히 살펴보자.

실제로 사용자는 그림 5.1처럼 VPC 내에 서비스를 배포할 수 있는 워커 노드 그룹만 직접 관리한다.

이제 EKS 클러스터를 프로비저닝하기 위한 테라폼 스크립트를 작성해보자.

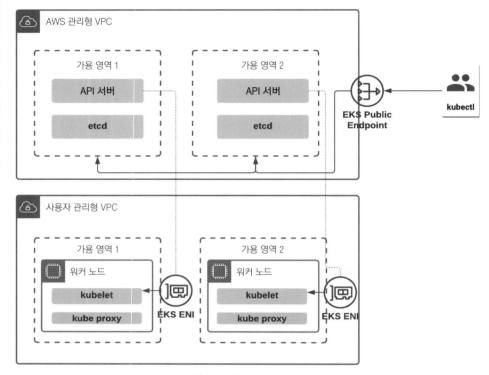

그림 5.1 아마존 EKS 아키텍처

EKS 인프라 설계하기

서비스를 배포하기 위해서 가장 먼저 할 일은 AWS 무료 계정을 생성하는 것이다. 자세한 내용은 다음 링크(https://docs.aws.amazon.com/cli/latest/userguide/getting-started-prereqs.html#getting-started-prereqs-signup)에서 확인할 수 있다.

웹 콘솔 대신 로컬 시스템에서 AWS와 통신하려면 필요한 권한이 있는 IAM 사용자를 생성하고 AWS 자격 증명과 AWS CLI를 구성해야 한다.

IAM 사용자를 생성하려면 AWS 메뉴 중 IAM 페이지에 접속한다. 그림 5.2처럼 검색 창 맨 위에서 IAM 타입을 선택한다.

그림 5.2 AWS에서 IAM 관리 메뉴

그런 다음 **IAM Users** 탭에 들어가 **Add Users** 버튼을 클릭한다. 여기서 무료 AWS 계정에 가입할 때 사용한 AWS 루트 계정 외의 사용자를 생성할 수 있다. 그림 5.3처럼 IAM 사용자에 대한 정보를 입력하고 사용자를 생성한다.

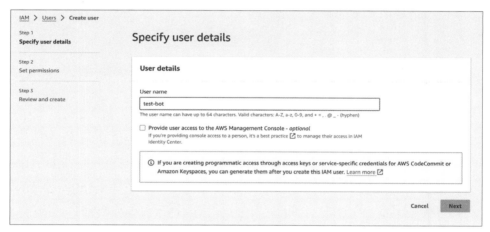

그림 5.3 IAM 사용자 생성

다음 화면에서는 **Create Group** 버튼을 클릭하고 그림 5.4와 같이 TestGroup이라는 이름을 입력하고 AdministratorAccess 정책을 선택해 관리자 권한이 있는 테스트용 그룹을 만든다.[1]

---

1   실습하는 독자의 경우 해당 정책을 가진 액세스 키가 타인에게 노출될 경우 매우 위험하므로 반드시 삭제하거나 주의해서 관리할 것을 권장한다. – 옮긴이

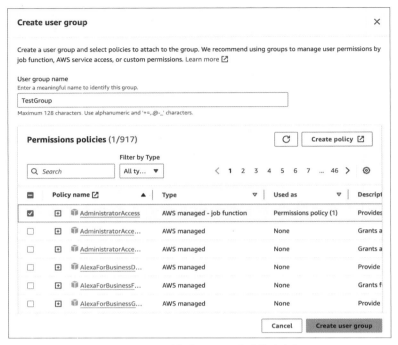

그림 5.4 IAM 사용자를 IAM 그룹에 할당하기

이제 그룹을 생성하고 할당했다면 **Next** 버튼으로 넘어간 뒤 **Create User** 버튼으로 사용자를 생성한다. 생성한 사용자를 클릭하고 **Security credentials** 탭에 들어가 **Create access key** 버튼을 클릭한다. 그리고 Use Case에서 **CLI**를 체크한 후, **Confirmation**을 체크하고 다음으로 넘어간다. 그러면 그림 5.5와 같이 CLI 액세스를 위한 AWS 보안 자격 증명을 생성할 수 있다.

그림 5.5 IAM 사용자를 IAM 그룹에 할당하기

CSV로 다운로드하거나 패스워드 매니저와 같이 안전한 장소에 자격 증명을 복사해놓는 것이 좋다. 이제 AWS API와 통신할 수 있는 로컬 AWS CLI를 구성하기 위해 다음 명령어를 실행한다.

```
$ aws configure
AWS Access Key ID [None]: <AWS 액세스 키>  ex)AKIASK5OAMM32I7ZWK
AWS Secret Access Key [None]: <AWS 시크릿 키>  ex)ueKiTXnQ9c50RMTMshHOVi56Y
Default region name [None]: <기본으로 사용할 리전>  ex)ap-northeast-2
Default output format [None]: json
```

AWS에서 아마존 EKS 클러스터를 프로비저닝하기 위해 필요한 필수 리소스는 다음과 같다.

- **VPC**^{Virtual Private Cloud}: AWS 인프라 리소스를 배포할 수 있는 가상 네트워크

- **NAT**^{Network Address Translation} **게이트웨이**: 프라이빗 서브넷의 EKS 노드가 VPC 외부 서비스에 연결할 수 있도록 허용(다른 서비스에서 해당 노드를 호출하는 것은 허용하지 않음)

- **보안 그룹**^{Security Group}: 워커노드의 인바운드/아웃바운드 트래픽을 제어하기 위한 일종의 규칙 또는 가상 방화벽

- **EC2**^{Elastic Compute Cloud} **인스턴스**: AWS의 가상 서버

- **Auto Scaling 그룹**: 오토 스케일링 목적의 논리적 EC2 인스턴스 그룹, 특히 여기서는 쿠버네티스 워커 노드 그룹을 자동으로 증가시켜주는 그룹

워커 노드를 몇 개의 논리 그룹으로 분할하는 것이 좋다. 추후 Argo CD에서 다른 목적을 위해 분할하고 별도의 그룹을 가질 수 있도록 하는 데 도움이 된다. 그림 5.6은 두 그룹으로 논리적으로 분리한 그림이다.[2]

---

2 책에서는 명확하게 제시돼 있지 않지만, 논리 그룹을 나누는 방법은 네임스페이스를 통해 구분하거나 워커 노드를 구분하는 등의 방법이 있다. – 옮긴이

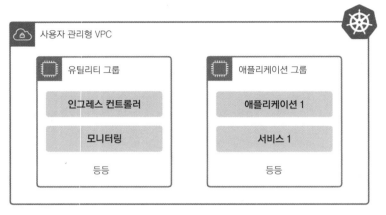

그림 5.6 워커노드의 논리 그룹

워커 노드 그룹의 목적을 확실하게 하기 위해 명확하게 정의해보자.

- **유틸리티**: 이 그룹은 내부 및 외부 사용자가 애플리케이션/서비스를 생성하는 데 필요한 유틸리티/도구를 포함하고 있다.

- **애플리케이션**: 이 그룹에 내부 및 외부 사용자가 사용할 수 있는 모든 애플리케이션 및 서비스를 배포한다.

다음으로 하시코프^{HashiCorp}에서 만든 OSS IaC 도구인 테라폼을 사용해보자. 테라폼은 인프라 리소스의 구성을 선언적으로 설명하는 기능이 있다.

테라폼으로 EKS 프로비저닝

앞서 언급한 것처럼 EKS 클러스터를 생성하기 전에 몇 개의 필수 리소스를 생성해야 한다. 리소스는 다음과 같은 논리 그룹으로 나뉘어 있다.

- provider.tf: AWS API를 사용하는 테라폼 프로바이더

- network.tf: 리소스가 생성될 네트워크 레이어

- kubernetes.tf: EKS 인프라 리소스와 워커 노드 그룹

- variables.tf: 재사용 가능하도록 테라폼 스크립트에 전달하는 동적 변수

- outputs.tf: 시스템 콘솔에서 출력되는 다양한 리소스 결과

먼저 EKS 워커 노드 그룹이 생성될 VPC를 설정해보자. 이제 provider.tf에서 사용하려는 클라우드 공급자를 테라폼에서 정의한다.

▼ 위치: ch05/terraform/provider.tf

```
provider "aws" {
  region = var.region
}
```

테라폼 커뮤니티는 함께 자주 사용되는 리소스 집합을 생성하는 몇 가지 모듈을 만들어 뒀다. 새로운 네트워크 계층인 VPC를 생성하기 위해 AWS 팀이 제공한 모듈을 사용해 network.tf 파일을 생성한다.

▼ 위치: ch05/terraform/network.tf

```
data "aws_availability_zones" "zones" {}
module "vpc" {
  source  = "Terraform-aws-modules/vpc/aws"
  version = "3.11.0"

  name                 = "packt-network"
  cidr                 = "10.0.0.0/16"
  azs                  = data.aws_availability_zones.zones.names
  private_subnets      = var.private_subnets
  public_subnets       = var.public_subnets
  enable_nat_gateway   = true
  enable_dns_hostnames = true

  tags = {
    "kubernetes.io/cluster/${var.cluster_name}" = "shared"
  }

  public_subnet_tags = {
```

```
    "kubernetes.io/cluster/${var.cluster_name}" = "shared"
    "kubernetes.io/role/nlb"                     = "1"
  }

  private_subnet_tags = {
    "kubernetes.io/cluster/${var.cluster_name}" = "shared"
    "kubernetes.io/role/internal-nlb"           = "1"
  }
}
```

여기서 새로운 VPC를 사용하는 이유는 이미 사용하고 있던 AWS 계정을 실습에 사용할 경우, 기존의 인프라에 영향이 가지 않으면서 새로운 EKS 클러스터를 생성하기 위함이다. 그림 5.7을 통해 생성하고자 하는 네트워크 토폴로지를 살펴보자.

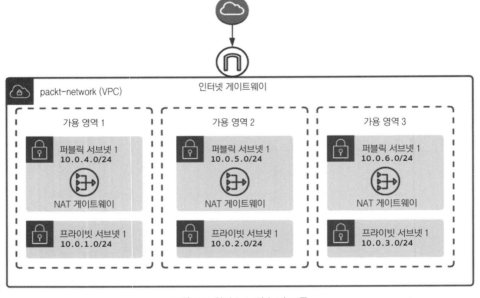

그림 5.7 워커 노드의 논리 그룹

그림 5.7에서 볼 수 있듯이 각 가용 영역마다 퍼블릭과 프라이빗 서브넷이 있으며, 퍼블릭 서브넷마다 NAT 게이트웨이가 있다. 프라이빗 서브넷은 라우팅 테이블에서 NAT 게이트웨이를 향하도록 해 패키지를 다운로드하고 인터넷 액세스가 가능하게 한다. 그림 5.8은 프라이빗 서브넷의 라우팅 테이블 예시다.

주요 라우트 테이블	
목적지	대상
10.0.0.0/16	local
0.0.0.0/0	nat-gateway-id

그림 5.8 워커 노드의 논리 그룹

이제 그림 5.6에서 설명한 대로 EKS 쿠버네티스 클러스터를 정의해보고 쿠버네티스
노드를 프라이빗 서브넷에 두고 외부 네트워크와 직접 접근이 불가능하도록 한다. 그림
5.7에 EKS 쿠버네티스 노드를 적용시키면 그림 5.9와 같은 토폴로지를 갖게 된다.

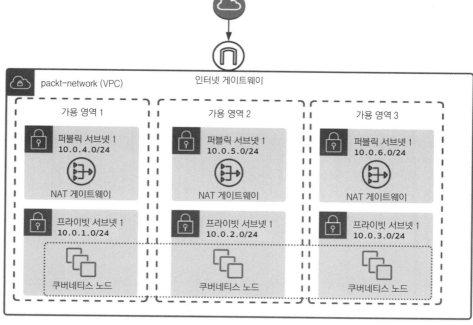

그림 5.9 워커 노드의 논리 그룹

메이저 버전 업그레이드 시 호환성 문제 등 발생 가능한 문제를 피하기 위해 항상 프로
바이더 버전을 명시적으로 입력하는 것이 좋다. 이렇게 버전을 정의해둘 수 있는 특정
파일을 versions.tf로 둔다.

▼ 위치: ch05/terraform/versions.tf

```
terraform {
  required_providers {
    aws = {
      source  = "hashicorp/aws"
      version = ">= 3.66.0"
    }

    kubernetes = {
      source  = "hashicorp/kubernetes"
      version = ">= 2.6.1"
    }
  }
}
```

이제 실행할 테라폼 스크립트가 준비됐고, AWS 리소스를 생성해보자. 첫 번째로 할 일은 테라폼 작업 디렉터리를 초기화하는 것이다.

```
$ terraform init
Initializing modules...
Terraform has been successfully initialized!
```

초기화 이후에는 테라폼 실행 시 변경 사항을 미리 볼 수 있는 terraform plan 명령어를 실행한다.

```
terraform plan -out=plan.out -var=zone_id=<사용할 region zone(리전 영역) ID 정보>[3]
```

terraform plan 명령어로 생성된 plan.out 파일은 다음 명령어처럼 바로 사용할 수 있고 실행 결과는 다음과 같다.

---

3 예를 들면 서울의 리전 영역은 ap-northeast-2다. 다음 링크(https://docs.aws.amazon.com/ko_kr/AWSEC2/latest/UserGuide/using-regions-availability-zones.html#concepts-available-regions)에서 추가적으로 확인할 수 있다. – 옮긴이

```
$ terraform apply plan.out
Apply complete! Resources: 57 added, 0 changed, 0 destroyed.
```

이제 터미널에서 kubectl을 통해 AWS에 있는 새로운 EKS 쿠버네티스 클러스터에 접근하기 위해 다음 명령어를 통해 kubeconfig 파일을 받아보자.

```
aws eks update-kubeconfig --region <리전 영역 ID> --name <EKS 클러스터명>
```

해당 명령어를 사용하면 kubeconfig 파일이 ~/.kube/config에 저장된다. 다음 명령어로 kube-system 네임스페이스에 있는 모든 파드 목록을 조회해보자. 그림 5.10처럼 표시될 것이다.

```
kubectl -n kube-system get pod
```

```
NAME                         READY   STATUS    RESTARTS   AGE
aws-node-4tdgf               1/1     Running   0          14m
aws-node-bsjzp               1/1     Running   0          14m
aws-node-d554x               1/1     Running   0          14m
aws-node-jm25x               1/1     Running   0          14m
coredns-65bfc5645f-84wbt     1/1     Running   0          28m
coredns-65bfc5645f-nqx26     1/1     Running   0          28m
kube-proxy-87hbc             1/1     Running   0          14m
kube-proxy-cf7j9             1/1     Running   0          14m
kube-proxy-h7nlw             1/1     Running   0          14m
kube-proxy-ksrhn             1/1     Running   0          14m
```

그림 5.10 kube-system 네임스페이스에 있는 사용 가능한 파드 목록

이제 AWS에 EKS 클러스터가 준비됐고, 재사용 가능한 재해 복구 시나리오를 통한 클러스터 부트스트랩 실습으로 넘어가겠다. 6장에서는 초기 인프라 생성 후 단계로 클러스터 내의 Argo CD에 필요한 유틸리티 및 애플리케이션을 설정하는 것을 살펴볼 것이다.

⁝⁝ Argo CD로 EKS 부트스트랩하기

이제 클러스터는 생성했고, 생성하는 클러스터마다 Argo CD로 준비되도록 설정하고 구성을 관리해 깃옵스 사례를 따를 수 있도록 한다. 2장에서 언급한 것처럼 Argo CD는 스스로 동기하고 관리할 수 있다.

테라폼으로 Argo CD 준비하기

클러스터에 Argo CD를 설치하기 위해 Kustomize를 테라폼 공급자^{provider}로 사용한다. 먼저 kustomization.yaml을 생성해 Argo CD를 설치하고 동시에 필요한 쿠버네티스 네임스페이스와 컨피그맵에 대해 규정한다. 다음은 kustomization.yaml 예시다.

▼ 위치: ch05/k8s-bootstrap/base/kustomization.yaml

```
apiVersion: kustomize.config.k8s.io/v1beta1
kind: Kustomization
namespace: argocd
bases:
  - https://raw.githubusercontent.com/argoproj/argo-cd/v2.1.7/manifests/
install.yaml
resources:
  - namespace.yaml
patchesStrategicMerge:
  - argocd-cm.yaml
```

앞선 Kustomize 예시는 namespace.yaml에 정의돼 있는 argocd라는 네임스페이스 리소스에 Argo CD를 설치하고 patchesStrategicMerge에(https://github.com/kubernetes/community/blob/master/contributors/devel/sig-api-machinery/strategic-merge-patch.md) 컨피그맵을 추가해 사용하는 예시다. 이제 새 EKS 클러스터에서 Kustomize로 Argo CD 설치하는 것을 테라폼에서 정의할 차례다. 먼저 provider.tf 파일에 다음과 같이 Kustomize 공급자를 추가해보자.

```
...(중략)...
provider "kustomization" {
  kubeconfig_path = "./${module.eks.kubeconfig_filename}"
}
```

다음은 Argo CD로 클러스터를 부트스트랩하기 위한 argocd.tf 파일이다.

```
data "kustomization_build" "argocd" {
  path = "../k8s-bootstrap/bootstrap"
}
resource "kustomization_resource" "argocd" {
  for_each = data.kustomization_build.argocd.ids
  manifest = data.kustomization_build.argocd.manifests[each.value]
}
```

이제 Argo CD를 설치하기 위해 테라폼 스크립트를 적용할 차례다.

테라폼으로 Argo CD 적용하기

EKS 쿠버네티스 클러스터를 생성했던 것처럼 Terraform plan 명령을 통해 변경 사항을 확인해보자.

```
$ terraform plan -out=plan.out
```

위 명령어는 다음과 같이 몇 가지 변경 사항이 있는지 알려준다.

```
Plan: 41 to add, 0 to change, 0 to destroy.
```

이제 apply 명령을 통해 적용해보고 예상대로 잘 작동하는지 확인해보자.

```
$ terraform apply plan.out
```

마지막에 성공적으로 실행됐다면 다음과 같은 메시지를 확인할 수 있다.

```
Apply complete! Resources: 20 added, 0 changed, 0 destroyed.
```

과연 Argo CD가 잘 설치되고 동작되고 있을까? 다음 명령어로 확인해보자.

```
$ kubectl -n argocd get all
```

잘 작동되고 있다. 그림 5.11과 같은 내용을 확인할 수 있다.

```
NAME                                          READY   STATUS    RESTARTS   AGE
pod/argocd-application-controller-0           1/1     Running   0          86s
pod/argocd-repo-server-6fd99dbbb5-rswbc       1/1     Running   0          86s
pod/argocd-server-7674b5cff5-szj77            1/1     Running   0          88s

NAME                            TYPE        CLUSTER-IP       EXTERNAL-IP   PORT(S)                      AGE
service/argocd-dex-server       ClusterIP   172.20.226.115   <none>        5556/TCP,5557/TCP,5558/TCP   4m17s
service/argocd-metrics          ClusterIP   172.20.61.41     <none>        8082/TCP                     4m15s
service/argocd-redis            ClusterIP   172.20.28.95     <none>        6379/TCP                     90s
service/argocd-repo-server      ClusterIP   172.20.22.22     <none>        8081/TCP,8084/TCP            90s
service/argocd-server           ClusterIP   172.20.151.64    <none>        80/TCP,443/TCP               90s
service/argocd-server-metrics   ClusterIP   172.20.246.236   <none>        8083/TCP                     4m15s

NAME                                   READY   UP-TO-DATE   AVAILABLE   AGE
deployment.apps/argocd-dex-server      0/1     0            0           4m18s
deployment.apps/argocd-redis           0/1     0            0           4m18s
deployment.apps/argocd-repo-server     1/1     1            1           88s
deployment.apps/argocd-server          1/1     1            1           91s

NAME                                         DESIRED   CURRENT   READY   AGE
replicaset.apps/argocd-dex-server-5896d988bb 1         0         0       4m19s
replicaset.apps/argocd-redis-74d8c6db65      1         0         0       4m19s
replicaset.apps/argocd-repo-server-6fd99dbbb5 1        1         1       89s
replicaset.apps/argocd-server-7674b5cff5     1         1         1       92s

NAME                                              READY   AGE
statefulset.apps/argocd-application-controller    1/1     90s
```

그림 5.11 Argo CD로 EKS 부트스트랩하기

Argo CD가 쿠버네티스 서비스를 잘 포트 포워딩하고 UI로 접속되는지 확인해보자.
argo-cd라는 애플리케이션이 Argo CD 애플리케이션처럼 자기 자신을 관리하고 있을
것이다. 이제 UI 로그인을 위한 비밀번호를 가져오자.

```
$ kubectl -n argocd get secret argocd-initial-admin-secret -o
jsonpath="{.data.password}" | base64 -d
```

관리자 사용자를 사용하는 것은 좋은 예시는 아니지만 학습의 편의를 위해 사용한다. 사용자명은 admin으로 하고 패스워드는 앞서 살펴본 명령어를 통해 가져온다. 이제 다음 명령어를 통해 UI 접근을 위한 포트 포워드 설정을 진행하자.

```
$ kubectl -n argocd port-forward service/argocd-server 8080:80
```

그림 5.12에서 argo-cd 애플리케이션이 생성되고 동기화가 이미 완료된 것을 확인할 수 있다.

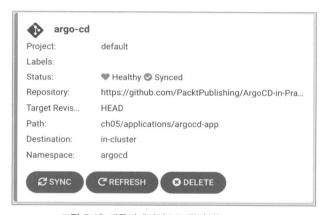

그림 5.12 애플리케이션으로 관리되는 Argo CD

조금 더 살펴보면 argo-cm.yaml도 이미 동기화된 것을 볼 수 있다.

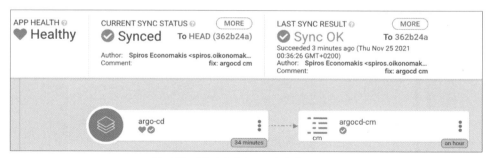

그림 5.13 애플리케이션으로 관리되는 Argo CD

그림 5.13에서 앱이 정상적으로 동작하고 아무 문제없이 동기화된 것을 확인할 수 있다. 이제부터 깃옵스를 통해 Argo CD의 구성을 변경할 수 있으며, 실제로는 앞에서 언급한 것처럼 Argo CD가 자체 동기화를 수행하고 관리한다.

결론적으로 Argo CD가 부트스트랩된 새로운 EKS 클러스터를 갖게 됐고, 테라폼을 통해 재사용 가능한 방식으로 사용할 준비가 된 새로운 EKS 클러스터를 생성할 수 있었다. 이후에는 app of apps 패턴에 대해 더 깊이 알아보고 클러스터에서 부트스트랩하려는 다양한 유틸리티와 애플리케이션들 간의 종속성을 조율하는 방법에 대해 알아볼 것이다.

app of apps 패턴 활용

2장에서 Argo CD 오토파일럿을 사용하는 동안 app of apps 패턴의 간단한 예제를 만들었다. 실제 환경에서 app of apps 패턴을 어떻게 사용하는지, 왜 필요한지에 대해 알 필요가 있다. 이전 절에서는 Argo CD로 클러스터를 부트스트랩해 패턴의 한 단계만 진행했지만, 실제 환경에서는 같은 서비스의 쿠버네티스 클러스터를 동일하게 반복 생성하는 경우가 생긴다. 특히 재해 복구 시나리오에 매우 중요하게 쓰인다.

왜 app of apps 패턴인가?

app of apps 패턴은 부모 애플리케이션과 자식 애플리케이션 집합을 논리적으로 그룹화할 수 있는 기능을 제공한다. 부모 애플리케이션을 통해 자식 애플리케이션을 만들 수 있고, 함께 배포할 수 있는 애플리케이션 그룹을 선언적으로 관리할 수 있다.

이 패턴은 모든 애플리케이션을 포함한 클러스터를 부트스트랩하는 데 사용되며 5장의 가장 중요한 목표이기도 하다. 첫 번째 문제는 해결하기 간단하지만 깃옵스 방식으로 서비스와 애플리케이션을 배포하는 방법이다. 또 다른 문제는 하나의 소스 유형만 가질 수 있다는 것이다. 헬름, Kustomize, 일반 YAML 매니페스트를 모두 동시에 사용할 수는 없다는 점이다.

app of apps 패턴을 사용하면 여러 Argo CD 애플리케이션 CRD를 배포하는 대신 부모 애플리케이션 하나만 배포하면 된다. 그러면 부모 애플리케이션이 자식 애플리케이션을 배포할 것이다. 내가 운영하는 환경에서도 논리적 그룹화를 하고 있다. 논리적 그룹화를 통해 그룹의 모든 애플리케이션이 배포되고 정상 상태인지 확인할 수 있다.

이제 EKS 클러스터 부트스트래핑으로 돌아가서 시나리오에 유틸리티와 애플리케이션을 추가해보자.

유틸리티 부트스트랩하기

이전 절에서 Argo CD를 생성하고 UI에 접근하기 위해 쿠버네티스 서비스로 포트 포워드를 실행해야 접근할 수 있었다. 실제 운영 환경에서는 유틸리티나 서비스에 포트 포워드 방식이 아니라 외부 접근이 필요한 팀이 있다. 외부 접근을 위해서 가장 먼저 할 일은 인그레스를 생성하고 DNS 이름을 지정해 필요할 때 접근할 수 있도록 하는 것이다.

실제 운영 환경에서는 항상 하나의 퍼블릭 호스팅 영역과 하나의 프라이빗 호스팅 영역을 사용하지만 지금은 연습을 위해 퍼블릭 호스팅 영역과 퍼블릭 액세스만 사용한다. 그 이유는 프라이빗 호스트 영역에 대한 접근은 VPN과 같은 도구를 통해서만 허용되기 때문이다.

인그레스와 DNS 이름을 가지려면 두 가지 유틸리티가 필요하다. 특히 다음 내용을 사용할 것이다.

- **외부 DNS**External DNS: AWS Route 53 레코드를 생성(여기서는 istio gateway 쪽 레코드 생성)

- **Istio 오퍼레이터**Istio operator: 하나의 환경에서 Istio를 설치, 업그레이드, 제거할 수 있고 Istio 및 컨트롤 플레인을 설치

- **Istio 컨트롤 플레인**Istio control plane: 인그레스 게이트웨이ingress gateway를 관리하고 설정 값을 조정해 트래픽을 라우팅

- **Istio 리소스**Istio resources: 포트 포워딩 없이 Argo CD UI에 액세스 가능

가장 중요한 것은 이런 유틸리티를 실행하기 위해 배포하는 순서와 app of apps 패턴의 논리적인 그룹화다. 따라야 할 순서는 다음과 같다.[4]

1. 외부 DNS

2. Istio 오퍼레이터

3. Istio 컨트롤 플레인

4. Argo CD Istio 인그레스

2장을 제대로 학습했다면 이 순서를 어떻게 진행할지 답을 미리 알고 있을 것이다. 정답은 동기화 웨이브 순서를 확인해보면 된다. 먼저 master-utilites라는 Argo CD 커스텀 리소스 애플리케이션에서 사용할 외부 DNS를 정의해야 한다. yaml 파일을 작성하기 전에 도메인 이름을 먼저 등록하고 AWS 퍼블릭 호스트 존인 Route53 서비스(https://aws.amazon.com/route53)에 등록해야 한다. 그리고 외부 DNS는 퍼블릭 호스팅 영역을 사용해 Istio에서 게이트웨이로 정의된 관련 레코드를 생성한다.

AWS는 도메인 이름을 등록하고 등록 승인이 되면 자동으로 AWS Route53에 호스팅 영역을 생성한다. 그림 5.14처럼 도메인(http://packtargocdbook.link/)을 Route53에 등록하고 호스트 존에 생성된 것을 확인할 수 있다.

그림 5.14 애플리케이션을 관리하는 Argo CD

다음으로 Route53에서 레코드 세트의 목록을 확인하고 수정할 수 있는 정책을 가진 IAM 역할을 생성해야 한다. 다음은 iam.tf 파일로 IAM에서 필요한 정책을 가진 역할을 생성하기 위한 테라폼 코드다.

---

4   서비스 메시를 추가하기 위해 책에서 Istio를 활용했으나 반드시 필요한 것은 아니다. – 옮긴이

▼ 위치: ch05/terraform/iam.tf

```
resource "aws_iam_policy" "external_dns" {
  name        = "external-dns-policy"
  path        = "/"
  description = "Allows access to resources needed to run external-dns."
  policy = <<JSON
{
  "Version": "2012-10-17",
  "Statement": [
    {
      "Effect": "Allow",
      "Action": [
        "route53:ChangeResourceRecordSets"
      ],
      "Resource": [
        "${data.aws_route53_zone.zone_selected.arn}"
      ]
    },
    {
      "Effect": "Allow",
      "Action": [
        "route53:ListHostedZones",
        "route53:ListResourceRecordSets"
      ],
      "Resource": [
        "*"
      ]
    }
  ]
}
JSON
}

...(중략)...
```

첫 번째 애플리케이션은 외부 DNS이고, 이 책의 공식 깃허브 리포지터리(https://github.com/PacktPublishing/ArgoCD-in-Practice)에서 ch05/applications/master-utilities/templates/external-dns.yaml 파일을 통해 확인할 수 있다.

다음 순서는 Istio 오퍼레이터를 생성하는 applications/master-utilities/istio-operator.yaml 파일의 내용이다.

▼ 위치: ch05/applications/master-utilities/templates/istio-operator.yaml

```
apiVersion: argoproj.io/v1alpha1
kind: Application
metadata:
  name: istio-operator
  namespace: argocd
  annotations:
    argocd.argoproj.io/sync-wave: "-2"
  finalizers:
    - resources-finalizer.argocd.argoproj.io
spec:
  project: default
  source:
    repoURL: https://github.com/istio/istio.git
    targetRevision: "1.0.0"
    path: operator/manifests/charts/istio-operator
    helm:
      parameters:
        - name: "tag"
          value: "1.12.0"
  destination:
    namespace: istio-operator
    server: {{ .Values.spec.destination.server }}
  syncPolicy:
    automated:
      prune: true
```

다음은 Istio 컨트롤 플레인과 Argo CD 애플리케이션을 생성하는 applications/master-utilities/istio.yaml 파일이다.

▼ 위치: ch05/applications/master-utilities/templates/istio.yaml

```
apiVersion: argoproj.io/v1alpha1
kind: Application
metadata:
  name: istio
```

```
    namespace: argocd
    annotations:
      argocd.argoproj.io/sync-wave: "-1"
    finalizers:
      - resources-finalizer.argocd.argoproj.io
spec:
  project: default
  source:
    repoURL: https://github.com/PacktPublishing/ArgoCD-in-Practice.git
    targetRevision: HEAD
    path: ch05/applications/istio-control-plane
  destination:
    namespace: istio-system
    server: {{ .Values.spec.destination.server }}

  syncPolicy:
    automated:
      prune: true
    syncOptions:
      - CreateNamespace=true
```

마지막으로 Argo CD UI 접근을 위한 Istio 리소스가 있는 Argo CD 애플리케이션이
필요하다.

▼ 위치: ch05/applications/master-utilities/templates/argocd-ui.yaml

```
apiVersion: argoproj.io/v1alpha1
kind: Application
metadata:
  name: argocd-istio-app
  namespace: argocd
  finalizers:
    - resources-finalizer.argocd.argoproj.io
spec:
  project: default
  source:
    repoURL: https://github.com/PacktPublishing/ArgoCD-in-Practice.git
    targetRevision: HEAD
    path: ch05/applications/argocd-ui
  destination:
```

```
      namespace: argocd-ui
      server: {{ .Values.spec.destination.server }}
    syncPolicy:
      automated:
        prune: true
        selfHeal: true
      syncOptions:
        - CreateNamespace=true
      validate: true
```

그러나 여기서 중요한 것은 생성 순서가 annotation에 명시된 동기화 웨이브에 의해 결정된다는 것이다. 매니페스트 파일을 보면 Istio 오퍼레이터 차트의 경우 `argocd.argoproj.io/sync-wave: "-2"`를 할당했고 반대로 Istio 컨트롤 플레인 차트에는 `argocd.argoproj.io/sync-wave: "-1"`이 할당된 것을 볼 수 있다. 결국 Istio 오퍼레이터는 컨트롤 플레인보다 낮은 값을 가지므로 Istio 오퍼레이터가 먼저 설치된다. Argo CD는 다음 웨이브를 진행하기 위해 배포가 완료되면 정상으로 동작할 때까지 기다린다.

이때 한 가지 작은 문제가 있는데 Argo CD는 Istio 컨트롤 플레인이 언제 정상 상태인지 알지 못한다. 그 말은 언제 Istio 리소스가 생성되는지 알 수 없다는 것이다. Argo CD가 유일하게 아는 것은 EKS 클러스터에서 차트가 설치될 때 정상적으로 배포됐다는 것이다.

이 문제는 Lua라는 프로그래밍 언어로 만들어진 Argo CD의 사용자 상태 검사를 통해 해결할 수 있다. 사용자 상태 검사를 정의하는 두 가지 방법이 있다.

- 깃옵스도 활용할 수 있도록 argocd-cm.yaml 컨피그맵 사용
- 유연성은 떨어지지만 argo-cd 빌드의 일부인 사용자 상태 검사 스크립트 사용

여기서는 좀 더 유연한 첫번째 옵션인 Lua 스크립트로 사용자 상태 검사를 해볼 것이다. 편리한 부분은 Istio 오퍼레이터가 Istio Operator CRD에서 상태 속성을 제공한다는 것이다. 이 속성은 Istio 컨트롤 플레인 리소스가 성공적으로 생성되면 업데이트된다. argocd-cm.yaml을 다음과 같이 수정해보자.

▼ 위치: ch05/applications/argocd/argocd-cm.yaml

```yaml
apiVersion: v1
kind: ConfigMap
metadata:
  name: argocd-cm
  namespace: argocd
  labels:
    app.kubernetes.io/name: argocd-cm
    app.kubernetes.io/part-of: argocd
data:
  resource.customizations: |
    install.istio.io/IstioOperator:
      health.lua: |
        hs = {}
        if obj.status ~= nil then
          if obj.status.status == "HEALTHY" then
            hs.status = "Healthy"
            hs.message = "Istio-Operator Ready"
            return hs
          end
        end

        hs.status = "Progressing"
        hs.message = "Waiting for Istio-Operator"
        return hs
```

여기에 추가된 Lua 스크립트는 Argo CD에서 install.istio.io/IstioOperator 유형의 쿠버네티스 객체 상태를 주기적으로 검사하는 것이다. 이제 수정했으면 변경 사항을 커밋하고 푸시해 Argo CD가 자체적으로 변경 사항이 발생하면 반영하도록 한다.

다음 절에서는 먼저 생성한 모든 것들을 완전히 삭제하고 처음부터 시작해 새로운 클러스터가 올바르게 부트스트랩되는지 확인해볼 것이다.

⠿ 부트스트랩 연습

이번 절의 최종 목표는 새 EKS 클러스터를 생성하고 이전 절에서 수행한 모든 작업을 검증해볼 것이다. 유효성 검사 기준은 다음과 같다.

- EKS 클러스터 생성

- 2개의 워커 노드 그룹(유틸리티용 1개, 애플리케이션용 1개)

- UI로 접근 가능한 Argo CD(Istio 오퍼레이터 및 마스터 유틸리티는 이전 동기화 웨이브의 일부였기 때문에 이미 배포됐다)

- Argo CD 애플리케이션이 스스로 관리하는지 확인

이제 인프라를 삭제하고 재생성해 이전 절에서 수행한 작업이 제대로 작동하는지 상호 검증해보자.

인프라 삭제

5장에서는 필요한 유틸리티를 통해 EKS 클러스터를 부트스트랩했으며 이제 생성한 인 프라를 완전히 삭제하고 깨끗한 상태로 새로 시작해보자. 다음 명령을 통해 AWS 계정 에서 테라폼을 통해 생성했던 모든 리소스를 완전히 삭제할 수 있다.

```
$ terraform destroy -auto-approve
```

인프라 재생성

인프라가 완전히 삭제됐다면 이제 다시 처음부터 생성해보자. 가장 먼저 할 일은 테라 폼의 작업 공간workspace을 정리하는 것이다.

```
$ rm -rf .terraform .terraform.lock.hcl *.tfstate*
```

버전을 설정한 프로바이더를 다시 다운로드할 수 있도록 테라폼을 초기화한다.

```
$ terraform init
.........
Terraform has been successfully initialized!
```

먼저 `terraform plan` 명령으로 스크립트를 확인하고 `apply` 명령을 수행한다. 몇 분 지나면 수행이 완료된다. 명령어는 다음과 같다.

```
$ terraform plan -out=plan.out
$ terraform apply plan.out -auto-approve
```

모든 작업이 완료되면 모든 유틸리티가 잘 설치되고 Argo CD에서 정상적으로 동작하고 있는지 확인할 차례다.

이전 절에서 app of apps 패턴에 대해 설명하고 예시로 배포도 해봤다. Argo 팀은 app of apps 패턴을 더 발전시켜 `ApplicationSet`이라는 새로운 Argo CD CRD를 만들었다. 다음 절에서는 app of apps 패턴의 몇 가지 단점에 대해 알아보고 `ApplicationSet`이 이 단점을 어떻게 보완했는지 알아본다.

app of apps 패턴의 단점

app of apps 패턴은 수백 개의 Argo CD 애플리케이션을 개별적으로 배포하지 않고 그룹화를 통해 클러스터를 쉽게 부트스트랩해 많은 문제를 해결했다. 가장 큰 장점은 이 패턴을 사용하면 부모 애플리케이션이 다른 나머지(자식) 애플리케이션을 배포하고 상태를 확인할 수 있다는 점이다.

그러나 여전히 풀어야 할 과제가 많다. 예를 들면 마이크로서비스 아키텍처에서 단일 저장소^{monorepos}나 다중 저장소^{multi-repos}를 지원하는 방법, 권한 상승 없이 다중 테넌트 ^{multi-tenant} 클러스터에서 Argo CD를 사용해 애플리케이션을 배포하는 방법, 너무 많은 애플리케이션을 만들지 않는 방법 등의 과제가 있다.

이런 Argo CD 애플리케이션 기능을 보완하기 위해 만든 Argo 팀의 새로운 컨트롤러 `ApplicationSet`에 대해 알아보자. 다음 절에서는 `ApplicationSet`이 어떻게 동작하는지 살펴볼 것이다.

ApplicationSet은 무엇인가?

`ApplicationSet` 컨트롤러는 전형적인 쿠버네티스 컨트롤러이고 Argo CD와 함께 동작해 Argo CD 애플리케이션을 관리한다. 애플리케이션 공장이라고 생각하면 된다. `ApplicationSet` 컨트롤러가 제공하는 대표적인 기능은 다음과 같다.

- Argo CD를 사용해 여러 쿠버네티스 클러스터에 배포하기 위한 하나의 쿠버네티스 매니페스트

- 여러 소스/리포지터리에서 여러 애플리케이션을 배포하기 위한 하나의 쿠버네티스 매니페스트

- 단일 리포지터리monorepos 지원, 여러 Argo CD 애플리케이션 CRD 리소스가 하나의 리포지터리에 존재 가능

그림 5.15에서는 `ApplicationSet` 컨트롤러가 Argo CD와 통신하는 방식을 확인할 수 있고, Argo CD 네임스페이스 내에서 애플리케이션 리소스를 생성, 수정, 삭제하는 것이 유일한 목적임을 알 수 있다. `ApplicationSet`의 유일한 목표는 Argo CD 애플리케이션 리소스가 선언적 `ApplicationSet` 리소스[5]에 정의된 상태로 보장되도록 하는 것이다.

`ApplicationSet`은 제너레이터generator를 사용해 각기 다른 데이터 소스를 지원하는 매개변수를 생성한다. 다음은 제너레이터의 종류다.

- **목록**List: Argo CD 애플리케이션이 사용할 수 있는 쿠버네티스 클러스터 목록

- **클러스터**Cluster: Argo CD에서 이미 정의되고 관리되는 클러스터 기반의 동적 목록

- **깃**Git: 깃 리포지터리 내에서 혹은 깃 리포지터리의 디렉터리 구조를 기반으로 하는 애플리케이션 생성

- **매트릭스**Matrix: 2개의 서로 다른 제너레이터에 대한 매개변수 결합

---

5   깃옵스 리포지터리에 선언된 ApplicationSet 리소스의 상태 – 옮긴이

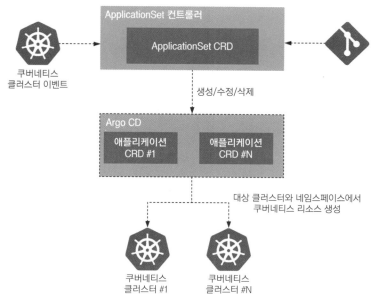

그림 5.15 Argo CD와 통신하는 애플리케이션 컨트롤러

- **병합**: 2개의 다른 제너레이터에 대한 매개변수 병합

- **SCM 공급자**: 소스 코드 관리SCM, Source Code Management 공급자(예, 깃랩이나 깃허브)에서 리포지터리를 자동으로 검색

- **풀 리퀘스트**: SCM 공급자에서 열린 풀 리퀘스트를 자동으로 검색

- **클러스터 결정 리소스**: Argo CD에 클러스터 목록을 생성

이제 CI/CD를 여러 서비스가 포함된 단일 저장소 접근 방식으로 발전시키고 애플리케이션 컨트롤러를 사용할 때다.

제너레이터

ApplicationSet의 기본 구성 요소는 제너레이터다. 제너레이터는 ApplicationSet에서 사용되는 매개변수 생성을 담당한다.

사용 가능한 제너레이터 유형 중 몇 가지를 살펴보자. 먼저 **List 제너레이터**를 먼저 살펴보면 고정된 클러스터 목록에 Argo CD 애플리케이션을 지정할 수 있다. 다음 예시를 살펴보자.

```
apiVersion: argoproj.io/v1alpha1
kind: ApplicationSet
metadata:
  name: chaos-engineering
spec:
  generators:
  - list:
      elements:
      - cluster: cloud-dev
        url: https://1.2.3.4
      - cluster: cloud-prod
        url: https://2.4.6.8
      - cluster: cloud-staging
        url: https://9.8.7.6
  template:
    metadata:
      name: '{{cluster}}-chaos-engineering
    spec:
      source:
        repoURL: https://github.com/infra-team/chaos-engineering.git
        targetRevision: HEAD
        path: chaos-engineering/{{cluster}}
      destination:
        server: '{{url}}'
        namespace: guestbook
```

코드에서는 cloud-dev, cloud-prod, cloud-staging과 같은 클러스터 목록을 정의했다. 위 매니페스트처럼 고정된 목록을 원하지 않을 경우, 좀 더 유연하게 만들려면 Cluster 제너레이터를 사용하면 된다. Cluster 제너레이터에는 두 가지 옵션이 있다.

- Argo CD에서 사용 가능한 모든 쿠버네티스 클러스터를 대상으로 함

- 레이블 셀렉터[label selector]와 일치하는 쿠버네티스 클러스터를 대상으로 함

먼저 Argo CD에서 사용 가능한 모든 클러스터를 대상으로 지정하고 List 제너레이터와의 차이점을 살펴보자.

```
apiVersion: argoproj.io/v1alpha1
kind: ApplicationSet
metadata:
  name: chaos-engineering
spec:
  generators:
  - clusters: {}
  template:
    metadata:
      name: '{{cluster}}-chaos-engineering'
    spec:
      source:
        repoURL: https://github.com/infra-team/chaos-engineering.git
        targetRevision: HEAD
        path: chaos-engineering/{{cluster}}
      destination:
        server: '{{url}}'
```

List와 Cluster 제너레이터의 차이점은 매니페스트의 속성에서 clusters: {}뿐이다. 즉, 아무것도 정의하지 않으면 Argo CD에서 사용 가능한 모든 클러스터에서 애플리케이션을 수행한다.

레이블 셀렉터를 사용할 경우, 특정 클러스터에만 선택해서 배포할 수 있도록 클러스터의 시크릿에 레이블에 대한 메타데이터가 존재해야 한다. 다음 예시를 살펴보자.

```
kind: Secret
data:
  # etc.
metadata:
  labels:
    argocd.argoproj.io/secret-type: cluster
    sre-only: "true"
```

다음은 정해진 레이블에 알맞은 클러스터를 선택하는 ApplicationSet 예시다.

```
kind: ApplicationSet
metadata:
  name: chaos-engineering
spec:
  generators:
  - clusters:
      selector:
        matchLabels:
          sre-only: true
```

이제 곧 app of apps 패턴은 여러 유틸리티나 서비스를 함께 배포할 때 매우 유용한 ApplicationSet으로 대체될 것이다.

⁙ 요약

5장에서는 어떻게 AWS에서 새로운 EKS 클러스터를 생성하는지 단계적으로 배웠고, Argo CD를 통해 EKS를 부트스트랩해봤다. 그리고 Argo CD의 커스텀 리소스 애플리케이션을 사용해 스스로 관리하는 방법, 외부 DNS, Istio 오퍼레이터, Istio 컨트롤 플레인, Argo CD Istio 인그레스에 대해서 알아봤다.

전체 코드는 이 책의 공식 깃허브 리포지터리(https://github.com/PacktPublishing/ArgoCD-in-Practice)의 ch05 폴더에서 찾을 수 있다. 평소 운영 업무에서 적용할 수 있는 실제 시나리오를 통해 동기화 웨이브에 대해 이해할 수 있었다. 마지막으로 간단한 Lua 프로그래밍 스크립트를 통해 리소스가 실제로 생성되고 준비됐는지 검증하는 사용자 상태 검사에 대해 배웠다.

6장에서는 CI/CD 워크플로workflow에서 Argo CD를 채택하는 방법, 시크릿을 통해 보안 문제를 다루는 방법, 실제 시나리오로 Argo Rollout을 통해 마이크로서비스를 배포하는 방법에 대해 알아본다.

⠿ 더 알아보기

- 클러스터 부트스트래핑: https://argo-cd.readthedocs.io/en/stable/operator-manual/cluster-bootstrapping/

- 깃옵스와 쿠버네티스 부트스트래핑: https://medium.com/lensesio/gitops-and-k8s-bootstrapping-752a1d8d7085

- 동기화 웨이브: https://argo-cd.readthedocs.io/en/stable/user-guide/sync-waves/

- 사용자 상태 확인: https://argo-cd.readthedocs.io/en/stable/operator-manual/health/#custom-health-checks

- ApplicationSet: https://github.com/argoproj-labs/applicationset

06

Argo CD 배포 파이프라인 설계

6장에서는 5장에서 만든 인프라를 사용해 Argo CD를 통한 배포 전략을 구현해보고 Argo Rollout에 대해 알아보자. 여러 팀과 마이크로서비스를 사용하는 엔지니어링 상황을 가상 시나리오화해서 Argo CLI와 Argo RBAC 보안을 사용해 Argo CD와 CI 파이프라인을 연결해본다.

결국 깃옵스는 모든 것이 깃 리포지터리에 들어 있기 때문에 운영자는 서비스의 시크릿 정보들을 안전하게 보관할 방법을 찾으려고 노력해야 한다.

6장에서 다룰 주요 주제는 다음과 같다.

- 도입 배경^{motivation}

- 배포 전략

- 실제 CI/CD 파이프라인

- 안전하게 시크릿 보관

- 마이크로서비스 CI/CD 연습

⠿ 기술 요구 사항

6장에서는 이미 헬름 CLI가 설치돼 있고 5장에서 사용한 테라폼 스크립트를 통해 이미 클러스터가 구성돼 있는 상태에서 진행한다. 추가적으로 다음 내용도 준비돼 있어야 한다.

- Go 언어

- 깃허브 액션: https://docs.github.com/en/actions

- 외부 시크릿External Secrets: https://github.com/external-secrets/external-secrets

- curl: https://curl.se/

코드는 이 책의 공식 깃허브 리포지터리(https://github.com/PacktPublishing/ArgoCD-in-Practice)의 ch05와 ch06 폴더에서 확인할 수 있다.

⠿ 도입 배경

일부 회사들은 이미 기존 VM 또는 기타 컨테이너 오케스트레이션 도구(예 AWS ECS, Azure CI 등)에서 쿠버네티스 클러스터로 서비스 전환을 시도하고 있다. 쿠버네티스로 전환할 때 가장 큰 문제는 쿠버네티스에서 기본으로 제공하는 롤링 업데이트rolling update 가 항상 효율적인 건 아니라는 것이다. 따라서 보다 정교한 배포 전략을 수립할 필요가 있다. 예를 들어 신규 버전의 서비스를 배포하기 전에 잘 작동하는지 테스트한 다음, 신규 버전으로 전환하고 동시에 이전 버전을 삭제하려면 어떻게 해야 할까? 이것을 블루-그린 배포라고 한다. 블루-그린 배포는 서비스의 다운타임을 줄여주고 최종 사용자에게 주는 영향을 최소화한다.

다음 절에서는 쿠버네티스 리소스만 사용해 배포 전략을 구사해보고 블루-그린 배포로 서비스를 배포하는 방법에 대해서 알아보자.

쿠버네티스에서 간단한 블루-그린 배포

Go 언어로 구성된 간단한 HTTP 서버 애플리케이션을 생성하고 localhost:3000/version 호출을 통해 버전 정보를 반환하도록 구성했다. Go build 태그를 활용해 두 가지 버전의 HTTP 서버와 각 버전에 맞게 응답을 보내도록 했다. 코드는 다음과 같다.

▼ 위치: ch06/automated-blue-green/cmd/main.go

```
package main
import (
        "fmt"
        "net/http"
)

var BuildVersion = "test"

func main() {
        http.HandleFunc("/version", version)
        http.ListenAndServe(":3000", nil)
}
func version(w http.ResponseWriter, r *http.Request) {
        fmt.Fprintf(w, BuildVersion)
}
```

그런 다음 Go 언어의 ldflags를 사용해 버전에 맞게 알맞은 응답을 주도록 한다.

```
TAG=v1.0 make build-linux
TAG=v2.0 make build-linux
```

애플 Mac 사용자는 build-linux 대신 build-mac을 사용한다.[1] 필요하다면 앞서 언급한 리포지터리 폴더에 있는 Makefile을 사용해 도커 이미지를 각기 다른 버전으로 빌드하도록 할 수 있다. 다음 명령을 통해서 작업을 수행한다.

```
TAG=v1.0 make build-image # v1.0 버전 빌드
TAG=v2.0 make build-image # v2.0 버전 빌드
```

---

[1] 애플 Mac 사용자는 다음과 같이 써야 한다. TAG=v1.0 make build-mac – 옮긴이

편의를 위해서 이미 빌드된 도커 이미지를 도커 허브에 공개 이미지로 올려뒀으니 사용해도 된다.

이제 블루-그린 배포를 해보자. 먼저 쿠버네티스 클러스터에 접근 가능하도록 환경 구성을 해야 한다.

```
aws eks update-kubeconfig --region <리전 영역 ID> --name <EKS 클러스터명>
```

이제 블루에 해당하는 v1.0 버전의 쿠버네티스 매니페스트를 실행할 네임스페이스를 생성한다.

```
kubectl create ns ch06-blue-green
```

ch06/simple-blue-green에 있는 blue.yaml 파일을 다음 명령어를 통해 배포한다.

```
kubectl apply -f blue.yaml
```

실행이 완료되면 v1.0 서비스 버전으로 실행 중인 2개의 파드를 볼 수 있어야 한다. 출력 내용은 다음과 같다.

```
NAME                   READY   STATUS    RESTARTS   AGE
app-f6c66b898-2gwtz    1/1     Running   0          108s
app-f6c66b898-fg2fv    1/1     Running   0          108s
```

이제 배포된 파드 세트를 네트워크를 통해 노출하기 위해 쿠버네티스 서비스 리소스를 배포할 차례다. ch06/simple-blue-green 폴더에 있는 service-v1.yaml 파일을 배포해보고 새로 생성되는 AWS 로드 밸런서^{load balancer}로 올바른 서비스 버전이 설치됐는지 확인해보자.

```
kubectl apply -f service-v1.yaml
```

적용이 완료되면 EXTERNAL-IP가 생성되고 쿠버네티스 서비스로 AWS 로드 밸런서가 설정될 것이다. 내 경우 AWS ELB$^{Elastic\ Load\ Balancer}$(https://aws.amazon.com/elasticloadbalancing) 주소가 EXTERNAL-IP로 출력됐는데, aa16c546b90ba4b7aa720b21d93787b8-1761555253.us-east-1.elb.amazonaws.com의 형식으로 나오게 된다. 서비스 버전의 유효성을 검사하기 위해 /version으로 HTTP 요청을 보내 실행해보자.

```
$ curl aa16c546b90ba4b7aa720b21d93787b8-1761555253.us-east-1.elb.amazonaws.
com:3000/version

v1.0
```

이제 그린에 해당하는 v2.0 버전의 쿠버네티스 서비스 매니페스트를 배포해보자.

```
kubectl apply -f green.yaml
```

이제 버전 2.0에 해당하는 2개의 파드가 추가된 것을 볼 수 있다. kubectl -n ch06-blue-green get pod 명령을 통해 출력을 확인해보자.

```
NAME                        READY    STATUS     RESTARTS    AGE
app-f6c66b898-2gwtz         1/1      Running    0           12h
app-f6c66b898-fg2fv         1/1      Running    0           12h
app-v2-6c4788bf64-ds4dj     1/1      Running    0           3s
app-v2-6c4788bf64-lqwvf     1/1      Running    0           3s
```

AWS ELB에 다시 HTTP 요청을 해보면 아직 쿠버네티스 서비스가 여전히 v1.0의 디플로이먼트와 레이블이 일치하기 때문에 v1.0으로 표시된다.

```
selector:
  app:  app
  version: "1.0"
```

이제 그림 6.1을 통해 현재 배포 상태를 살펴보자.

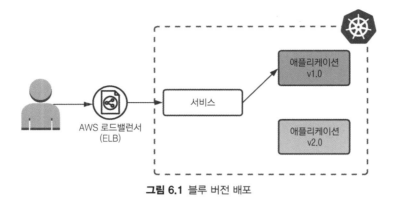

그림 6.1 블루 버전 배포

엔지니어링 팀은 자동이나 수동으로 테스트를 진행해 v2.0이 문제없이 동작하는지 확인한다. 만약 잘 작동한다면 v2.0 서비스를 제공할 수 있고, 쿠버네티스 서비스 셀렉터 selector 레이블을 다음과 같이 변경한다.

```
selector:
  app:  app
  version: "2.0"
```

이처럼 코드를 변경했다면 서비스에 적용시켜보자.

```
kubectl apply -f service-v2.yaml
```

서비스 버전의 유효성을 검사하기 위해 /version으로 HTTP 요청을 보내 실행해보자.

```
$ curl aa16c546b90ba4b7aa720b21d93787b8-1761555253.us-east-1.elb.
amazonaws.com:3000/version

v2.0
```

그림 6.2는 새로 변경된 상태다.

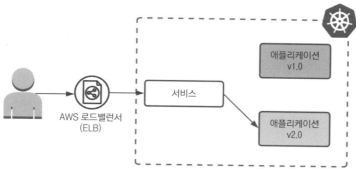

그림 6.2 그린 버전 배포와 트래픽 변경

이렇게 방금 쿠버네티스 클러스터에 첫 번째 블루-그린 배포를 완료했다. 작업은 수동
으로 진행했지만 CI/CD 파이프라인을 구축하면 이러한 단계를 자동화할 수 있다. 다만
장기적으로는 유지보수하기가 매우 복잡하고 어려울 수 있다. 이와 별개지만 지금까지
는 깃옵스 원칙을 따르지 않았고, CI/CD 파이프라인에서 사용할 쿠버네티스 자격 증명
도 필요하다.

Argo Project에 속한 **Argo Rollout**은 복잡한 배포 전략을 가진 서비스의 점진적인
progressive 배포가 가능하도록 해주는 쿠버네티스 컨트롤러다. 다음 절에서는 Argo
Rollout이 어떻게 동작하는지 자세히 살펴보자.

∷ 배포 전략

이번 절에서는 **Argo Rollout**이 무엇인지 설명하고 아키텍처에 대해 자세히 알아본다.
또한 지원되는 배포 전략은 무엇이 있는지 알아본다. 마지막으로 점진적인 배포 전략을
통해 마이크로서비스를 실제로 배포해보고 실패한 배포를 자동으로 복구해볼 것이다.

Argo Rollout은 무엇인가?

Argo Rollout은 쿠버네티스의 디플로이먼트 리소스와 유사한 쿠버네티스 컨트롤러지만 Argo Project 팀에서 개발한 **CRD**다. 이 CRD에는 다음과 같이 점진적 배포를 위한 확장된 기능을 갖고 있다.

- 블루-그린 배포

- 카나리 배포^{canary deployment}

- 가중 트래픽 전달^{weighted traffic shift}2

- 자동 롤백과 승격

- 메트릭 분석

이제는 Argo Rollout을 사용하는 이유와 기본적인 쿠버네티스 롤링 업데이트 전략의 한계에 대해 설명하고자 한다.

왜 Argo Rollout인가?

쿠버네티스의 기본 디플로이먼트 리소스는 `RollingUpdate` 전략을 이용하는데, 준비성 프로브^{readiness probe}3같이 디플로이먼트가 업데이트하는 동안 기본적인 안전 기능만 제공한다. 그런데 이 롤링 업데이트 전략은 다음과 같이 많은 제약 사항이 있다.

- 롤아웃의 속도를 빠르거나 느리게 제어할 수 있는 방법이 없다.

- 카나리나 블루-그린 배포와 같이 최신 버전의 서비스에 트래픽을 전환할 수 없다.

---

2 Argo CD 자제적으로는 가중 트래픽을 전달할 수 없으며 로드밸런서나 서비스 메시 등의 도구를 사용해 구현할 수 있다. – 옮긴이
3 새로 생성되는 파드가 요청을 처리할 준비가 됐는지 여부를 확인하는 것으로 일종의 헬스 체크와 같다. – 옮긴이

- 롤아웃 시 확인할 수 있는 별도의 메트릭이 없다.

- 진행 중에 수동으로 중단하는 기능만 있고 자동으로 중단하거나 롤백하는 기능은 없다.

대규모 환경의 경우, 롤링 업데이트 전략은 디플로이먼트가 영향을 미치는 범위까지 제어할 수 없기 때문에 위험하다. 다음으로 Argo Rollout 아키텍처를 살펴보자.

Argo Rollout 아키텍처

실제로 Argo Rollout 컨트롤러는 쿠버네티스 디플로이먼트 리소스처럼 레플리카셋의 수명 주기를 관리한다. 그림 6.3을 보면 카나리 배포 전략에 대한 아키텍처 그림을 볼 수 있다. 이에 대해 나중에 자세히 설명할 것이다.

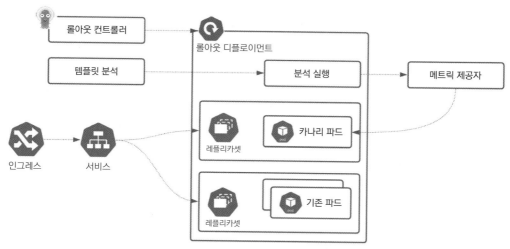

그림 6.3 그린 버전 디플로이먼트 배포, 트래픽 전환

아키텍처에서 각 구성 요소의 목적에 대해 살펴보고 어떻게 Argo Rollout이 동작하는지 알아보자.

- **Argo Rollout 컨트롤러**: 쿠버네티스의 모든 컨트롤러와 마찬가지로 이 컨트롤러도 Rollout이라는 유형의 새로운 리소스(커스텀 리소스)가 있는지 여부를 확인하고, 컨트롤러는 Rollout 리소스를 확인하고 클러스터를 선언된 상태로 조정한다.

- **롤아웃 리소스(CRD)**: 일반적인 쿠버네티스 디플로이먼트 리소스와 비교되는데 스테이지와 배포 전략(예. 블루-그린, 카나리)에 대한 임계점을 제어할 수 있는 추가적인 필드를 갖고 있다. 실제로는 Argo Rollout을 활용해 쿠버네티스 디플로이먼트 리소스를 롤아웃 리소스로 마이그레이션해 관리되도록 할 수 있다.

- **레플리카셋**: Argo Rollout 컨트롤러가 디플로이먼트와 애플리케이션의 버전을 추적할 수 있도록 기본 쿠버네티스 레플리카셋에 추가 메타데이터를 포함한 리소스다.

- **분석**: Argo Rollout의 지능적인 부분으로 롤아웃 컨트롤러와 메트릭 공급자가 통신하면서 업데이트가 성공적으로 진행됐는지 여부에 대해 결정할 메트릭을 정의한다. 만약 메트릭이 좋다고 평가되면 전달 프로세스를 실행한다. 반대로 응답이 없을 경우 롤아웃이 실패하거나 멈추면 롤백을 실시한다. 따라서 2개의 쿠버네티스 CRD가 필요하다. 바로 **AnalysisTemplate**과 **AnalysisRun**이다. **AnalysisTemplate**은 **AnalysisRun**이라는 결과를 얻을 수 있도록 쿼리할 메트릭에 대한 세부 정보가 포함돼있다. **AnalysisTemplate**은 특정 롤아웃에서 정의하거나 클러스터에서 전역으로 정의할 수 있어 여러 롤아웃에서 공유할 수 있다.

- **메트릭 공급자**: 프로메테우스나 데이터독[Datadog]과 같은 도구와 통합을 통해 분석에서 사용할 수 있고 이를 활용해 롤아웃을 자동으로 승격하거나 롤백할 수 있는 지능적인 기능을 수행할 수 있다.

다음 절에서는 Argo Rollout이 지원하는 블루-그린 배포 전략을 사용해 여러 버전을 병렬로 실행하는 것이 시간을 줄이고 안정적으로 새로운 버전을 배포할 수 있는지 확인해보자.

블루-그린 배포 전략

앞서 설명한 것처럼 블루-그린 배포는 이전 버전과 신규 버전, 두 가지 버전의 애플리케이션이 동시에 공존한다. 프로덕션 환경에서 트래픽은 이전 버전의 애플리케이션으로 보내다가 테스트 스위트test suite가 정상으로 완료된 다음 신규 버전으로 전환한다.

이것을 Argo Rollout 컨트롤러를 사용하면 구현할 수 있다. 블루-그린 롤아웃 CRD 예시는 다음과 같다.

▼ 위치: ch06/automated-blue-green/deployments/argo/rollout.yaml

```yaml
kind: Rollout
metadata:
  name: rollout-bluegreen
spec:
  replicas: 2
  revisionHistoryLimit: 2
  selector:
    matchLabels:
      app: app
  template:
    metadata:
      labels:
        app: app
    spec:
      containers:
      - name: bluegreen-demo
        image: spirosoik/ch06:v1.0
        imagePullPolicy: Always
        ports:
        - containerPort: 8080
  strategy:
    blueGreen:
      activeService: bluegreen-v1
      previewService: bluegreen-v2
      autoPromotionEnabled: false
```

노트

> **rollout 컨트롤러 설치**
>
> Argo Rollout CRD를 활용하려면 Argo Rollout 컨트롤러가 먼저 설치돼야 한다. 설치를 위해서 argo-rollouts 네임스페이스를 만들고, Argo 프로젝트에서 제공하는 공식 설치 yaml을 통해서 컨트롤러를 설치할 수 있다. 특정 버전을 설치하고 싶다면 latest 부분을 변경하면 된다.
>
> ```
> $ kubectl create namespace argo-rollouts
> $ kubectl apply -n argo-rollouts -f https://github.com/argoproj/argo-rollouts/
> releases/latest/download/install.yaml
> ```
>
> 자세한 내용은 Argo 프로젝트 공식 홈페이지(https://argoproj.github.io/argo-rollouts/)에서 확인할 수 있다.

일반적인 쿠버네티스 디플로이먼트 리소스와 핵심적인 차이는 배포 유형과 블루-그린에 사용되는 두 가지 버전의 서비스를 동시에 정의한다. 그리고 Argo Rollout 컨트롤러가 template.spec 필드에 있는 이미지의 버전을 교체하면서 트리거를 생성한다.

가장 중요한 blueGreen 필드는 다음과 같이 구성돼 있다.

- activeService: 프로모션을 진행하는 시점까지 제공될 현재 블루 버전

- previewService: 프로모션 이후에 제공할 신규 그린 버전

- autoPromotionEnabled: 레플리카셋이 완전히 사용할 준비가 된 직후 자동으로 그린 버전으로 승격할지 여부를 결정한다.

다음 절에서는 카나리 배포가 무엇인지 알아보고 어떻게 Argo CD에서 정의하는지 살펴보자.

카나리 배포 전략

카나리 배포의 기본 개념은 하위 집합에 있는 사용자에게만 신규 버전을 배포하고, 나머지 트래픽은 모두 이전 버전을 제공하는 것이다. 카나리 배포를 사용하면 신규 버전이 정상적으로 작동하는지 확인할 수 있고 사용자에게 점진적으로 배포되면서 이전 버전이 완전히 대체되도록 한다. 카나리 배포의 예시는 그림 6.4에 잘 설명돼 있다.

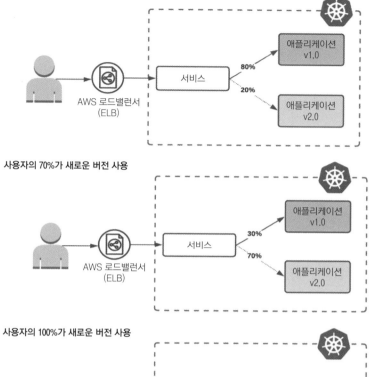

사용자의 20%가 새로운 버전 사용

애플리케이션 v1.0

애플리케이션 v2.0

서비스

AWS 로드밸런서 (ELB)

80%

20%

사용자의 70%가 새로운 버전 사용

애플리케이션 v1.0

애플리케이션 v2.0

서비스

AWS 로드밸런서 (ELB)

30%

70%

사용자의 100%가 새로운 버전 사용

애플리케이션 v2.0

서비스

AWS 로드밸런서 (ELB)

100%

그림 6.4 카나리 배포

카나리 배포는 Argo Rollout 컨트롤러로 구현 가능하다. 다음은 카나리 롤아웃 CRD
의 예시다.

```
apiVersion: argoproj.io/v1alpha1
kind: Rollout
metadata:
  name: rollout-canary
```

```
spec:
  replicas: 5
  revisionHistoryLimit: 2
  selector:
    matchLabels:
      app: rollout-canary
  template:
    metadata:
      labels:
        app: rollout-canary
    spec:
      containers:
      - name: rollouts-demo
        image: spirosoik/ch06:blue
        imagePullPolicy: Always
        ports:
        - containerPort: 8080
  strategy:
    canary:
      steps:
      - setWeight: 20
      - pause: {}
      - setWeight: 40
      - pause: {duration: 40s}
      - setWeight: 60
      - pause: {duration: 20s}
      - setWeight: 80
      - pause: {duration: 20s}
```

가장 큰 차이점은 canary 필드다. 여기서 카나리 단계를 정의하게 되는데 현재 롤아웃은 카나리 가중치가 20%로 시작하고 pause 값은 {}로 돼 있어 롤아웃이 무기한 일시 중지된다. 다음 명령을 통해 롤아웃을 명시적으로 재개할 수 있다.[4]

```
$ kubectl argo rollouts promote rollout-canary
```

이 명령을 실행하면 롤아웃은 100%에 도달할 때까지 자동으로 20%씩 점차 증가하기 시작한다.

---

4 해당 명령어는 kubectl 플러그인이 필요하다. - 옮긴이

노트

kubectl 플러그인 설치

kubectl 플러그인을 통해 조금 더 편하게 argo rollout 명령을 쿠버네티스 클러스터에 바로 전달할 수 있다. 아래 코드는 리눅스를 기반으로 작성한 것이고, 본인의 OS에 맞게 설치하기 바란다.

```
$ curl -LO https://github.com/argoproj/argo-rollouts/releases/latest/download/
kubectl-argo-rollouts-linux-amd64
$ chmod +x ./kubectl-argo-rollouts-linux-amd64
$ mv ./kubectl-argo-rollouts-linux-amd64 /usr/local/bin/kubectl-argo-rollouts
$ kubectl argo rollouts version
```

이 기능은 argo 프로젝트에서도 공식적으로 제공하고 있어 공식 홈페이지(https://argoproj.github. io/argo-rollouts/installation/#manual)의 설치 가이드를 확인해보기 바란다.

이론적인 내용은 충분히 이해했으니 다음 절에서 프로덕션 환경의 CI/CD 파이프라인에서 Argo CD와 Argo Rollout을 연결하는 실제 사용 사례에 대해 알아보자.

실제 CI/CD 파이프라인

Argo Rollout은 무엇인지, 작동 방식과 배포 전략에 대해 알아봤지만 실제 프로덕션 환경에서 이를 어떻게 적용할 수 있을까? Argo Rollout에 통합하고 수동으로 승인 없이도 롤아웃을 자동화하려면 어떻게 해야 할까? 이번 절에서는 Argo Rollout과 Argo CD를 사용해 배포 실패를 최소화하고 Argo Rollout을 사용해 쿠버네티스 클러스터를 부트스트랩해볼 것이다.

Argo Rollout 세팅하기

5장에서는 테라폼을 통해 EKS 클러스터를 부트스트랩해봤고, 6장에서는 여기에 Argo Rollout도 같이 부트스트랩해보고자 한다. ch05/k8s-bootstrap/base 폴더에 있는 Argo Rollout을 위한 새로운 Argo CD 애플리케이션 리소스를 생성할 것이다. 다음 코드는 선언적 매니페스트로 Argo Rollout을 통해 클러스터에 부트스트랩하는 애플리케이션 리소스다.

▼ 위치: ch05/k8s-bootstrap/base/argo-rollouts.yaml

```
apiVersion: argoproj.io/v1alpha1
kind: Application
metadata:
  name: argo-cd
  finalizers:
    - resources-finalizer.argocd.argoproj.io
spec:
  project: default
  source:
    repoURL: https://github.com/PacktPublishing/ArgoCD-in-Practice.git
    targetRevision: HEAD
    path: ch05/applications/argo-rollouts
  destination:
    namespace: argo-rollouts
    server: https://kubernetes.default.svc
  syncPolicy:
    automated:
      prune: true
      selfHeal: true
    syncOptions:
      - CreateNamespace=true
```

마지막으로 부트스트랩 과정에서 위 애플리케이션을 포함하도록 kustomization.yaml
을 수정한다.

▼ 위치: ch05/k8s-bootstrap/base/kustomization.yaml

```
namespace: argocd
bases:
  - https://raw.githubusercontent.com/argoproj/argo-cd/v2.1.7/manifests/
install.yaml
resources:
  - namespace.yaml
  - argocd.yaml
  - argo-rollouts.yaml
  - master-utilities.yaml
```

이제 테라폼 스크립트를 실행해보자.

```
$ terraform apply -auto-approve
```

이제 Argo Rollout이 클러스터에 배포돼 사용할 준비가 됐다. 이제 Argo Project를 만들어 팀 별로 분리해 각 팀마다 각자의 서비스를 파이프라인에서 관리할 수 있도록 자율성을 부여할 수 있다. 애플리케이션 스크립트를 작동시킨 후에는 애플리케이션이 잘 동작하는지 동기화는 잘되는지 확인해야 한다. 그림 6.5처럼 확인할 수 있다.

다음 절에서는 팀 분리^{team separation}에 대해 설명하고 깃허브 액션^{GitHub Actions}을 사용해 CI/CD 파이프라인을 구현해보자.

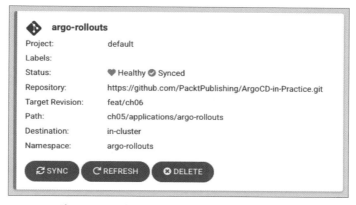

그림 6.5 클러스터에 Argo Rollout과 데모 앱 부트스트랩하기

깃허브 액션을 활용해 자동으로 블루-그린 승격하기

대규모 엔지니어링 팀에 속해 있다면 팀 내에서 자유롭게 Argo CD 애플리케이션을 적절하게 관리하고 배포하길 원할 것이다. 그렇기 때문에 2장과 4장[5]에서 논의한 것처럼 CI 시스템에서 Argo Project와 프로젝트 역할 그리고 토큰을 사용해 이를 실현할 수 있다. 이러한 접근법으로 Argo CD의 멀티테넌시를 최대한 사용한다. 지금 만들어볼 프로젝트는 한 팀만을 위한 프로젝트라고 가정하고 만들 것이다.

---

5 Argo CD의 구성과 접근 제어에 대해서 이야기했다. – 옮긴이

▼ 위치: ch05/applications/argocd/argo—teams.yaml

```
apiVersion: argoproj.io/v1alpha1
kind: AppProject
metadata:
  name: team
spec:
  destinations:
  - namespace: team-*
    server: '*'
  sourceRepos:
  - https://github.com/PacktPublishing/ArgoCD-in-Practice.git
  roles:
  - name: team-admin
    policies:
    - p, proj:team:team-admin, applications, *, team/*, allow
  - name: ci-role
    description: Create and Sync apps
    policies:
    - p, proj:team:ci-role, applications, sync, team/*, allow
    - p, proj:team:ci-role, applications, get,  team/*, allow
    - p, proj:team:ci-role, applications, create, team/*, allow
    - p, proj:team:ci-role, applications, update, team/*, allow
    - p, proj:team:ci-role, applications, delete, team/*, allow
```

이 프로젝트를 만든 후에는 CI에서 사용할 수 있는 프로젝트 토큰을 생성해야 한다. 좀 더 자세히 말하면 ci-role을 사용하며, team으로 시작하는 이름(team-*처럼 정규 표현식으로 표현했다)의 네임스페이스 내에 있는 애플리케이션을 생성, 수정, 삭제, 동기화가 가능한 제한된 권한을 가졌다. 예를 들어 하루 동안 사용 가능한 토큰을 생성하는 명령은 다음과 같다.

```
argocd proj role create-token team ci-role -e 1d
```

결과는 다음과 같을 것이고, 이러한 토큰은 Argo CD 어디에도 저장되지 않는다는 점에 유의해야 한다.

```
Create token succeeded for proj:team:ci-role.
ID: 3f9fe741-4706-4bf3-982b-655eec6fd02b
```

```
Issued At: 2021-12-12T00:05:41+02:00
Expires At: 2021-12-13T00:05:41+02:00
Token: <생성한 토큰 값>
```

깃허브 액션에서 이 토큰은 시크릿으로 설정한다. 이제 블루-그린 배포를 위한 **CI/CD** 경로를 정해 추후에 구현을 시작할 수 있도록 한다.

블루-그린 배포를 위해 이전 절에서 만든 애플리케이션을 사용할 것이다. 지금 예시에서는 깃허브 액션을 파이프라인으로 사용하고 다음 단계들을 정의할 것이다.

- 린트[6]
- 빌드[build]
- 배포[deploy]

깃허브 액션을 사용해 두 가지 워크플로를 설정한다. 첫 번째 워크플로는 ci.yaml에서 정의하고 풀 리퀘스트와 main 브랜치에 대한 도커 이미지 아티팩트 생성을 담당한다. 파이프라인의 **CI** 부분에서 리포지터리에 일어나는 모든 새로운 변경 사항을 실행해야 한다. 풀 리퀘스트와 main 브랜치에 대해서만 실행하도록 정의한 부분은 다음과 같다.

```
name: main
on:
  push:
    branches: [ main ]
  pull_request:
    branches: [ '*' ]
```

그다음 파이프라인의 lint 단계와 워크플로 작업을 규정한다.

▼ 위치: ch06/automated-blue-green/.github/workflows/ci.yaml

```
jobs:
  lint:
```

---

6   코드를 분석해 오류, 버그, 스타일 가이드 준수 등을 검사하면서 코드 품질을 향상시키는 과정 – 옮긴이

```
  name: Lint
  runs-on: ubuntu-latest
  steps:
    ... (중략) ...
    - name: Lint
      run: make lint
```

마지막으로 도커 이미지를 빌드하고 도커 허브에 푸시한다.

▼ 위치: ch06/automated-blue-green/.github/workflows/ci.yaml

```
build:
  name: Build
  runs-on: ubuntu-latest
  needs: ["lint"]
  steps:
    ... (중략) ...

  - name: Log in to Docker Hub
    uses: docker/login-action@v1
    with:
      username: ${{ secrets.DOCKER_USERNAME }}
      password: ${{ secrets.DOCKER_PASSWORD }}

  - name: Build and Push docker image
    run: |
      TAG=${BRANCH_NAME} make push-docker
      env: |
        BRANCH_NAME= ${{ steps.branch.outputs.current_branch }}
```

다음 단계에서 각 팀은 연관된 팀의 코드 리뷰 후에 서비스를 배포할 때부터는 완전히 자체 관리된다. 비록 쿠버네티스 클러스터에 장애가 생긴 경우 새로운 쿠버네티스 클러스터를 부트스트랩하기가 조금 어렵고 몇 가지 조치 단계가 더 필요할 수 있으므로 부트스트랩에 사용되는 깃 리포지터리는 항상 정상적인 상태로 유지돼야 한다. 우리는 Argo CD CLI를 사용해 팀의 프로젝트에서 Argo CD 애플리케이션을 생성하고, 이는 main 브랜치에서만 실행한다. 마지막 단계는 다음과 같다.

```
- name: Download Argo CD CLI
  run: |
  make download-argo-cli

- name: Create Argo app
  run: |
  make create-argo-app
  env:
  PROJ: team
  APP: blue-green
  ROLE: ci-role
  JWT: ${{ secrets.ARGOCD_TOKEN }}
  ARGOCD_SERVER: ${{ secrets.ARGOCD_SERVER }}
  ARGOCD_PATH: "deployments/argo"
```

make create-argo-app이라는 Argo CD CLI 명령을 사용해 새로운 애플리케이션 리소스를 만들고 동기화한다.

▼ 위치: ch06/automated-blue-green/Makefile

```
...(중략)...
.PHONY: create-argo-app
create-argo-app:
@echo Deploying Argo App
argocd app create ${APP} \
--repo https://github.com/spirosoik/argocd-rollouts-cicd.git \
--path ${ARGOCD_PATH} \
--dest-namespace team-demo \
--dest-server https://kubernetes.default.svc \
--sync-option CreateNamespace=true \
--project ${PROJ} \
--auth-token ${JWT} \
--upsert
...(중략)...
```

마지막으로 여기에 여러 클러스터가 정의된 경우 main 브랜치를 개발 클러스터에 배포하면서 CI/CD 워크플로의 프로덕션 클러스터에 태그를 지정할 수 있다. deployments/argo 하위에 파일이 변경 없는 한, 두 서비스 모두에서 처음 배포됐던 이전 버전이 제공된다. 그래서 요청을 시도하면 둘 다 동일하게 이전 버전으로 표시할 것이다.

```
$ kubectl -n team-demo port-forward svc/rollout-bluegreen-active 3000:80
$ curl localhost:3000 # 새로운 터미널 창에서 실행할 것
v1.0
```

같은 것을 preview 서비스에도 진행해보자.

```
$ kubectl -n team-demo port-forward svc/rollout-bluegreen-preview 3000:80
$ curl localhost:3000 # 새로운 터미널 창에서 실행할 것
```

그린 버전은 아직 배포하지 않았지만 Argo CD 애플리케이션은 일시 중지^{suspended} 상
태일 것이다. 그리고 Argo CD에서 다음과 같은 이벤트 메시지가 표시될 것이다.

```
Rollout is paused (BlueGreenPause)
```

그림 6.6에서 Argo 앱의 상태가 일시 중지된 것을 볼 수 있다.

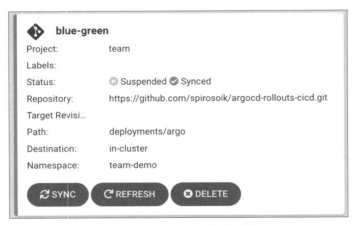

그림 6.6 Argo Rollout 일시 중단

CI 예시 전체 코드는 이 책의 공식 깃허브 리포지터리(https://github.com/PacktPublishing/
ArgoCD-in-Practice)의 ch06/automated-blue-green/.github/workflows/ci.yaml 폴
더에서 확인할 수 있다.

두 번째 워크플로는 cd.yaml 파일에 규정되고 새 태그를 생성한 뒤 블루-그린 전략을

206

사용해 배포할 때 아티팩트(도커 이미지) 생성을 담당한다. 그런 다음 스모크 테스트를 실행하고 모든 것이 정상이면 그린 버전을 프로덕션 배포로 자동 승격시킨다.

CD 프로세스에서 태그는 대부분 동일하지만 깃허브 워크플로에는 두 가지 단계가 더 있다.

- 배포

- 스모크 테스트^{smoke test}

배포 단계는 Argo Rollout 매니페스트에서 제공한 태그가 변경되고 우리가 만든 태그로 교체된다. 따라서 태그를 변경하고 이 변경 사항을 리포지터리에 커밋한다. Argo CD는 깃옵스 방식으로 변경 사항을 관찰하고 알맞은 상태로 동기화시켜주는 역할을 한다.

▼ **위치:** ch06/automated-blue-green/.github/workflows/cd.yaml

```
...(중략)...
- name: Download Argo CD CLI
  run: |
    make download-argo-cli

- name: Update Docker Tag
  run: |
    TAG="${GITHUB_REF##*/}" BUILD_NUMBER=${GITHUB_RUN_NUMBER}
make update-docker-tag

- name: Deploy Argo App
  run: |
    make deploy-argo-app
  env:
    PROJ: team
    APP: blue-green
    ROLE: ci-role
    JWT: ${{ secrets.ARGOCD_TOKEN }}
    ARGOCD_SERVER: ${{ secrets.ARGOCD_SERVER }}
...(중략)...
```

앞서 말한 것처럼 deploy-argo-app은 동기화하고 일시 중지 상태로 대기한다.

```
@echo Syncing Argo App
argocd app sync ${APP} --auth-token ${JWT}

@echo Waiting Argo App to be healthy
argocd app wait ${APP} --auth-token ${JWT} --suspended --timeout=120s
```

지금까지 블루-그린 서비스 전환을 실행하지 않았고, 신규 버전을 배포했지만 이전 버전도 여전히 활성화 상태다. 다음 명령을 한번 실행해보자.

```
$ kubectl -n team-demo port-forward svc/rollout-bluegreen-active 3000:80
$ curl localhost:3000 # 새로운 터미널에서 실행할 것
v1.0
```

preview 서비스도 동일하게 실행해보자.

```
$ kubectl -n team-demo port-forward svc/rollout-bluegreen-preview 3000:80
$ curl localhost:3000 # 새로운 터미널에서 실행할 것
V2.0
```

이제 스모크 테스트를 실행할 단계다. 스모크 테스트에서 모두 정상으로 나오게 된다면 그린 버전으로 롤아웃할 것이다. 여기서는 스모크 테스트를 위해 서비스 URL을 예시로 사용해 v2.0 응답이 잘 돌아오는지 확인한다. 보통 프로덕션 환경에서는 그린 버전에서 실행하는 통합 테스트integration test를 통해 서비스가 기능적으로 문제없이 잘 작동하고 배포 준비가 됐는지 확인한다.

이제 실제로 롤아웃할 차례다. 이를 위해서는 Argo Rollout에 kubectl 플러그인이 필요하다. kubectl을 사용하기 위해서는 kubeconfig 정보가 등록돼야 하는데, 깃옵스의 풀 접근 방식을 사용하는 대신 제한된 권한이라도 CI/CD 시스템에 자격 증명을 입력해야 한다. 하지만 kubeconfig를 사용하지 않으려면 어떻게 해야 할까? 이 경우 롤아웃을 위해 다음과 같은 명령을 실행해야 한다.

```
kubectl argo rollouts promote app -n team-demo
```

스모크 테스트에 대해 이런 질문을 자주 한다. 서비스가 내부 접근용이고 깃허브 액션과 같은 관리형 CI/CD 시스템을 사용하는 경우 어떻게 테스트해야 할까? 답변은 아마도 'kubeconfig가 필요하고 서비스를 포트 포워딩해 테스트해야 한다'일 것이다.

여기에 Argo CD에는 리소스 훅과 동기화 웨이브 권한이 있다. 이를 통해 모든 것을 Argo CD에서 컨트롤할 수 있도록 하고, 외부 CI/CD 시스템에 kubeconfig 정보를 등록하는 것을 피할 수 있다. 다음 절에서 직접 구현해보자.

동기화 단계를 통한 자동 롤아웃

2장에서 리소스 훅에 대해 이야기했고, 동기화 단계^{sync phases}를 기반으로 어떻게 워크플로를 생성하는지 알아봤다. 그림 6.7에서 동기화 단계가 어떻게 동작하는지 확인할 수 있다.

그림 6.7 Argo CD 동기화 단계

여기서 통합 테스트는 별도의 Argo CD 애플리케이션에서 실행하고, Sync 및 PostSync 단계를 사용할 것이다. Sync 단계에서는 통합 테스트를 실행하고 동기화가 정상적으로 완료되면, 신규 버전으로 승격하는 PostSync 단계로 넘어간다. 이런 방식으로 Argo Rollout과 스모크 테스트를 통해 배포 실패를 최소화한다. 만약 테스트가 실패하게 되면, PostSync는 진행되지 않고 문제를 디버깅할 수 있도록 Argo CD의 리소스 훅을 활용해 컨테이너를 유지한다. 이렇게 Argo CD는 Argo Rollout과 같이 다른 Argo Project를 같이 활용하면 다양한 기능을 추가할 수 있다.

간단한 스모크 테스트를 활용해 통합 테스트를 할 수 있는 매니페스트를 살펴보자.

▼ 위치: ch06/automated-blue-green/deployments/integration-tests/integration-job.yaml

```
apiVersion: batch/v1
kind: Job
metadata:
  generateName: integration-tests
  namespace: team-demo
  annotations:
    argocd.argoproj.io/hook: Sync
    argocd.argoproj.io/hook-delete-policy: HookSucceeded
spec:
  template:
    spec:
      containers:
      - name: run-tests
        image: curlimages/curl
        command: ["/bin/sh", "-c"]
        args:
          - if [ $(curl -s -o /dev/null -w '%{http_code}'
rollout-bluegreen-preview/version) != "200" ]; then exit 22; fi;
            if [[ "$(curl -s rollout-bluegreen-preview/version)" !=
"APP_VERSION" ]]; then exit 22; fi;
            echo "Tests completed successfully"
      restartPolicy: Never
  backoffLimit: 2
```

여기서 핵심은 쿠버네티스 잡에 있는 2개의 어노테이션이다.

```
argocd.argoproj.io/hook: Sync
argocd.argoproj.io/hook-delete-policy: HookSucceeded
```

이 두 어노테이션이 나타내는 내용은 잡이 동기화 단계에서 실행되고 성공적으로 완료되면 HookSucceeded라는 리소스 훅을 통해 자동으로 잡이 지워진다는 것이다.

이제 남은 것은 PostSync 단계에서 애플리케이션을 롤아웃하는 것이다. 신규 버전을 배포하기 위한 잡은 다음과 같다.

▼ 위치: ch06/automated-blue-green/deployments/integration-tests/rollout-job.yaml

```yaml
apiVersion: batch/v1
kind: Job
metadata:
  generateName: rollout-promote
  namespace: team-demo
  annotations:
    argocd.argoproj.io/hook: PostSync
    argocd.argoproj.io/hook-delete-policy: HookSucceeded
spec:
  template:
    spec:
      containers:
      - name: promote-green
        image:  quay.io/argoproj/kubectl-argo-rollouts:v1.1.1
        command: ["/bin/sh", "-c"]
        args:
          - kubectl-argo-rollouts promote app -n team-demo;
      restartPolicy: Never
  backoffLimit: 2
```

역시 핵심은 쿠버네티스 잡에 있는 2개의 어노테이션이다.

```
argocd.argoproj.io/hook: PostSync
argocd.argoproj.io/hook-delete-policy: HookSucceeded
```

그래서 깃허브 액션 CD는 매우 간단하다. 그림 6.8을 통해 살펴보자.

그림 6.8 깃허브 액션 파이프라인

그림 6.9에서는 **배포** 작업의 전체 단계 목록을 확인할 수 있다.

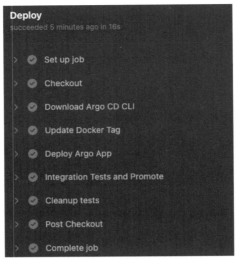

그림 6.9 깃허브 액션 파이프라인 단계

Argo CD와 Argo Rollout을 활용해 실제 사례와 비슷하게 CI/CD 파이프라인을 구축해보고 Argo CD 동기화 단계에서 배포 실패를 최소화해볼 수 있었던 완벽한 시간이었다. 이제 다음 절에서는 깃옵스 사례를 적용할 때 깃 리포지터리에서 어떻게 시크릿을 안전하게 보관할 수 있는지에 대해 알아볼 것이다.

⠿ 안전하게 시크릿 보관하기

깃 리포지터리의 깃옵스 및 선언적 구성declarative configuration(쿠버네티스 매니페스트, 헬름 등)에 대해 이야기할 때 해결해야 할 주요 과제는 시크릿을 안전하게 저장하는 것이다. 깃옵스는 어떻게 안전하게 보관하는지 알아보자.

시크릿에 안전하게 저장하기

시크릿을 저장하는 가장 안전한 방법은 볼트Vault, AWS 시크릿 매니저AWS Secrets Manager, 애저 키 볼트Azure Key Vault, 구글 시크릿 매니저Google Secret Manager와 같은 시크릿 관리 도구에 보관하는 것이다. 어떻게 쿠버네티스 시크릿이나 선언적 매니페스트와 이 도구를 통합하고 깃옵스를 활용해볼 수 있을까?

이를 수행하는 도구를 외부 시크릿 오퍼레이터external secret operator라고 한다. 쿠버네티스 오퍼레이터가 자동화를 위해 고안된 것이라면, 외부 시크릿 오퍼레이터는 AWS 시크릿 매니저, 볼트와 같은 외부 API의 시크릿을 쿠버네티스 시크릿 리소스와 동기화시키는 데 특화돼 있다.

큰 틀은 시크릿이 있는 위치와 동기화 완료 방법에 대해 정의한 새로운 쿠버네티스 커스텀 리소스가 몇 가지 있다. 그림 6.10에서 리소스 데이터 모델의 메커니즘을 살펴보자.

그림 6.10 리소스 모델

리소스 모델의 구성 요소는 다음과 같다.

- 시크릿 저장소SecretStore: 실제 시크릿을 검색할 수 있는 외부 API의 인증 부분이다. 저장소와 동일한 네임스페이스에 있는 새 시크릿 리소스를 확인한다. 동일한 네임스페이스에서만 참조할 수 있다.

- 외부 시크릿ExternalSecret: 외부 API에서 검색할 데이터를 정의하는 방법이고 시크릿 저장소와 통신한다.

- 클러스터 시크릿 저장소ClusterSecretStore: 글로벌 시크릿으로 클러스터의 모든 네임스페이스에서 참조할 수 있다.

시크릿 저장소의 예시 매니페스트는 다음과 같다.

```
apiVersion: external-secrets.io/v1alpha1
kind: SecretStore
```

```
metadata:
  name: secretstore-sre
spec:
  controller: dev
  provider:
    aws:
      service: SecretsManager
      role: arn:aws:iam::123456789012:role/sre-team
      region: us-east-1
      auth:
        secretRef:
          accessKeyIDSecretRef:
            name: awssm-secret
            key: access-key
          secretAccessKeySecretRef:
            name: awssm-secret
            key: secret-access-key
```

이 예시 시크릿 저장소를 참조할 외부 시크릿 리소스 매니페스트는 다음과 같다.

```
apiVersion: external-secrets.io/v1alpha1
kind: ExternalSecret
metadata:
  name: db-password
spec:
  refreshInterval: 1h
  secretStoreRef:
    name: secretstore-sre
    kind: SecretStore
  target:
    name: secret-sre
    creationPolicy: Owner
  data:
  - secretKey: dbPassword
    remoteRef:
      key: devops-rds-credentials
property: db.password
```

지금 예시는 팀별로 분리한 것이다. 시크릿을 논리적으로 분리하면 팀의 시크릿을 그룹
화할 수 있다. 일부 시크릿 정보는 특정 사람들에게만 공개돼야 하기 때문에 당연히 모
든 팀에게 적용할 수 있는 방법은 아니다.

이 방식은 Argo의 조정과 동기화 상태 유지에 관해 설명했던 것과 비슷하다. 그러나 이 경우 외부 시크릿 컨트롤러는 특정 시크릿 매니저에서 시크릿 정보가 변경될 때마다 동일한 상태를 유지하기 위해 시크릿을 업데이트한다.

다음으로 Argo CD와 함께 외부 시크릿 오퍼레이터를 사용하는 방법과 사용 시 이점에 대해서 알아보자.

Argo CD와 외부 시크릿 오퍼레이터

Argo CD는 깃 상태에 의존하기 때문에 평문 비밀번호뿐 아니라 암호화된 비밀번호까지 리포지터리에 저장할 수 없다. 이 문제를 해결하기 위해 외부 시크릿 오퍼레이터가 등장했으며 다음과 같은 몇 가지 장점이 있다.

- 보안적 위험 최소화

- 완전 자동화

- 모든 환경에서 동일한 도구 사용

이런 장점은 좋지만 시크릿을 먼저 만들고 그 뒤에 이를 사용할 애플리케이션을 만들어야 하는 순서의 문제는 어떻게 해결할 수 있을까? 당연히 앞서 살펴본 동기화 웨이브와 동기화 단계가 해결해줄 것이다. 이를 사용하면 디플로이먼트의 순서를 배치할 수 있다.

클러스터를 부트스트랩하기 위해서 다른 것들을 배포하기 전에 외부 시크릿 오퍼레이터를 설치해야 한다. 왜냐하면 시크릿을 얻기 위해서 필요하기 때문에 동기화 웨이브에서 처음으로 설치될 수 있도록 설정한다.

예를 들어 그라파나에 접근하기 위해 엔진엑스^{nginx}를 배포하고 마지막으로 관리자 암호를 가져와야 한다고 가정해보자. 그림 6.11의 순서를 따를 것이다.

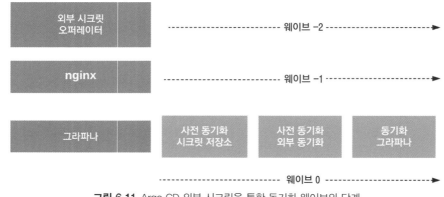

그림 6.11 Argo CD 외부 시크릿을 통한 동기화 웨이브와 단계

그런 다음, 웨이브의 순서와 PostSync 단계를 활용해 쿠버네티스 시크릿이 생성될 때 시크릿 저장소와 외부 시크릿을 먼저 생성해 그라파나에서 사용할 수 있도록 한다.

이제 마이크로서비스 CI/CD 파이프라인을 사용하는 여러 쿠버네티스 클러스터의 예시를 통해 Argo CD가 이 문제를 어떻게 해결해 나가는지 확인해보자.

마이크로서비스 CI/CD

이번 절에서는 새로운 Argo CD ApplicationSet 컨트롤러(5장에서 설명했다)가 어떻게 app of apps 패턴을 더욱 유연하게 발전시키고 마이크로서비스가 포함된 단일 리포지터리와 같은 더 많은 사용 사례를 지원하는지 살펴보자.

단일 리포지터리 마이크로서비스

대다수 회사가 각 마이크로서비스마다 여러 리포지터리를 생성하는 대신 단일 리포지터리monorepo에서 모든 것을 호스팅하고 때로는 마이크로서비스 외에도 인프라 스크립트를 사용한다. 동기화 웨이브와 ApplicationSet이 포함된 Argo CD는 여러 서비스의 오케스트레이션과 배포를 쉽게 해준다.

먼저 클러스터에 `ApplicationSet` 컨트롤러를 설치해보자. 6장의 '배포 전략' 절에서, 다음과 같은 여러 Argo CD 애플리케이션 리소스를 만든 기억이 있을 것이다.

- 마스터 유틸리티에서는 app of apps 패턴

- Argo Rollout에서는 Argo CD 애플리케이션

- 블루-그린 애플리케이션

이제 조금 더 발전시켜 `ApplicationSet` CRD로 이를 변경해보자. 먼저 `Kustomize` 매니페스트를 다음과 같이 단순화시킨다.

▼ 위치: ch05/k8s-bootstrap/base/kustomization.yaml

```
apiVersion: kustomize.config.k8s.io/v1beta1
kind: Kustomization
namespace: argocd
bases:
  - https://raw.githubusercontent.com/argoproj/argo-cd/v2.1.7/manifests/
install.yaml
resources:
  - namespace.yaml
  - argo-applicationset.yaml
  - bootstrap-applicationset.yaml
```

이전과 차이점은 기존의 다른 리소스는 모두 제거하고 argo-applicationset.yaml과 bootstrap-applicationset.yaml, 이 2개의 리소스를 추가했다. 첫 번째 yaml은 클러스터에 Argo CD `ApplicationSet` 컨트롤러를 설치하는 것과 관련이 있다. 두 번째 yaml은 많은 애플리케이션을 `ApplicationSet`으로 변환했다. 그리고 일부 디렉터리를 제거했으며 특정 클러스터만을 포함하기 위해 제너레이터를 사용한다. 두 번째에 관해서는 다음 `ApplicationSet` 매니페스트를 참고해보자.

▼ 위치: ch05/k8s-bootstrap/base/bootstrap-applicationset.yaml

```
apiVersion: argoproj.io/v1alpha1
kind: ApplicationSet
metadata:
  name: bootstrap
```

```
spec:
  generators:
    - matrix:
        generators:
          - git:
              repoURL: https://github.com/PacktPublishing/ArgoCD-in-
Practice.git
              revision: HEAD
              directories:
                - path: ch05/applications/*
                - path: ch05/applications/istio-control-plane
                  exclude: true
                - path: ch05/applications/argocd-ui
                  exclude: true
          - list:
              elements:
                - cluster: engineering-dev
                  url: https://kubernetes.default.svc
  template:
    metadata:
      name: '{{path.basename}}'
    spec:
      project: default
      source:
        repoURL: https://github.com/PacktPublishing/ArgoCD-in-Practice.git
        targetRevision: HEAD
        path: '{{path}}'
      destination:
        server: '{{url}}'
        namespace: '{{path.basename}}'
```

2개의 서로 다른 제너레이터(git, list)를 matrix 제너레이터와 결합해 ch05/applications/* 하위 디렉터리를 반복하면서 애플리케이션을 생성한다. 이제 개별적으로 직접 Argo CD 애플리케이션을 생성할 필요가 없고 자동으로 수행하는 ApplicationSet 컨트롤러 만 생성하면 되므로 매우 편리해졌다.

단일 리포지터리에는 여러 마이크로서비스가 병렬로 있고, 이 애플리케이션을 배포할 여러 클러스터는 다음 구조를 갖고 있다고 가정해보자. 그리고 각 마이크로서비스는 특 정 애플리케이션이 시작해야 다음 애플리케이션이 시작되는 것과 같은 서로 간의 의존 성이 있다.

```
|- service1
    |
    -- helm
        |-- values-dev.yaml
        |-- values-staging.yaml
    -- application
|- service2
    |
    -- helm
        |-- values-dev.yaml
        |-- values-staging.yaml
    -- application
|- service3
    |
    -- helm
        |-- values-dev.yaml
        |-- values-staging.yaml
    -- application
```

ApplicationSet 컨트롤러 CRD는 다음과 같이 정의됐을 것이다.

```
apiVersion: argoproj.io/v1alpha1
kind: ApplicationSet
metadata:
  name: bootstrap
spec:
  generators:
   - matrix:
       generators:
         - git:
             repoURL: https://github.com/PacktPublishing/ArgoCD-in-
Practice.git
             revision: HEAD
             directories:
               - path: '*'
         - list:
             elements:
             - cluster: dev
               url: https://kubernetes.default.svc
             - cluster: staging
               url: https://9.8.7.6
  template:
    metadata:
```

```
     name: '{{path.basename}}'
   spec:
     project: default
     source:
       repoURL: https://github.com/PacktPublishing/ArgoCD-in-Practice.git
       targetRevision: HEAD
       path: '{{path}}/helm'
       helm:
         valueFiles:
           - values-{{cluster}}.yaml
     destination:
       server: '{{url}}'
       namespace: '{{path.basename}}'
```

마이크로서비스 간의 의존성을 해결하는 것은 Argo CD의 동기화 웨이브에 달렸다.
그림 6.12처럼 마이크로서비스 간의 의존성을 잘 파악해야 한다.

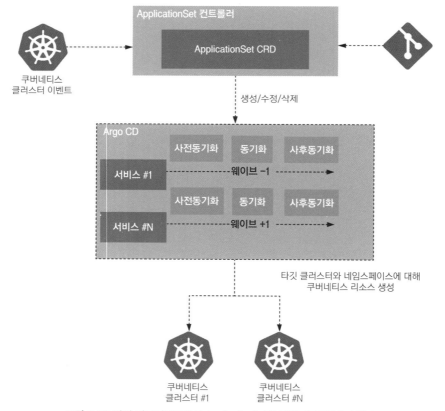

그림 6.12 단일 리포지터리에서 ApplicationSet의 마이크로서비스 CI/CD

동기화 웨이브를 통해 서비스 배포를 명령하고 각 서비스에 대해 동기화 단계를 사용해 정상 상태가 되면 이어서 다음 서비스를 배포할 수 있도록 한다.

ApplicationSet을 사용하는 방법과 이를 통해 많은 애플리케이션 리소스가 배포되는 것을 방지할 수 있었다. 그리고 여러 클러스터에서 DRY 접근 방식으로 쉽게 배포하는 방법을 알아봤다. 이제 배운 내용을 정리해보고 CI/CD에 대한 내용을 마무리해보자.

⁞⁞⁞ 요약

6장에서는 배포 전략에 대해 학습했다. Argo CD가 Argo Rollout과 결합하는 방법과 자동화를 통해 배포 실패를 최소화할 수 있는 방법에 대해 배웠다. 깃허브 액션에서 실제 CI/CD 파이프라인을 만들었고 깃옵스 사례를 통해 Argo CD에서 전체 블루-그린 배포를 구현했다. Argo Project를 사용해 Argo CD에서 논리적 그룹으로 나눠보고 CI/CD 시스템에서 프로젝트 토큰으로 접근 제어를 해봤다.

동기화 단계와 리소스 훅을 활용해 통합 테스트를 실행하고 해당 테스트가 실패한 경우 파이프라인을 실패 처리한다. 가장 중요한 것은 실패 이유를 분석하기 위해 리소스를 삭제하지 않고 PreSync 단계에서 유지하는 것이다. Argo CD의 훅 정책은 클러스터를 깨끗하게 유지할 수 있도록 성공적으로 완료된 통합 테스트들은 삭제할 수 있는 권한을 제공한다. PostSync 단계에서는 모든 단계가 성공적으로 동작하면 실패 없이 최신 버전의 애플리케이션을 롤아웃할 수 있다. 또한 ApplicationSet을 사용해 단일 쿠버네티스 매니페스트를 사용하고 DRY 접근 방식으로 여러 클러스터에 여러 애플리케이션을 배포해보고 마이크로서비스를 위한 단일 저장소를 지원한다.

이 내용이 프로덕션에 가까운 CI/CD 파이프라인 구축을 안전하게 도전할 수 있도록 돕는 가이드가 되기를 바란다.

⠇ 더 알아보기

- Argo Rollout: https://argoproj.github.io/argo-rollouts/

- Argo Rollout과 스모크 테스트를 통한 배포 실패 최소화: https://codefresh.io/continuous-deployment/minimize-failed-deployments-argo-rollouts-smoke-tests/

- 카나리 CI/CD: https://github.com/codefresh-contrib/argo-rollout-canary-sample-app

- 트래픽 관리: https://argoproj.github.io/argo-rollouts/features/traffic-management/

- ApplicationSet: https://argocd-applicationset.readthedocs.io/en/stable/

07

Argo CD 문제 해결

7장에서는 Argo CD를 운영하는 동안 자주 발생할 수 있는 몇 가지 문제를 해결하는 방법을 살펴본다. 설치 과정을 살펴보고 하나의 클러스터에 둘 이상의 Argo CD 설치하면 어떤 일이 발생하는지 알아본다. 이 시나리오는 하나의 클러스터에 **개발**dev, development 환경과 **프로덕션**prod, production 환경이 존재하고, Argo CD 인스턴스를 환경에 맞게 분리해 사용해야 하는 회사에 적합하다. 이후에는 Argo CD 도커 이미지에 포함된 헬름 버전과 다른 버전의 헬름을 사용하는 방법을 알아본다. 때로는 신규 버전의 Argo CD 템플릿 엔진이 많은 변경 사항으로 인해 업그레이드하는 데 시간이 소요될 수도 있지만 성능이 향상된 새로운 Argo CD 버전을 사용하는 것이 효율적인 경우도 있다.

Argo CD는 최근 몇 년 동안 더 안정적으로 발전했다. 많은 회사에서 프로덕션용으로 사용하는 애플리케이션이지만 때로는 재시작이 필요할 때가 있다. 따라서 이를 올바르게 수행하는 방법도 알아본다. 마지막으로 성능과 관련된 몇 가지를 설명하고 전반적인 성능에 영향을 줄 수 있는 구성 매개변수와 환경변수에 대해 자세히 설명할 것이다.

7장에서 다룰 주요 주제는 다음과 같다.

- 초기 설치
- 일상에서 문제 해결
- 성능 향상

⸭ 기술 요구 사항

7장에서는 새로운 Argo CD를 설치하지만 argocd 네임스페이스가 아니라 완전히 새로운 환경으로 설치한다.

상당히 많은 양의 **YAML**을 작성하기 때문에 코드 에디터가 필요하다. **VS Code**를 가장 추천한다. 변경된 코드는 깃허브 리포지터리(https://github.com/PacktPublishing/ArgoCD-in-Practice)의 ch07 폴더에서 확인할 수 있다.

⸭ 초기 설치

거의 대부분의 튜토리얼, 블로그, 기사 등에서는 argocd 네임스페이스에서 Argo CD를 설치하는 방법을 설명하고 있고, 이렇게 특정 네임스페이스를 사용하면 다른 애플리케이션과 충돌도 피할 수 있어 좋다. 그러나 이것이 불가능한 경우도 있는데 바로 같은 쿠버네티스 클러스터 내에 여러 개의 Argo CD 인스턴스를 사용하는 경우다. 특히 Argo CD 인스턴스가 관리하는 클러스터를 나눠야 하는 경우에도 적합한 사례다. 예를 들어 하나의 Argo CD 클러스터가 프로덕션 클러스터를 관리하고, 다른 Argo CD 클러스터가 프로덕션이 아닌 클러스터를 관리하는 경우처럼 말이다. 또 다른 시나리오는 하나의 클러스터를 관리하지만 특정 네임스페이스만 나누는 경우다. 이렇게 하면 팀 단위 Argo CD 인스턴스 모델이 형성된다. 7장에서는 프로덕션과 논프로덕션non-prod 클러스터로 설치 시나리오를 확인해볼 것이다.

동일한 클러스터 내에 2개 이상의 Argo CD가 설치돼 있는 경우, 몇 가지 주의해야 할 사항들이 있다. 첫 번째로 Argo CD를 클러스터에 설치할 때 일부 **CRD**(https://kubernetes.io/docs/concepts/extend-kubernetes/api-extension/custom-resources)가 여러 번 적용된다는 사실이다. 이 CRD는 애플리케이션과 앱프로젝트^{AppProjects} 리소스를 생성한다. 이 CRD는 한 번만 생성돼야 하므로 하나의 Argo CD 인스턴스만 이 CRD를 적용받는다. 그래서 운영자는 프로덕션이나 논프로덕션 인스턴스 중 실제로 CRD를 설치해 관리할 클러스터를 결정해야 한다.

일반적으로 **SRE**의 업무는 개발자가 작업물을 프로덕션에 배포하기 위한 자체 서비스 플랫폼을 만드는 것이므로 Argo CD뿐 아니라 더 많은 애플리케이션을 운영하게 된다. **프로메테우스 오퍼레이터**^{Prometheus Operator}(https://prometheus-operator.dev), 헬름 차트를 저장하기 위한 **차트뮤지엄**^{ChartMuseum}(https://chartmuseum.com), 자체 호스팅하는 컨테이너 레지스트리 하버^{Harbor}(https://goharbor.io) 또는 테크톤^{Tekton}(https://tekton.dev)과 같이 자체 **CI/CD** 시스템을 호스팅할 수도 있다. 이런 애플리케이션을 모두 하나의 클러스터에서 운영하고 이를 플랫폼 클러스터^{Platform cluster}라 부른다. 애플리케이션을 모두 배포하기 위해서 플랫폼 클러스터에 설정하려는 모든 것을 관리하는 세 번째 Argo CD 인스턴스를 가질 수 있다. 이 인스턴스는 Argo CD CRD를 적용하는 것을 포함해 플랫폼 클러스터를 관리한다.

그림 7.1에서는 동일한 클러스터에 있는 3개의 Argo CD 인스턴스가 어떻게 사용되는지 설명하고 있다. 하나는 프로덕션 클러스터를 관리하는 프로덕션 인스턴스이고, 다른 하나는 개발, 테스트, 스테이징 클러스터를 관리하는 논프로덕션 인스턴스다(업그레이드와 구성 변경을 확인할 테스트 인스턴스다). 마지막으로 프로덕션과 논프로덕션 인스턴스를 설치하는 것을 포함해 플랫폼 클러스터를 관리하는 플랫폼 인스턴스다.

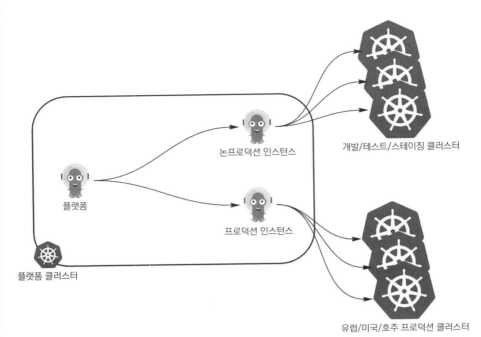

플랫폼

플랫폼 클러스터

논프로덕션 인스턴스

프로덕션 인스턴스

개발/테스트/스테이징 클러스터

유럽/미국/호주 프로덕션 클러스터

그림 7.1 같은 클러스터 내에 있는 여러 개의 Argo CD 인스턴스

먼저 Argo CD 플랫폼 인스턴스를 배포해보자. Kustomize로 배포할 것이고, CRD를 포함해 설치한다. kubectl apply 명령을 통해 네임스페이스를 만들고, Argo CD 깃허브 리포지터리를 원격지 소스로 설정해 kustomize build 명령으로 설치하는 명령형 방식도 가능하지만 선언형 접근 방식을 사용하는 것이 더 좋다. 왜냐하면 자체 관리도 가능해야 하기 때문이다. 이 3개의 인스턴스 설치가 모두 하나 이상의 깃 리포지터리에 있어 **풀 리퀘스트**를 통해 수정할 수 있다.

깃 리포지터리를 설정할 때는 두 가지 옵션이 있다. 하나는 설치할 모든 매니페스트를 같은 리포지터리 내 platform, prod, non-prod라는 이름의 각각 다른 브랜치를 두는 것이다. 다른 하나는 동일한 브랜치 내에 각각 폴더로 분리하는 것이다. 브랜치를 나누는 첫 번째 옵션을 사용할 경우, 브랜치를 혼동하는 실수가 발생할 수 있으므로 풀 리퀘스트를 하기 전에 반드시 어떤 브랜치를 대상으로 하는지 확인해야 한다. 그렇기 때문에 설치 환경 별로 폴더를 나눠 사용하는 방법이 더 직관적이다. 이 책에서는 공식 깃허브 리포지터리(https://github.com/PacktPublishing/ArgoCD-in-Practice)의 **ch07/initial-setup** 폴더 내에 각각 폴더화돼 있다(일반적으로는 루트 경로 하위에 있다). 이제 ch07/initial-setup/ argocd-platform에 있는 초기 플랫폼 인스턴스를 설치하는 것으로 시작해보자.

resources 폴더를 생성하고 그 안에 namespace.yaml 파일을 생성해 다음 코드를 입력한다.

▼ 위치: ch07/initial-setup/argocd-platform/resources/namespace.yaml

```
apiVersion: v1
kind: Namespace
metadata:
  name: argocd-platform
```

resources 폴더 상위에 kustomization.yaml 파일을 생성해 다음 코드를 입력한다.

▼ 위치: ch07/initial-setup/argocd-platform/kustomization.yaml

```
apiVersion: kustomize.config.k8s.io/v1beta1
kind: Kustomization
namespace: argocd-platform
bases:
  - github.com/argoproj/argo-cd/manifests/ha/cluster-install?ref=v2.1.6
resources:
  - resources/namespace.yaml
```

kustomization.yaml 파일이 있는 폴더에서(인스턴스당 하나의 리포지터리가 있는 경우 리포지터리의 루트 경로에 위치해야 한다) 설치를 위해 다음 명령을 실행한다.

```
kustomize build . | kubectl apply -f -
```

적용이 완료되면 설치가 잘 됐는지 확인하기 위해 다음 명령을 사용해 새로 생성된 네임스페이스에서 파드의 작동 상태를 확인해보자.

```
kubectl get pods -n argocd-platform
```

파드 목록 결과는 다음과 같다.

```
NAME                                   READY   STATUS    RESTARTS   AGE
argocd-application-controller-0        1/1     Running   0          4m
argocd-dex-server-6bf7f6876c-xghc6     1/1     Running   0          4m
argocd-redis-5b6967fdfc-m5qff          1/1     Running   0          4m
argocd-repo-server-685cb7dbdd-qk6xp    1/1     Running   0          4m
argocd-server-bfb77d489-tbqww          1/1     Running   0          4m
```

이제 플랫폼 인스턴스 설치가 완료됐다. 이제 프로덕션과 논프로덕션 인스턴스도 각각 배포해보자(프로덕션의 경우 ch07/initial-setup/argocd-prod에서 코드를 확인할 수 있고, 논프로덕션의 경우 ch07/initial-setup/argocd-nonprod에서 코드를 확인할 수 있다). 이번 데모에서는 논프로덕션 설치에 대해서만 가이드한다. 프로덕션 설치도 이와 동일하게 진행하면 된다. resources 폴더 내에 namespace.yaml 파일과 resources 폴더와 같은 위치에 kustomization.yaml 파일을 선언형 방식으로 사용할 것이지만 이번에는 이를 적용할 수 있는 인스턴스가 이미 있으므로 애플리케이션 **커스텀 리소스**CR, Custom Resource를 적용한다.

다음 코드는 논프로덕션 인스턴스를 위한 namespace.yaml 파일이다.

▼ 위치: ch07/initial-setup/argocd-nonprod/resources/namespace.yaml

```
apiVersion: v1
kind: Namespace
metadata:
  name: argocd-nonprod
```

cluster-install 매니페스트를 직접 사용하지 않고 namespace-install 매니페스트를 사용하는 kustomization.yaml 파일을 생성한다. 설치 후에는 둘 간의 차이점을 확인할 수 있다. kustomization.yaml 파일의 코드는 다음과 같다.

▼ 위치: ch07/initial-setup/argocd-nonprod/kustomization.yaml

```
apiVersion: kustomize.config.k8s.io/v1beta1
kind: Kustomization
namespace: argocd-nonprod
bases:
  - github.com/argoproj/argo-cd/manifests/ha/namespace-install?ref=v2.1.6
```

```
resources:
  - resources/namespace.yaml
```

그런 다음 kustomization.yaml 파일이 있는 리포지터리와 폴더를 가리키는 애플리케이션 파일을 생성한다. 파일 이름은 argocd-nonprod-app.yaml이고 구성하는 코드는 다음과 같다.

▼ 위치: ch07/initial-setup/argocd-nonprod-app.yaml

```
apiVersion: argoproj.io/v1alpha1
kind: Application
metadata:
  name: argocd-nonprod
spec:
  destination:
    namespace: argocd-nonprod
    server: https://kubernetes.default.svc
  project: default
  source:
    path: ch07/initial-setup/argocd-nonprod
    repoURL: https://github.com/PacktPublishing/ArgoCD-in-Practice.git
    targetRevision: main
  syncPolicy:
    automated:
      prune: false
```

모든 파일이 생성되면 다음 명령을 통해 kubectl로 애플리케이션 파일을 적용할 수 있다.

```
kubectl apply -f argocd-nonprod-app.yaml -n argocd-platform
```

아마 기대한 결과와는 달리 다음과 같은 에러 메시지가 표시될 것이다.

```
failed to sync cluster https://10.96.0.1:443: failed to load initial state
of resource CertificateSigningRequest. certificates.k8s.io:
certificatesigningrequests.certificates.k8s.io is forbidden: User
"system:serviceaccount:argocd-platform:argocd-application-controller"
cannot list resource "certificatesigningrequests" in API group
"certificates.k8s.io" at the cluster scope
```

argocd-nonprod 애플리케이션 파일의 세부 정보 페이지는 다음과 같다. **2 Errors**라는 빨간색 텍스트를 볼 수 있는데, 클릭해보면 위와 동일한 에러 메시지가 나타날 것이다.

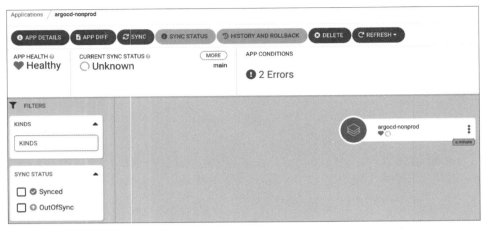

그림 7.2 argocd-nonprod 애플리케이션 파일을 적용할 때 발생하는 에러

에러가 발생한 이유는 Kustomize로 클러스터를 설치할 때 애플리케이션 컨트롤러와 서버 구성 요소에 대한 ClusterRoleBinding 리소스에 네임스페이스가 argocd로 하드코딩돼 있기 때문이다. 그러므로 Argo CD 플랫폼은 argocd-nonprod 네임스페이스 리소스에 접근할 수 없어 앞선 오류가 발생한다. 따라서 이 ClusterRoleBinding 매니페스트만 수정한다면 정상적으로 작동할 것이다.

> **노트**
>
> **헬름으로 설치할 때 클러스터 설치와 네임스페이스 설치의 차이**
>
> 헬름 매니페스트를 사용해 설치할 때 클러스터 RBAC를 제어하는 2개의 매개변수가 있다. 바로 .Values.server.clusterAdminAccess.enabled와 .Values.controller.clusterAdminAccess. enabled 필드다. 이 둘은 기본적으로 활성화가 돼 있어 네임스페이스 설치를 수행하려면 false로 설정해야 한다. 그리고 네임스페이스가 {{ .Release. Namespace }} 형식으로 템플릿화돼 있기 때문에 argocd가 아닌 네임스페이스에서 클러스터 설치를 수행해도 동일한 문제는 발생하지 않는다.

Argo CD 플랫폼 인스턴스를 설치하기 위해서 변경하는 것이며, argocd-platform 네임스페이스에 있는 ServiceAccount 인스턴스를 사용하기 위해 2개의 ClusterRoleBinding을 수정했다. argocd-platform 밑에 patches라는 폴더를 생성하고 argocd-application-

controller-clusterrolebinding.yaml 파일을 만든다. 이 파일은 다음 내용으로 구성
된다.

▼ 위치: ch07/initial-setup/argocd-platform/patches/argocd-application-controller-
     clusterrolebinding.yaml

```
apiVersion: rbac.authorization.k8s.io/v1
kind: ClusterRoleBinding
metadata:
  name: argocd-application-controller
subjects:
- kind: ServiceAccount
  name: argocd-application-controller
  namespace: argocd-platform
```

argocd-server의 ServiceAccount 인스턴스에도 동일한 작업을 수행한다. patches 폴더
에 argocd-server-clusterrolebinding.yaml이라는 파일을 만들고 다음 코드를 추가
한다.

▼ 위치: ch07/initial-setup/argocd-platform/patches/argocd-server-clusterrolebinding.yaml

```
apiVersion: rbac.authorization.k8s.io/v1
kind: ClusterRoleBinding
metadata:
  name: argocd-server
subjects:
- kind: ServiceAccount
  name: argocd-server
  namespace: argocd-platform
```

플랫폼 인스턴스 설치 시 이 파일들을 사용해 네임스페이스 변경 사항을 반영하려면 다
음과 같이 kustomization.yaml 파일에 해당 필드를 추가한다.

▼ 위치: ch07/initial-setup/argocd-platform/kustomization.yaml

```
apiVersion: kustomize.config.k8s.io/v1beta1
kind: Kustomization
namespace: argocd-platform
```

```
bases:
  - github.com/argoproj/argo-cd/manifests/cluster-install?ref=v2.1.6
resources:
  - resources/namespace.yaml
patchesStrategicMerge:
  - patches/argocd-application-controller-clusterrolebinding.yaml
  - patches/argocd-server-clusterrolebinding.yaml
```

만약 다음 명령을 통해 Kustomize 매니페스트를 다시 적용하게 되면 argocd-platform 네임스페이스에 설치돼야 한다.

```
kustomize build . | kubectl apply -f -
```

이제 ClusterRoleBinding 리소스가 일치하는 네임스페이스의 ServiceAccount 인스턴스와 연결시켜 준다. 이를 통해 Argo CD가 해당 리소스 유형을 조회할 수 있게 돼 논프로덕션이나 프로덕션 인스턴스를 설치할 때 더 이상 오류가 발생하지 않을 것이다.

초기 설치가 끝나고 Argo CD 인스턴스가 모두 클러스터에 연결돼 운영 중이라면 애플리케이션을 배포할 준비가 끝났다. 그러나 때로는 계획대로 되지 않을 수도 있다. 재시작을 해야 하거나 특정 버전의 템플릿 엔진을 사용해야 할 수도 있다. 다음 두 시나리오를 통해 알아보자.

⁝⁝ 운영 중 문제 해결

이번 절에서는 운영 2일차에 발생할 수 있는 몇 가지 문제를 살펴보자. 0일차에는 깃옵스와 Argo CD를 도입할지 준비하면서 POC[Proofs Of Concept]를 진행한다고 가정하면 1일차에는 실제로 깃옵스 솔루션을 배포해보고 적용해보는 시간을 갖고, 2일차에는 프로덕션 환경에서 전체 라이브 설정을 관리해야 한다. 3장에서 **고가용성**[HA, High Availability], **장애복구**[DR, Disaster Recovery], 관찰 가능성과 같이 중요한 주제를 살펴봤고 이제 이러한 범주에 속하지 않는 몇 가지 문제를 살펴볼 것이다.

구성 요소 재시작

2018년에 Argo CD가 처음 등장했을 때 마이크로서비스 중 하나를 신규 버전으로 배포했는데 동기화가 중단된 경우가 있었다. **사용자 인터페이스**UI, User Interface는 조정 루프 reconciliation loop가 계속 진행 중으로 표시되고 있지만 어떤 변화나 진행도 없었고 오류도 표시되지 않았다. 이때 그냥 애플리케이션 컨트롤러를 다시 시작하니 문제가 해결됐다. 시간이 지나면서 신규 버전이 출시될 때마다 Argo CD는 더 안정적이고 신뢰할 수 있게 되면서 재시작이 필요한 경우는 많이 줄었다.

모든 비즈니스 요구 사항과 환경이 다르기 때문에 파이썬으로 개발된 애플리케이션과 자바로 개발된 애플리케이션이 시작하거나 중지하는 방법이 서로 다를 수 있다. 그래서 때로는 재시작하는 것이 문제를 해결하는 데 시간을 절약하는 방법이 된다. 파드를 삭제하거나 더 심각한 경우 디플로이먼트나 스테이트풀셋을 삭제하지 않고도 올바르게 실행되도록 재시작하는 방법을 살펴보자.

만약 클러스터에 대한 접근 권한이 있는 경우, 재시작할 수 있는 `kubectl rollout restart`라는 간단한 명령이 있다. 만약 동기화에 문제가 발생한다면 애플리케이션 컨트롤러를 재시작해보는 것도 방법이다. 애플리케이션 컨트롤러는 쿠버네티스에서 스테이트풀셋으로 배포되기 때문에 명령어는 다음과 같을 것이다(명령어는 기본 설정인 argocd 네임스페이스에 argocd-application-controller라는 이름으로 배포된 것을 가정하고 작성했다).

```
kubectl rollout restart sts argocd-application-controller -n argocd
```

만약에 헬름으로 Argo CD를 설치했다면 헬름 차트에서는 기본적으로 `controller.enableStatefulSet` 매개변수 값이 `false`로 돼 있어 애플리케이션 컨트롤러가 디플로이먼트로 배포된다. 이 경우 명령은 다음과 같다.

```
kubectl rollout restart deploy argocd-application-controller -n argocd
```

리포지터리 서버는 매니페스트를 생성하는 데 문제가 발생할 경우 재시작하면 되는데 명령어는 다음과 같다.

```
kubectl rollout restart deploy argocd-repo-server -n argocd
```

Argo CD 서버의 경우 **CLI**나 UI가 동작하지 않을 경우 서버에 문제가 있을 수 있어 재시작하는 것이 더 유용하다. 이 경우 명령어는 다음과 같다.

```
kubectl rollout restart deploy argocd-server -n argocd
```

SSO 과정에서 문제가 생겨 Dex 서버를 재시작할 경우 명령어는 다음과 같다.

```
kubectl rollout restart deploy argocd-dex-server -n argocd
```

레디스의 경우 재시작하면 캐시가 삭제되고 많은 매니페스트가 다시 계산되기 때문에 성능이 저하될 수 있어 권장하지 않는다.

당연히 정상적인 상황에서는 왜 프로세스가 중단됐는지, Argo CD가 왜 응답하지 않는지 그 원인을 파악하고 근본적인 문제를 해결하려고 해야 한다. 그러나 때로는 원인을 파악할 시간이 부족하고 빠르게 이 장애 상황을 해결해야 하는 경우가 많다. 문제 상황을 해결하고 나서 디버깅을 할 수 있는 시간을 확보해 진행하면 된다.

특정 버전의 헬름 사용하기

Argo CD는 자체 컨테이너 이미지 내에 기본 템플릿 도구를 갖고 있다. 따라서 Argo CD 버전마다 정해진 버전의 헬름 또는 Kustomize가 함께 번들로 제공된다. 예를 들어 Argo CD 버전 2.0에는 헬름 3.5.1과 Kustomize 3.9.4가 함께 있다. 해당 목록은 다음 링크(https://github.com/argoproj/argo-cd/blob/v2.0.0/hack/tool-versions.sh)에서 찾을 수 있다. 버전 2.1에서는 헬름 3.6과 Kustomize 4.2를 사용한다. 해당 목록은 다음 링크 (https://github.com/argoproj/argo-cd/blob/v2.1.0/hack/tool-versions.sh)에서 찾을 수 있다. 사용 중인 템플릿 도구의 특정 버전에 따라 매니페스트가 달라지는 경우가 생길 수 있다. Kustomize 3에서 4로 업그레이드하는 데 시간이 많이 걸릴 수 있지만, 이전 버전보다 버그가 수정되고 개선 사항도 반영된 Argo CD 2.1을 사용하고 싶은 경우도 있을 것이다. 반대로 최근 문제되는 버그를 수정한 최신 버전의 템플릿 도구가 필요한 경우도 있을 것이다.

특정 버전의 도구를 지정해 사용하는 방법 중 하나는 고유한 Argo CD 컨테이너 이미지를 만들면 된다. 이 방법은 사용자가 원하는 대로 맞출 수 있고 사용 중인 YAML 템플릿에 적합한 버전을 결정할 수 있으며, 필요 없다고 생각되는 도구는 삭제해 컨테이너 이미지 용량을 줄일 수 있다. 이 방식의 문제는 손이 많이 간다는 것이다. 이미지를 빌드하고, 컨테이너 레지스트리에 푸시하고, 새로운 패치나 마이너 버전마다 이 작업을 해야 한다. Argo CD 업그레이드는 자체 관리형 인스턴스를 사용하면 매우 간단한 작업이지만, 자체 컨테이너 이미지를 사용하면 관리 부담이 있을 수 있다.

헬름 또는 기타 템플릿 도구의 특정 버전을 사용할 수 있는 더 쉬운 방법이 있다. 리포지터리 서버 배포에 초기화 컨테이너init container를 사용하면 된다. 이 초기화 컨테이너는 특정 버전의 도구 바이너리tool binary를 다운로드한 다음 컨테이너 이미지 내에서 해당 도구를 교체할 수 있다. 이 방법이 복잡해보일 수는 있지만, 설정하기 매우 간단하기 때문에 이 방법으로 Argo CD를 업그레이드할 수 있다. 초기화 컨테이너가 메인 컨테이너와 분리돼 있기 때문에 항상 같은 방법으로 Argo CD를 업그레이드할 수 있다. 지금부터는 Argo CD 2.1의 헬름 설치를 기준으로 이를 수행하는 방법을 살펴보자. Argo CD 2.1은 헬름 3.6과 함께 제공되지만 헬름 3.5.1로 배포하고 싶은 경우를 예로 들어 알아볼 것이다. Kustomize 설치에 대해서는 공식 문서(https://argo-cd.readthedocs.io/en/stable/operator-manual/custom_tools)에서 자세한 내용을 확인할 수 있다.

헬름을 통해 어떻게 설치되는지 과정을 확인해보고 values.yaml 파일에 수정할 내용은 무엇인지도 확인해보자.

먼저 custom-tools라는 이름으로 emptyDir 유형의 새로운 볼륨을 정의해보자. 이 유형의 볼륨은 노드에서 사용하는 기본 스토리지 유형으로 파일 크기는 약 40MB 정도로 디스크 용량을 걱정할 필요는 없다. 파드가 노드에서 삭제된 경우에만 볼륨이 삭제되기 때문에 컨테이너를 재시작해도 볼륨의 내용이 삭제되지는 않는다.

일단 볼륨이 있으면 초기화 컨테이너와 Argo CD 파일이 있는 메인 컨테이너에 볼륨을 마운트한다. 메인 컨테이너에 볼륨을 마운트할 때 subPath: helm 필드를 잘 지정하는 것이 매우 중요하다. 이 필드를 통해 이전 파일(교체하려는 헬름 버전)을 제거하고 `mountPath`를 /usr/local/bin/helm로 설정해 초기화 컨테이너에서 신규버전의 파일을 가져올 수 있다.

초기화 컨테이너는 `alpine:3.15` 이미지를 사용한다. 동일한 볼륨을 마운트하고 `wget`을 사용해 원하는 헬름 버전을 다운로드할 것이다.

values-overwrite.yaml이라는 파일을 만들고 다음 내용을 입력한다. 이 코드는 이 책의 공식 깃허브 리포지터리(https://github.com/PacktPublishing/ArgoCD-in-Practice)의 ch07/day-to-day/custom-helm/values-overwrite.yaml에서 찾을 수 있다.

▼ 위치: ch07/day-to-day/custom-helm/values-overwrite.yaml

```
repoServer:
  volumes:
    - name: custom-tools
      emptyDir: {}
  volumeMounts:
    - mountPath: /usr/local/bin/helm
      name: custom-tools
      subPath: helm
  initContainers:
    - name: download-tools
      image: alpine:3.15
      command: [sh, -c]
      args:
        - wget -qO- https://get.helm.sh/helm-v3.5.1-linux-amd64.tar.gz |
tar -xvzf - && mv linux-amd64/helm /custom-tools/
      volumeMounts:
        - mountPath: /custom-tools
          name: custom-tools
```

업데이트를 테스트하려면 다음 명령을 사용해 헬름으로 Argo CD를 쉽게 설치할 수 있다.

```
helm install argocd argo/argo-cd -n argocd -f values-overwrite.yaml
```

예시는 헬름으로 구성돼 있지만 특정 버전의 Kustomize를 사용하는 것도 별로 어렵지 않을 것이다. 초기화 컨테이너에서 다운로드하는 내용과 메인 컨테이너의 올바른 경로에 볼륨을 마운트하는 것만 알맞게 변경하면 된다.

또한 메인 컨테이너가 초기화 컨테이너와 분리돼 있고 이 둘은 새로운 바이너리를 다운로드한 볼륨을 공유하고 있다. 이 볼륨을 통해 Argo CD를 다음 버전으로 업그레이드하더라도 고정된 템플릿 엔진의 버전을 유지할 수 있다.

⫶ 성능 향상

이 책에서는 Argo CD 설치 시 더 나은 결과를 얻기 위해 몇 가지 설정이나 환경변수를 설명하면서 성능에 대한 주제를 여러 번 다뤘다. 예를 들어 3장에서는 리포지터리 서버의 환경변수 ARGOCD_EXEC_TIMEOUT에 대해서 설명했다. 이 변수는 헬름이나 Kustomize가 매니페스트를 생성하는 시간의 할당량을 늘려 타임아웃이 발생하지 않도록 할 수 있다. 같은 장에서 모든 구성 요소에 대한 리소스 설정 및 레플리카 수를 증가시키는 방법에 대해 설명했다. 이런 내용을 다시 설명하는 것보다 애플리케이션 컨트롤러와 리포지터리 서버 성능을 제어할 수 있는 몇 가지 매개변수를 집중적으로 알아보자. 컨테이너를 시작할 때 명령에 설정해야 하는 플래그다.

애플리케이션 컨트롤러

애플리케이션 컨트롤러는 작업이 시작되는 곳이다. UI에서 Sync 버튼을 클릭하거나 argocd app sync라는 CLI 명령으로 서버에 직접 API를 호출해서, 또는 동기화 주기(기본값은 3분)마다 애플리케이션 컨트롤러가 동기화 절차를 수행하게 된다. 이 작업에 영향을 미칠 수 있는 몇 가지 매개변수가 있다. 그 매개변수에 대해서 더 살펴보자.

- --status-processors: 동시에 처리할 수 있는 애플리케이션 수를 지정하는 매개변수다. 따라서 많은 애플리케이션을 처리하는 인스턴스의 경우 더 큰 값이 필요하다. 공식 문서에는 1,000개의 애플리케이션에 대해 50의 값을 추천하며 기본값은 20이다.

- --operation-processors: 기본값은 10이며 동시에 동기화 가능한 작업 수를 지정한다. 1,000개 애플리케이션에 대해 값은 25로 지정하는 것을 추천한다.

- --repo-server-timeout-seconds: 애플리케이션 컨트롤러는 매니페스트 생성 작업을 리포지터리 서버 컨테이너로 위임한다. 이 작업에는 인터넷에서 아티팩트를 가져와야 하는 경우가 많아 시간이 많이 소요된다(예를 들어 헬름이 레지스트리에서 차트를 다운로드하거나 Kustomize가 원격 베이스를 다운로드하는 경우). 애플리케이션 컨트롤러는 리포지터리 서버가 매니페스트 생성이 완료할 때까지 이 매개변수에서 설정한 값만큼 대기하고 그렇지 않으면 Context deadline exceeded 예외로 실패한다. 따라서 이런 실패가 자주 발생할 경우 이 매개변수의 값을 증가시켜야 한다. 기본값은 60초다.

- --kubectl-parallelism-limit 매니페스트 생성이 완료되면 대상 클러스터에 매니페스트를 적용시켜야 한다. 1장에서 깃옵스 개념을 설명했을 때 이 작업은 kubectl apply 명령을 통해 선언적으로 이뤄졌다. 이 매개변수는 동시에 kubectl 명령을 실행할 수 있는 수를 지정하고 기본값은 20이다. 만약 애플리케이션이 빠르게 동기화돼야 한다면 숫자를 높이면 된다. 다만 숫자가 높을수록 컨테이너에 OOM^Out-Of-Memory 이슈가 발생할 수 있으므로 항상 신중하게 값을 결정해야 한다.

헬름으로 설치 시 이러한 매개변수의 값을 설정하려면 controller.args 필드에서 매개변수화하거나 controller.extraArgs 필드에서 배열을 사용한다. 따라서 values.yaml 파일은 다음과 같다. 이러한 매개변수에 해당하는 부분만 책에 수록했다. 수정된 전체 코드는 이 책의 공식 깃허브 리포지터리(https://github.com/PacktPublishing/ArgoCD-in-Practice)의 ch07/performance-improvement/helm-installation/override-values.yaml 파일에서 확인할 수 있다.

▼ 위치: ch07/performance-improvements/helm-installation/override-values.yaml

```
controller:
  args:
    statusProcessors: "50"
    operationProcessors: "25"
    repoServerTimeoutSeconds: "60"
  extraArgs:
    - --kubectl-parallelism-limit=30
```

애플리케이션 컨트롤러의 성능에 영향을 미치는 매개변수를 확인해봤으니 이제 리포지터리 서버와 관련된 매개변수를 확인해보자.

리포지터리 서버

리포지터리 서버는 kubectl apply 명령으로 대상 클러스터에 간단히 적용할 수 있는 매니페스트 생성을 담당한다. 따라서 헬름, Kustomize 또는 제이소넷 템플릿을 사용해 최종 YAML 매니페스트를 생성한다. 생성된 매니페스트는 깃 리포지터리의 커밋 **보안 해시 알고리듬**SHA, Secure Hashing Algorithm이 변경되지 않는 한 기본적으로 24시간 동안 캐싱된다. 따라서 해당 시간 이내라면 매번 매니페스트를 재생성할 필요 없이 캐시된 버전을 사용할 수 있다. 다음은 매니페스트 생성에 영향을 주는 리포지터리 서버 컨테이너에 전달할 수 있는 플래그와 환경변수에 대한 설명이다.

- --parallelismlimit: 동시에 생성할 수 있는 매니페스트의 수를 말한다. 기본값은 0으로 제한이 없다는 의미이며, 컨테이너를 재시작해야 하는 OOM 문제가 발생할 가능성이 높아진다. 그렇기 때문에 OOM에 의한 재시작이 발생할 수 있음을 염두에 두고 관찰하다가(이에 대해 3장의 관찰 가능성 활성화 부분에서 이야기했다) 해당 이슈가 자주 발생한다면 제한을 둘 필요가 있다. 이 플래그 대신 ARGOCD_REPO_SERVER_PARALLELISM_LIMIT 환경변수를 사용해도 동일하다.

- --repo-cache-expiration: 매니페스트가 캐시되는 기간이며 기본값은 24시간이다. 일반적으로 이 값을 수정하면 안 되지만 배포 빈도에 따라 더 높게 설정할 수 있다. 값을 더 낮게 설정하면 Argo CD가 매니페스트를 다시 계산하게 되므로 캐싱의 이점이 줄어들고 운영 부담은 더 커질 수 있다.

- ARGOCD_GIT_ATTEMPTS_COUNT 환경변수: 이 값은 깃 리포지터리의 태그, 브랜치 참조 또는 기본 브랜치의 HEAD를 해당 커밋 SHA로 변환하려고 시도하는 횟수를 지정한다. 이 작업은 설정에 따라 여러 번 수행되고, 실패하게 되면 동기화 실패로 이어질 수 있다. 기본값은 1이며, 재시도하지 않는다는 의미다. 그래서 1보다 큰 값을 설정하는 것이 안전하다.

- ARGOCD_EXEC_TIMEOUT 환경변수: 헬름이나 Kustomize를 통해 매니페스트를 생성할 때 헬름 차트의 경우 레지스트리에서 다운로드하거나 Kustomize는 원격 베이스에서 다운로드하는 것처럼 뭔가 다운로드해야 한다. 이 때문에 매니페스트를 생성하는 시간이 늘어나게 되고 특히 큰 헬름 차트의 경우 오래 걸릴 수 있다. 따라서 이 값을 통해 리포지터리 서버 내에서 매니페스트 생성하는 데 걸리는 시간을 통제할 수 있다. 기본값은 90초이지만 해당 값으로 실패가 계속되면 증가시키는 것이 좋다. 또한 이 값은 애플리케이션 컨트롤러의 --repo-server-timeout-seconds 플래그와 관련이 있으므로 비슷한 값으로 맞춰야 한다.

헬름 매개변수에 다른 값을 사용해야 하는 경우 플래그에 대해서는 repoServer.extraArgs 필드에 작성하고, 환경변수에 대해서는 env 필드에 지정해야 한다. 이렇게 작성된 values.yaml 파일은 다음과 같을 것이다. 완성된 내용에 대해서는 이 책의 공식 깃허브 리포지터리(https://github.com/PacktPublishing/ArgoCD-in-Practice)의 ch07/performance-improvement/helm-installation/override-values.yaml에서 확인할 수 있다.

▼ 위치: ch07/performance-improvements/helm-installation/override-values.yaml

```
...(중략)...
repoServer:
  extraArgs:
    - --parallelismlimit=5
    - --repo-cache-expiration=24
  env:
    - name: "ARGOCD_GIT_ATTEMPTS_COUNT"
      value: "3"
    - name: "ARGOCD_EXEC_TIMEOUT"
      value: "300s"
```

argocd-server는 메인 API 서버로 성능에 영향을 미치는 플래그가 없다. 왜냐하면 리포지터리 서버와 애플리케이션 컨트롤러가 주된 작업을 수행하기 때문이다. 메인 서버는 웹 UI, CLI, curl과 같이 사용자 지정 도구에서 사용하는 API를 노출하는 것이 주요 역할이다.[1]

⁙ 요약

7장에서는 Argo CD를 사용할 때 발생할 수 있는 일들을 알아봤다. 설치 시 발생할 수 있는 예상치 못한 문제부터 재시작을 안전하게 하는 방법 그리고 특정 버전의 템플릿 엔진을 고정해 사용하는 방법까지 다뤘다. 마지막으로 Argo CD에서 가장 중요한 구성 요소인 리포지터리 서버와 애플리케이션 컨트롤러의 성능을 향상시키고 영향을 미칠 수 있는 매개변수와 환경변수에 대해 자세히 살펴봤다.

8장에서는 실제 프로덕션 환경에 매니페스트를 적용하기 전에 가능한 많은 문제를 발견하기 위해서 Argo CD로 푸시하는 YAML 파일에 대해 다양한 검사와 유효성 검사를 수행하는 방법을 자세히 살펴볼 것이다.

⁙ 더 알아보기

좀 더 많은 정보를 확인하고 싶다면 다음 자료들을 참고하기 바란다.

- Argo CD와 Kustomize: https://redhat-scholars.github.io/argocd-tutorial/argocd-tutorial/03-kustomize.html

- 쿠버네티스의 emptyDir 볼륨 유형: https://kubernetes.io/docs/concepts/storage/volumes/#emptydir

---

1   책에서는 언급하지 않았지만 공식 문서에서 추가적인 지표를 확인할 수 있다. https://argo-cd.readthedocs.io/en/stable/operator-manual/high_availability/ – 옮긴이

- mountPath와 subPath 동작에 대한 자세한 설명: https://stackoverflow.com/questions/65399714/what-is-the-difference-between-subpath-and-mountpath-in-kubernetes/65399827

- 쿠버네티스 애플리케이션의 일반적인 문제 해결 기법: https://kubernetes.io/docs/tasks/debug-application-cluster/debug-application/

- 성능 튜닝(진행 중) – 자세한 내용과 변경 사항은 다음 링크(https://github.com/argoproj/argo-cd/issues/3282)를 참조하기 바란다.

08

YAML과 쿠버네티스 매니페스트

YAML을 빼놓고서는 깃옵스와 Argo CD를 이야기할 수 없다. 지금까지 모든 장에서 YAML을 많이 사용했고, Argo CD를 사용한다면 더 많이 사용할 것이기 때문에 YAML을 정적^{statically}으로 분석하는 방법에 대해 몇 가지 소개한다. 먼저 가장 대중적인 템플릿 엔진인 헬름과 Kustomize를 자세히 살펴보고, 깃옵스 엔진이 적용할 최종 매니페스트를 생성하기 위해 이 템플릿 엔진을 어떻게 사용해야 하는지 살펴본다. 그다음 쿠버네티스 스키마에 대해 생성하는 매니페스트를 검증할 수 있는 도구를 살펴본다. 이후에는 일반적인 사례를 통해 매니페스트를 적용해보면서 시스템의 안정성과 예측 가능성을 갖추도록 해볼 것이다. 마지막으로 파이프라인에서 YAML 확장 검사를 적용할 수 있는 흥미로운 도구인 conftest라는 도구를 소개하면서 마무리하려고 한다. conftest는 Rego라는 언어로 자신만의 규칙을 정의할 수 있다.

8장에서 다룰 주요 주제는 다음과 같다.

- 템플릿 옵션 활용

- 유효성 검사 유형 탐구

- 쿠버네티스 스키마 검증

- 매니페스트 강화 모범사례

- conftest를 통한 확장 검사

기술 요구 사항

8장에서는 YAML이 깃옵스 리포지터리에 병합^{merge}되기 전에 수행할 수 있는 단계에 집중해볼 것이다. 코드가 일단 main 브랜치에 커밋되면 Argo CD에 의해 클러스터에 적용되므로 병합 전에 수행할 수 있는 가능한 유효성 검사를 살펴본다. Argo CD를 반드시 실행해야 하는 것은 아니지만 그래도 있으면 마지막에 생성할 애플리케이션을 확인할 수 있어 좋다. 이 외에도 헬름(https://helm.sh/docs/intro/install)과 Kustomize(https://kubectl.docs.kubernetes.io/installation/kustomize)가 설치가 돼 있어야 한다. 또한 데모에서는 도커(https://docs.docker.com/get-docker/)를 사용해 모든 도구를 컨테이너로 실행할 것이다. 따라서 도구를 설치할 필요 없이 컨테이너 이미지를 통해 사용할 것이다. 8장에서 학습하는 모든 코드는 이 책의 공식 깃허브 리포지터리(https://github.com/Packt Publishing/ArgoCD-in-Practice)의 ch08 폴더에서 확인할 수 있다.

템플릿 옵션 활용

대표적인 YAML 템플릿 옵션인 헬름과 Kustomize를 살펴보고 Argo CD와 함께 사용할 때 이를 최대한 활용할 수 있는 방법을 살펴보자. 여기서는 헬름과 Kustomize에 대해서 이미 어느 정도 알고 있을 것이라는 전제하에 설명하므로 작동 방식을 소개하지는 않는다. 만약 이 도구들이 익숙하지 않다면 공식 문서의 가이드를 따르기 바란다.[1] 여기서는 Argo CD에서 수행한 것과 동일한 방식으로 템플릿에서 매니페스트를 생성하는 방법에 중점을 둘 것이다.

---

1 헬름은 다음 링크(https://helm.sh/docs/intro/quickstart/)이고, Kustomize는 다음 링크(https://kubectl.docs.kubernetes.io/guides/)다.

헬름

헬름은 쿠버네티스 매니페스트에서 가장 많이 사용되는 템플릿 옵션이다. 정말 유명하고 많이 사용하고 있어 아마 대부분 헬름 차트로 애플리케이션을 배포하고 있을 것이다. 클러스터에서 헬름 차트를 설치하는 가장 쉬운 방법은 Argo CD 애플리케이션의 기본 선언적 지원$^{native\ declarative\ support}$을 사용하는 것이다. 이 선언적 방식을 통해 Traefik 차트(https://github.com/traefik/traefik-helm-chart)를 배포하는 방법을 알아보자. Traefik은 쿠버네티스 클러스터에 들어오는 트래픽을 처리하는 인그레스 컨트롤러 역할을 한다. 외부 엔드포인트와 내부 서비스 사이에 통신을 담당하고 모든 종류의 미들웨어 컴포넌트를 정의할 수 있다.

Traefik 차트 9.14.3 버전을 배포하면서 기본 매개변수 중 일부를 변경해볼 것이다. 예를 들어 다음과 같은 사례들에 활용할 수 있다. 하나의 인스턴스에 3개의 레플리카를 필요로 하는 경우, 클러스터 업그레이드와 같이 예상치 못한 이벤트가 발생했을 때 사용 가능 혹은 불가능한 파드의 개수를 정의할 수 있는 **파드 분배 계획**$^{PDB,\ PodDisruptionBudget}$을 활성화하고자 하는 경우, INFO 레벨의 로그를 저장하고 액세스 로그를 활성화하는 경우 알맞은 매개변수를 변경해 사용하면 된다.

이 책의 공식 깃허브 리포지터리(https://github.com/PacktPublishing/ArgoCD-in-Practice)에 있는 ch08/Helm/traefik-application.yaml 경로에서 애플리케이션을 찾을 수 있으며, 다음과 같이 기존 apply 방식으로 설치할 수 있다.

```
kubectl apply -f ch08/Helm/traefik-application.yaml -n argocd
```

애플리케이션의 매니페스트는 다음과 같이 구성돼 있다.

▼ 위치: ch08/Helm/traefik-application.yaml

```
apiVersion: argoproj.io/v1alpha1
kind: Application
metadata:
  name: traefik
  namespace: argocd
spec:
```

```
  project: default
  source:
    chart: traefik
    repoURL: https://helm.traefik.io/traefik
    targetRevision: 9.14.3
    helm:
      parameters:
        - name: image.tag
          value: "2.4.2"
        - name: deployment.replicas
          value: "3"
        - name: podDisruptionBudget.enabled
          value: "true"
        - name: logs.general.level
          value: "INFO"
        - name: logs.access.enabled
          value: "true"
  destination:
    server: https://kubernetes.default.svc
    namespace: traefik
  syncPolicy:
    automated: {}
    syncOptions:
      - CreateNamespace=true
```

위 예시에서는 몇 개의 매개변수만 변경해봤다. 실제 운영 환경에서 설치할 때는 지금
과 같은 기본 설치보다 훨씬 더 많은 매개변수를 변경할 것이다. 서비스 리소스의 경우
LoadBalancer 타입을 사용하고 어노테이션을 활용해 다양한 설정을 제어할 가능성이
높다. 그리고 컨테이너에 대한 리소스를 설정하고, 서비스 메시service mesh를 사용한다
면 파드 어노테이션에 추가적인 설정을 해야 할 수도 있다. 여기서 강조하고 싶은 부분
은 변경하는 매개변수가 많을수록 파일이 점점 커질 수 있지만 Argo CD 애플리케이션
과 헬름 차트 간의 연관성이 더 많아진다는 것이다. 애플리케이션 정의와 헬름 차트를
각각 분리할 수 있다면 더 좋을 것이다.

두 부분을 분리하고 싶다면 배포하려는 헬름 차트를 하위 차트subchart로 사용하면 된다.
아마 우산형 차트umbrella chart[2]라는 용어를 들어본 적이 있을 것이다. 차트에 필요한 종

---

2   우산형 차트는 여러 개의 하위 차트를 포함하는 하나의 메인 차트다. 헬름에서는 우산형 차트와 하위 차트를 통해 차트
    관리 및 패키징에 사용하고 있다. 이를 통해 쿠버네티스 애플리케이션을 더 모듈화하고 재사용 가능하게 한다. ─ 옮긴이

속성을 정의하는 것이 하위 차트이고, 메인 차트는 우산형 차트가 된다. 이 경우 traefik-umbrella라는 폴더를 두고, 폴더 안에는 하위 차트를 정의하는 최소 2개의 파일이 필요하다. 그중 첫번째가 Chart.yaml 파일인데, 다음과 같이 구성돼 있다.

▼ 위치: ch08/Helm/traefik-umbrella/Chart.yaml

```
name: traefik-umbrella
apiVersion: v2
version: 0.1.0
dependencies:
- name: traefik
  version: 9.14.3
  repository: "https://helm.traefik.io/traefik"
  alias: traefik
```

그리고 두 번째가 values.yaml이다. 이 파일은 오직 덮어쓸 필드로만 이뤄졌기 때문에 코드 중 일부를 발췌한 것처럼 보일 수 있다.

▼ 위치: ch08/Helm/traefik-umbrella/values.yaml

```
traefik:
  image:
    tag: "2.4.2"
  deployment:
    replicas: 3
  podDisruptionBudget:
    enabled: true
  logs:
    general:
      level: "INFO"
    access:
      enabled: "true"
```

다음으로 이 2개의 파일이 있는 폴더의 위치를 가리키는 애플리케이션을 만든다. Argo CD는 Chart.yaml 파일을 확인하고 이 파일이 헬름 차트에 관한 것임을 인식한다. 처음에는 helm dependencies update 명령을 사용해 모든 종속성을 다운로드한 후 helm template 명령을 통해 클러스터에 적용할 매니페스트를 생성한다. 이 과정은 가끔 오류 (예를 들어 존재하지 않는 의존성이나 종속성 버전을 다운로드해 시간 초과하는 경우)가 발생할 수 있으며, 이는 Argo CD 애플리케이션 상태에서만 볼 수 있다. 따라서 파이프라인에서 YAML 변경 사항을 메인 브랜치에 병합하기 전에 실행해보는 것처럼 Argo CD에서 헬름 차트를 배포하기 전에 이러한 오류를 발견하면 좋을 것이다.

서브 차트 접근 방식에 따라 업그레이드 시 Chart.yaml에서 버전을 수정해야 한다. 9.14.3 버전에서 9.15.1 버전으로 업그레이드하는 것을 예로 들어보자. 단순해 보이지만 차트에서는 많은 변화가 생긴다. 리소스가 추가되고 기존 값은 변경되고 애플리케이션에 영향을 주는 여러 동작이 발생할 수 있다. 따라서 새로운 버전의 변경 사항이 어떤 영향을 주는지에 대한 지표^{indication}를 얻을 수 있으면 좋을 것이다.

노트

> **CRD를 자동으로 업그레이드하는 Argo CD**
>
> 헬름 v3가 CRD를 어떻게 처리하는지 잘 알고 있다면 CRD가 처음 생성 시에만 자동으로 만들어지고 그 후에는 자동으로 업데이트되지 않는다는 것을 알 것이다. 만약 업데이트하려면 수동으로 해야 한다(https://helm.sh/docs/chart_best_practices/custom_resource_definitions). 그런데 Argo CD는 특이하게 다른 리소스와 마찬가지로 CRD도 업데이트를 해준다. 그래서 헬름을 초기 매니페스트 생성에만 쓰고 그 후에는 kubectl을 통해 적용시킨다.

헬름 yaml 템플릿의 오류를 체크하고 파이프라인에서 실행할 수 있는 간단한 스크립트를 통해 변경 사항을 체크해볼 수 있다. 이 스크립트는 이 책의 공식 깃허브 리포지터리(https://github.com/PacktPublishing/ArgoCD-in-Practice)의 ch08/Helm/validate-template.sh 파일로 확인할 수 있다. Traefik 하위 차트를 갖고 와서 output 폴더에 매니페스트를 생성한다. 그다음 main 브랜치가 아닌 feature 브랜치에서 스크립트를 실행한다고 가정했을 때, 스크립트를 실행하는 것을 **풀 리퀘스트**라고 생각한다. 그다음으로 main 브랜치로 이동해 템플릿을 다른 output 폴더에 생성하면 좋을 것이다. 마지막에는 diff 명령어를 통해 두 폴더에 있는 쿠버네티스 매니페스트의 차이를 확인해보고 || true 접미사를 사용해 diff 명령어가 차이점을 발견하면 exit 코드를 반환해도 무시하고 진행하도록 한다. 다음 코드에 이 모든 것이 포함돼 있다.

```
helm dependency update traefik-umbrella
helm template traefik-umbrella -include-crds --values traefikumbrella/
values.yaml --namespace traefik --output-dir out
```

```
git checkout main
helm dependency update traefik-umbrella
helm template traefik-umbrella -include-crds --values traefik-umbrella/
values.yaml --namespace traefik --output-dir out-default-branch
diff -r out-default-branch out || true
```

Argo CD에서 변경 사항을 적용했을 때 오류가 발생하지 않는지 확인하려면 처음 두 명령어만 실행하면 된다. 그리고 이해하기 어려운 오류가 발생하는 경우 helm template 명령에서 사용할 수 있는 --debug 플래그를 사용하면 된다. 자세한 내용은 다음 링크 (https://helm.sh/docs/chart_template_guide/debugging/)를 참조하기 바란다.

헬름이 이미 대중화돼 있어 Argo CD로 헬름 차트를 많이 설치하게 될 것이다. 이미 주요 애플리케이션은 헬름 차트가 생성돼 있어 가져다 쓰기도 쉽다. 따라서 헬름 차트를 동작하기 위한 파이프라인을 구축하는 것은 충분히 가치가 있다. 빨리 구축할수록 장점이 많다. 파이프라인에서 미리 검증하기 때문에 문제를 미리 발견할 수 있어 Argo CD에서 문제 발생할 일이 더 적어질 것이다.

Kustomize

Kustomize가 헬름만큼 유명하지는 않지만 여전히 애플리케이션 개발자들은 선호하는 옵션이다. Argo CD는 초기에 Kustomize로 설치할 수 있는 간단한 매니페스트만 제공했으나 시간이 지나고 헬름 차트도 공개했다. Argo CD를 먼저 접해본 사람들은 Kustomize로 배포하는 것이 헬름 v2에 비해 장점이 많다고 느꼈지만, 헬름 v3가 출시되면서 더 이상 그렇지 않게 됐다.

Argo CD가 깃 리포지터리에서 kustomization.yaml 파일을 발견하면 Kustomize라는 것을 인식한다. 이 파일이 리포지터리에 있다면 kustomize build 명령어(https://github.com/kubernetes-sigs/kustomize#1-make-a-kustomization-file)를 통해 매니페스트를 생성한다. 일반적으로 매니페스트가 생성되면 kubectl apply 명령을 통해 대상 클러스터에 적용한다. 그래서 같은 방법을 헬름 템플릿에서도 적용해 메인 브랜치에서 매니페스트를 생성하고, 현재 작업 브랜치에서 매니페스트를 업데이트한 후 diff 명령어를 통해 둘의 차이를 사용자에게 보여준다. 최근에는 Kustomize로 배포하는 애플리케이션이 적고 헬름 템플릿으로 수행해도 거의 동일하기 때문에 Kustomize에 대한 데모는 진행하지 않을 것이다.

Argo CD에 적용할 매니페스트를 생성하는 것은 쿠버네티스 리소스를 깃옵스 운영자에게 넘기기 전에 사전 검증할 수 있는 좋은 방법이다. 발생할 수 있는 문제를 사전에 발견할 수 있고 동기화 후에 Argo CD에서 애플리케이션 상태를 확인할 필요도 없다. 이렇게 하면 개발 초기에 모든 커밋에 대해 검사를 실행해 변경 사항을 병합하고 난 뒤 발생할 수 있는 오류를 줄일 수 있다. 다음으로 YAML 구조를 확인해보고 쿠버네티스 리소스를 이해하는 것으로 매니페스트에 대해 수행할 수 있는 유효성 검사 유형을 살펴볼 것이다.

유효성 검사 유형 탐구

쿠버네티스 환경에는 정말 많은 YAML이 있고 이를 개선하기 위해 템플릿 옵션을 사용하는 방법을 알아봤다. 작은 매니페스트로 시작해 헬름 차트에 환경변수, 초기 컨테이너, 사이드카 등 더 많은 리소스를 계속 추가한다. 결국에는 클러스터에 적용할 때는 많은 내용이 추가된 헬름 차트 또는 Kustomize 매니페스트를 갖게 된다.

따라서 클러스터에서 매니페스트를 적용하기 전에 먼저 유효성 검사^{validation}를 하는 것이 좋다. 가능한 한 많은 문제를 미리 발견해 문제가 더 커지지 않도록 수동으로 개입해서 해결할 수 있도록 하기 위함이다.

유효성 검사를 시작하는 간단한 방법은 린팅^{linting}하는 것이다. 이는 구문^{syntax}에 대해 검토하지 않고 YAML 파일의 구조를 잘 지키고 있는지 확인한다. 그러면 쿠버네티스 매니페스트를 어느 정도 추상화할 수 있다. YAML 파일 내에 너무 긴 줄$^{big\ lines}$이나 불필요한 공백, 들여쓰기 등이 잘못된 것은 없는지 확인한다. 이때 많이 활용되는 도구는 yamllint이다(https://github.com/adrienverge/yamllint). 이 도구는 yaml 파일에서 다양한 필드를 검사할 수 있는 규칙이 설정돼 있고 자신만의 규칙을 생성해 사용할 수도 있어 확장성도 좋다.

도커 이미지가 제공되기 때문에 파이프라인에서 쉽게 사용할 수 있다. yamllint 이미지 는 도커 허브(https://hub.docker.com/r/pipelinecomponents/yamllint) 혹은 깃랩 레지스트 리(https://gitlab.com/pipeline-components/yamllint)에서 확인할 수 있다. yamllint 공식 문서(https://yamllint.readthedocs.io/en/stable/index.html)에서는 규칙 비활성화나 기본값 수정 등 많은 설정 옵션을 제공한다(예를 들어 YAML 코드의 최대 길이 제한도 설정할 수 있다).

yamlint가 매니페스트에서 모든 문제를 발견해줄 것이라는 기대는 하지 말자. 구조가 올바른지 확인하기는 하지만 결국에는 yamllint 규칙에 따라 읽고 이해하기 쉬운 YAML 매니페스트를 제공해줄 뿐이다.

일단 YAML을 깔끔하게 만들어놓으면 계속해서 매니페스트 유효성 검사에 사용할 수 있는 더 많은 도구를 사용해볼 수 있다. 헬름은 템플릿 작성에 가장 많이 사용되는 옵션 으로 헬름 차트를 테스트하기 위해 특별히 고안된 도구도 있다. 가장 유명한 것은 ct^chart-testing 프로젝트다(https://github.com/helm/chart-testing). 이 도구는 헬름 차트를 검 증할 뿐 아니라 설치도 해주고 실시간 테스트를 수행할 수 있다(내부에서는 helm install 과 helm test 명령으로 동작한다). 실제로 설치를 수행하지 않고도 빠른 피드백을 제공할 수 있는 린팅을 자세히 살펴볼 것이므로 실제 쿠버네티스 클러스터는 필요하지 않다.

정적 유효성 검사를 위한 명령은 ct lint(https://github.com/helm/chart-testing/blob/main/ doc/ct_lint.md)로 내부적으로는 helm lint와 여러 가지 작업을 실행한다. 또 다른 기능은 차트 버전 유효성 검사로 default 브랜치와 feature 브랜치에서 충돌하는 것은 없는지 그리고 차트 관리자^maintainer가 깃랩의 상위 그룹 혹은 깃허브의 조직에 속해 있는지 확 인해준다.

차트 바로 하위에 ci 폴더에서 정의하는 여러 vaules.yaml 파일에 대한 린팅을 지원하 므로 YAML 파일에서 제공하는 다양한 입력^input을 기반으로 다양한 로직을 쉽게 테스 트할 수 있다.

또 다른 이점은 ct 프로젝트에 yamlint와 함께 yamale(https://github.com/23andMe/ Yamale)이라는 또 다른 도구도 내장돼 있다는 점이다. yamale 또한 구조 린팅에 사용한다. ctlint라는 명령어를 사용하면 한 번에 실행되므로 2개를 나눠서 사용할 필요가 없다.

예를 들어 깃 사전 커밋 후크(https://quay.io/repository/helmpack/chart-testing)와 같이 CI 파이프라인의 한 부분이나 로컬에서 쉽게 실행할 수 있도록 컨테이너 이미지로 제공된다.

YAML과 헬름 차트의 유효성을 검사하는 데 사용하는 도구 외에도, 관련성이나 제약조건을 포함해 쿠버네티스의 리소스를 이해하는 도구도 있다. 다음 세 가지 유형의 도구가 있다.

- 최신 버전으로 업그레이드하기 전에 검사를 실행할 수 있도록 쿠버네티스 스키마 버전에 따라 매니페스트를 검사한다.
- 매니페스트 유효성 검사의 모범 사례 필드를 따른다.
- 유효성 검사를 위한 고유한 규칙을 정의할 수 있다. 새로운 규칙을 정의하는 방법을 배워야 하므로 사용하기 어렵지만 더 큰 유연성을 제공한다.

세 가지 유형의 도구를 이어지는 절에서 살펴보고 새로운 쿠버네티스 버전에서 적용하기 위해 스키마 업데이트를 준비하는 방법부터 살펴보자.

계속해서 이 세 가지 카테고리에 가장 알맞은 도구들을 확인해볼 것이다. **API** 유효성 검사를 수행하기 위해 kubeconform을 확인한 다음 모범 사례를 따르는지 확인하기 위해 kube-linter를 확인하고, 마지막으로 Rego 언어로 고유한 규칙을 설정하는 conftest를 자세히 살펴볼 것이다.

⫶⫶ 쿠버네티스 스키마 검증

쿠버네티스는 새로운 버전마다 API 버전이 지원 중단되거나 제거되기도 한다. 예를 들어 1.16 릴리스 때는 CustomResourceDefinition의 API 버전이 apiextensions.k8s.io/v1으로 도입되면서 apiextensions.k8s.io/v1beta1 버전은 지원 중단됐고, 1.22 버전부터는 완전히 제거됐다. 만약 CustomResourceDefinitions 리소스에서 apiextensions.k8s.io/v1beta1인 API 버전을 사용한다면 쿠버네티스 1.16 버전 이상부터는 지원 중단 경고 메시지를 볼 것이고, 1.22 버전부터는 존재하지 않는 버전이라는 에러가 발생할 것이다.

오래되거나 지원되지 않는 API 버전을 쿠버네티스 클러스터에 사용하는 것도 문제이지만 이미 설치돼 있는 애플리케이션이 곧 지원 중단될 버전을 사용하고 있다가 해당 API 버전이 완전히 제거된 클러스터로 버전을 업그레이드시켰다면 더 큰 문제다. 일반적으로 개발이나 테스트 환경의 클러스터를 업그레이드하는 동안 오류를 감지해야 하지만 항상 오류를 놓치고 프로덕션 환경의 클러스터에서 오류가 발생할 수 있다.

실제로 특정 버전의 쿠버네티스 클러스터에 적용하기 전에 해당 매니페스트를 검증할 수 있는 몇 가지 방법을 알아보자. 먼저 kubectl apply 명령어를 사용할 때 --dry-run=server 옵션을 사용하는 것이다. 이 옵션은 유효성 검사를 위해 매니페스트를 가져오는 요청을 서버로 보내지만 변경 사항은 반영되지 않는다. 또한 이와 유사하게 helm install 명령에도 --dry-run 플래그가 있다. 다만, 이 방법은 효과는 좋은데 사용하려면 특정 버전에서 동작하는 쿠버네티스 클러스터가 필요하다는 단점이 있다. 예를 들어 프로덕션 환경의 쿠버네티스 클러스터가 1.20 버전인데, 검증하고자 하는 매니페스트는 1.21 혹은 1.22인 경우에 각 버전에 맞는 클러스터가 하나씩 필요하다. 온디맨드 환경에서 운영할 경우 요즘에는 최소한 몇 분 이상의 시간이 소요되기 때문에 모든 커밋을 기다려야 하는 만큼 빠르게 피드백을 받을 수 없다. 만약 세 가지 버전의 쿠버네티스 클러스터를 클라우드 공급자에서 운영할 경우 비용도 상당히 많이 들 뿐 아니라 이를 운영하기 위한 추가적인 노력도 필요하다.

매니페스트를 검증하는 또 다른 방법은 쿠버네티스 API의 스키마를 사용하는 것이다. 이에 관련해서는 OpenAPI 형식에 대한 문서에서 잘 설명하고 있고, 쿠버네티스 깃허브 리포지터리에 스키마 파일이 존재한다. 스키마 파일은 JSON 스키마로 변환할 수 있는데, YAML로 작성된 매니페스트의 유효성을 검사하는 데 사용된다(YAML이 JSON의 상위 집합이다). 그리고 변환과 유효성 검사를 자동으로 수행하는 도구가 있어 쿠버네티스 버전에 대한 매개변수만 잘 전달하면 된다.

이를 가능하게 한 첫 번째 도구가 kubeval(https://github.com/instrumenta/kubeval)이었으나 최근에는 이 프로젝트가 활발하게 개발되지 않고 있다. 최신 버전인 v0.16.1은 거의 1년이 됐고, 몇 달 동안 더 이상 승인된 풀 리퀘스트도 없었다. 이 도구를 기반으로 스키마 유효성 검사를 할 수 있는 다른 도구들도 많이 생겼는데 그 중 가장 발전한 것이 바로 kubeconform(https://github.com/yannh/kubeconform)이다.

지금부터는 다양한 스키마 버전으로 Traefik을 생성하는 매니페스트를 검증하는 방법을 살펴보자. 컨테이너 이미지 내에서 도구를 실행하므로 kubeconform을 직접 설치할 필요는 없다. 지금 최신 버전[3]은 0.4.12이고 가장 일반적인 CPU^{Central Processing Unit} 아키텍처인 arm64 버전의 컨테이너 이미지를 사용할 것이다. ARM^{Advanced RISC Machine} 버전의 컨테이너도 있다. 필요하면 다음 링크(https://github.com/yannh/kubeconform/pkgs/container/kubeconform)에서 모두 확인할 수 있다. traefik 헬름 차트로 가서 먼저 매니페스트를 생성하고 1.21와 1.22 버전에 대해 kubeconform로 유효성 검사를 실행해보자.

CRD는 쿠버네티스의 다른 다른 리소스와는 약간 차이가 있다. CRD의 스키마는 OpenAPI v2가 아닌 v3으로 구성돼 있다(https://kubernetes.io/docs/tasks/extend-kubernetes/custom-resources/custom-resource-definitions). 그래서 kubeconform과 kubeval은 OpenAPI v3 스키마를 제대로 가져올 수 없어 유효성 검사가 어렵다. 만약 kubeconform으로 직접 CRD의 유효성 검사를 실행하면 스키마를 찾을 수 없다는 오류가 발생한다. Traefik 헬름 차트를 통해 실행시켜보자. 명령어는 ch08/kubeconform/validate-schema.sh 파일에서 확인할 수 있다. 컨테이너 이미지를 통해 kubeconform을 실행시켜 매니페스트가 생성된 경로를 컨테이너에 볼륨으로 전달한다(리눅스 배포판이나 macOS에서만 실행되는 코드이므로 윈도우를 사용하는 독자의 경우 $(pwd)/out 부분을 /out 폴더의 전체 경로로 변경해 사용하기 바란다). 코드는 다음과 같다.

```
$ helm dependency update traefik-umbrella
$ helm template traefik-umbrella -include-crds --values traefik-umbrella/
values.yaml --namespace traefik --output-dir out
$ docker run -v $(pwd)/out:/templates ghcr.io/yannh/kubeconform:v0.4.12-
amd64 -kubernetes-version 1.21.0 /templates
```

---

3   2024년 2월 기준 최신 버전은 0.6.4다. – 옮긴이

이 명령은 다음과 같이 몇 가지 경고가 표시된다.

```
/templates/traefik-umbrella/charts/traefik/crds/traefikservices.yaml -
CustomResourceDefinition
traefikservices.traefik.containo.us failed validation: could not find
schema for CustomResourceDefinition
/templates/traefik-umbrella/charts/traefik/templates/dashboard-hook-
ingressroute.yaml - IngressRoute RELEASE-NAME-traefik-dashboard failed
validation: could not find schema for IngressRoute
```

위 에러는 이러한 유형의 정의를 누락해 발생한 것이다. 여기서는 유효성 검사를 하지 않고 넘어가거나 누락한 정의를 채워넣는 것 중 선택하면 된다. 지금은 CRD에 대한 유효성 검사가 목적이고 쿠버네티스 버전과 관계없는 IngressRoute는 Traefik 차트와 관련된 것이므로 넘어간다. 넘어가려면 -skip 플래그를 사용하면 된다. CRD 정의의 경우 다음 링크(https://jenkins-x.github.io/jenkins-x-schemas)에 이미 생성된 정의가 있다. 1.21 버전에서는 apiextensions.k8s.io/v1beta1도 여전히 유효하지만, 1.22 버전에서는 apiextensions.k8s.io/v1 버전만 사용할 수 있다. 1.21 버전인 경우 다음과 같이 명령을 실행해보자.

```
docker run -v $(pwd)/out:/templates ghcr.io/yannh/kubeconform:v0.4.12-amd64
-kubernetes-version 1.21.0 -skip IngressRoute -schema-location default
-schema-location 'https://jenkins-x.github.io/jenkins-x-schemas/
apiextensions.k8s.io/v1beta1/customresourcedefinition.json' /templates
```

생각했던 대로 오류가 발생하지 않는다. 1.22 버전인 경우 명령은 다음과 같다.

```
docker run -v $(pwd)/out:/templates ghcr.io/yannh/kubeconform:v0.4.12-amd64
-kubernetes-version 1.22.0 -skip IngressRoute -schema-location default
-schema-location'https://jenkins-x.github.io/jenkins-x-schemas/
apiextensions.k8s.io/v1/customresourcedefinition.json' /templates
```

여기에서 이 필드와 유사한 모든 CRD에 대해 에러 목록을 얻게 된다. 이는 apiextensions. k8s.io의 v1beta1과 v1의 차이 때문에 나타난 결과다.

```
/templates/traefik-umbrella/charts/traefik/crds/ingressroute.yaml -
CustomResourceDefinition ingressroutes.traefik.containo.us is invalid:
For field spec: Additional property version is not allowed
```

노트

> **쿠버네티스 OpenAPI v3 적용**
>
> 쿠버네티스는 1.23 버전부터 OpenAPI v3로 마이그레이션하기 시작했으며 현재는 알파 단계다. 쿠버네티스 스키마 유효성 검사 도구의 주요 장점은 이제 스키마가 깃에 v3 형식으로 게시되기 때문에 유효성을 검사하기 위해 CRD를 v3에서 v2로 변환할 필요가 없다는 것이다(https://github.com/kubernetes/enhancements/tree/master/keps/sig-api-machinery/2896-openapi-v3).

kubeconform의 깃허브 이슈에서는 CRD 유효성 검사를 더 쉽게 만드는 방법에 대해 활발한 논의가 있었다. 다음 링크(https://github.com/yannh/kubeconform/issues/51)에서 확인할 수 있다.

변경 사항을 적용하기 전에 CI 단계에서 각 버전의 스키마를 검증해 좀 더 빨리 문제를 파악할 수 있다. 이것은 YAML 매니페스트를 정적으로 분석하는 유효성 검사 종류 중 하나이지만 다른 종류들도 있다. 그래서 이제는 모범 사례를 통해 쿠버네티스 매니페스트를 검증하는 도구를 살펴볼 것이다.

⁙ 매니페스트 강화 모범 사례

운영 환경의 쿠버네티스에서 애플리케이션을 동작시킬 때는 누구나 문제없이 잘 작동되기 바란다. 그러려면 미리 준비하고 쿠버네티스에 배포하는 파드들은 모두 준비성readiness과 활성liveness 프로브(https://kubernetes.io/docs/tasks/configure-pod-container/configure-liveness-readiness-startup-probes/)가 설정돼 있어야 한다. 그리고 컨테이너는 메모리와 CPU에 대한 요청 사항과 제한 사항(https://kubernetes.io/docs/concepts/configuration/manage-resources-containers/)이 설정돼 있어야 한다. 이미지에는 latest 태그[4]를 사용하지 않는지 확인해야 한다. 그리고 제품product 팀이 헬름 차트를 생성할 때

---

4 버전을 직접 명시하는 것이 아니라 latest라는 태그명을 붙여 사용하게 되면 버전에 대한 추적 관리부터 운영 안정성을 저해하기 때문에 지양해야 한다. - 옮긴이

위 내용들을 잘 준수하는지 확인해야 한다. 아마 대부분 프로덕션에서 더 많은 마이크로서비스를 추가할 것이다. 그리고 개발자가 알아야 할 낯설고 복잡한 상황들이 많이 발생할 것이다. 따라서 이런 검사를 자동화하고 CI 파이프라인의 절차로 추가할 수 있다면 좋을 것이다.

이렇게 검사를 수행할 수 있는 도구가 있고 가장 유명한 두 가지는 kube-score(https://github.com/zegl/kube-score)와 kube-linter(https://github.com/stackrox/kube-linter)다. 이 둘은 최종 결과 측면에서도 매우 유사하고, 둘 다 컨테이너 이미지를 제공하기 때문에 CI 파이프라인에 쉽게 추가할 수 있다. kube-score는 오래됐기 때문에 사용하는 사람들이 많고, kube-linter는 깃허브 스타 수가 2,000개가 넘는다(2022년 8월 기준 kube-score는 1.8k, kube-linter는 2k가 넘는다). 데모에서는 헬름과 Kustomize를 번들로 포함해 컨테이너 이미지를 제공하는 kube-score를 사용한다. 이러면 스캔할 매니페스트를 생성하는 작업이 조금 더 쉬워질 것이다. 사실 kube-linter는 아직 알파 단계에 있다. 시간이 지나면 바뀔 수도 있겠지만 둘 중 하나를 선택해야 한다면 스스로도 분석을 철저히 해보기 바란다.

kube-score의 검사 결과는 critical과 warning으로 분류한다. critical한 문제가 발견되면 자동으로 code1을 반환하는데 warning에서도 code1을 반환하도록 하고 싶다면 --exit-one-on-warning 플래그를 사용한다. --enable-optional-test 플래그 뒤에 테스트 이름을 붙여 원하는 테스트만 선택적으로 검사할 수도 있다. 기본으로 수행하는 검사는 --ignore-test 플래그를 사용해 검사하지 않을 수 있다. 따라서 만약에 지금 검사가 필요하지 않은 부분이 있다면 그 부분에 대해서는 일정 기간 동안 검사하지 않을 수 있다.

다음으로 Traefik 설치를 통해 몇 가지 검사하는 방법과 결과 처리, 건너뛰기, 선택적 검사 활성화하는 방법을 살펴보자. 1.14.0 버전의 zegl/kube-score:v1.14.0. kube-score 컨테이너 이미지를 사용하고, 해당 이미지와 함께 헬름 3나 Kustomize 번들을 제공한다. 따라서 **CI/CD** 엔진이 컨테이너를 직접 실행할 수 있다면 (깃랩 CI/CD처럼) 이를 사용해 컨테이너 내에서 매니페스트도 생성할 수 있다. 지금은 **가상 머신**VM, Virtual Machine에서 실행하는 것처럼 컨테이너 이미지를 사용하는 스크립트를 생성한다. 매개변수 없이 기본값을 기준으로 검사를 수행한다. 기본적으로 활성화되는 테스트와 선택 가능한 테스트의 전체 목록은 다음 링크(https://github.com/zegl/kube-score/blob/master/README_CHECKS.md)에서 확인할 수 있다.

kube-score는 명확한 YAML 파일 이름을 입력해야 하므로 docker run 명령을 수행하기에 까다로울 수 있다. 그래서 /**/*.yaml과 같이 글로브[glob] 패턴을 사용해 넘긴다. 여기서 잘 작동되게 하려면 컨테이너 내부와 시스템의 상대 경로가 동일해야 한다. 이를 위해 컨테이너 내부에 작업 디렉터리를 -w 플래그를 사용해 / 경로에 만들고 호스트 시스템에는 out 폴더의 경로를 설정한다. 스크립트는 이 책의 공식 깃허브 리포지터리(https://github.com/PacktPublishing/ArgoCD-in-Practice)의 ch08/kube-score/enforcing-best-practices.sh에서 확인할 수 있다. 코드는 다음과 같다.

▼ 위치: ch08/kube-score/enforcing-best-practices.sh

```
$ helm dependency update traefik-umbrella
$ helm template traefik-umbrella -include-crds --values traefik-umbrella/
values.yaml --namespace traefik --output-dir out
$ docker run -v $(pwd)/out:/out -w /zegl/kube-score:v1.14.0 score out/
traefik-umbrella/charts/traefik/**/*.yaml
```

명령을 실행하면 critical과 warning 이슈가 발생하고, 대부분 디플로이먼트 매니페스트에서 발생한 것이다. 책에는 일부분만 수록했다.

```
apps/v1/Deployment RELEASE-NAME-traefik
    [CRITICAL] Container Image Pull Policy
        · RELEASE-NAME-traefik -> ImagePullPolicy is not set to Always
            It's recommended to always set the ImagePullPolicy to Always, to
            make sure that the imagePullSecrets are always correct, and to
            always get the image you want.

    ...
    [CRITICAL] Container Resources
      · RELEASE-NAME-traefik -> CPU limit is not set
            Resource limits are recommended to avoid resource DDOS. Set
            resources.limits.cpu
      · RELEASE-NAME-traefik -> Memory limit is not set
            Resource limits are recommended to avoid resource DDOS. Set
            resources.limits.memory
      · RELEASE-NAME-traefik -> CPU request is not set
```

```
              Resource requests are recommended to make sure that the application
              can start and run without crashing. Set resources.requests.cpu
         • RELEASE-NAME-traefik -> Memory request is not set
              Resource requests are recommended to make sure that the application
              can start and run without crashing. Set resources.requests.memory
     [WARNING] Deployment has host PodAntiAffinity
         • Deployment does not have a host podAntiAffinity set
              It's recommended to set a podAntiAffinity that stops multiple pods
              node. This unavailable. from a deployment from being scheduled
              on the same increases availability in case the node becomes
```

다음 명령에서는 컨테이너 이미지 풀^{pull} 정책이 Always인지 확인하는 검사는 건너뛰고,
컨테이너의 **시스템콜**$^{syscall, system\ call}$을 사용해 seccomp 정책이 설정된 컨테이너를 검사
해 선택적으로 진행하게 할 수 있다.

```
docker run -v $(pwd)/out:/out -w / zegl/kube-score:v1.14.0 score --ignore-
test container-image-pull-policy --enable-optional-test container-seccomp-
profile out/traefik-umbrella/charts/traefik/**/*.yaml
```

kube-score의 기본과 선택 필드 검사를 모두 합하면 오늘 30개 이상의 검사를 수행했지
만 이것만으로는 매니페스트의 전반적인 검사가 끝났다고 볼 수 없다. 단지 발생할 가
능성이 있는 오류를 확인해볼 수 있는 근거만 제공한 것이다. 이 때문에 학습으로는 매
우 훌륭한 리소스다. 실제로 테스트 환경에서 운영하면서 이 검사를 같이 진행한다면
클러스터를 좀 더 안정적이고 신뢰할 수 있게 만들어주는 다양한 정보를 얻을 수 있을
것이다.

⠿ conftest로 확장성 있는 검사 수행

OPA$^{Open\ Policy\ Agent}$(https://www.openpolicyagent.org)는 리소스를 변경하기 전에 유효성
을 검사할 수 있는 엔진이다. 미리 정의된 검사 목록이 없다는 것이 장점이다. 대신
Rego 언어(https://www.openpolicyagent.org/docs/latest/policy-language)로 생성한 규칙을
기반으로 확장 가능한 정책을 지원한다. 쿠버네티스와 같이 OPA에 대해 들어본 적이

있을 것이다. 클러스터에 적용하기 전에 리소스의 사전 유효성 검증을 추가할 수 있는 승인 컨트롤러admission controller와 같은 역할을 한다. 일부는 gatekeeper 프로젝트에 의해 다뤄진다(https://github.com/open-policy-agent/gatekeeper). OPA는 쿠버네티스에 코드로 정책을 추가policy-as-code하는 데 성공했을 뿐 아니라 CI/CD 파이프라인을 포함해 런타임이 있는 어디서든 실행할 수 있는 엔진이다.

쿠버네티스에서는 OPA를 통해 고유한 사용자 지정 규칙을 만들 수 있다. 예를 들어 모든 네임스페이스에서 이를 관리하는 팀을 지정하는 레이블이 있어야 한다는 정책이 있거나 클러스터에 배포하는 모든 컨테이너는 사전 승인된 레지스트리 목록에 있거나 또는 등록된 사용자나 조직에 의해 배포돼야 한다는 정책이 있을 수 있다. 만약에 이 정책을 클러스터에 적용하지 않고 파이프라인에 적용한다면 CI/CD 시스템에 의해 빠르게 피드백을 받을 수 있기 때문에 코드가 병합돼 Argo CD로 배포되는 것보다 효율적이다. 이 역할을 할 수 있는 것이 바로 OPA 엔진이 포함된 오픈 소스 conftest(https://www.conftest.dev)다.

conftest를 사용하면 Rego로 정책을 생성하고 OPA 엔진이 매니페스트를 검증하는 것을 파이프라인에서 실행할 수 있다. conftest에 대해 생성한 규칙은 쿠버네티스 승인 컨트롤러Kubernetes admission controller에서 사용하는 것과 완전히 동일하지는 않지만 비슷한 것이 많아 서로 간에 쉽게 적용할 수 있다.

예제를 통해 컨테이너 이미지를 프라이빗 레지스트리에서 가져오는 것과 도커 허브에 있는 공식 이미지(https://docs.docker.com/docker-hub/official_images/)에서 가져오는 것 중 뭐가 더 안전한지 확인해볼 것이다. 지금 사용해볼 프라이빗 레지스트리는 구글 클라우드(https://cloud.google.com/container-registry)에 있는 것이며, 모든 이미지는 eu.gcr.io/_my_company_/로 시작한다. 반면에 도커 허브 공식 이미지 사용자가 없어 zegl/kube-score:v1.14.0 형식이 아닌 traefik:2.4.2와 같이 / 기호가 없다.

Rego는 몇 시간 만에 익힐 수 있는 쉬운 언어는 아니지만, 기본을 알면 그렇게 복잡하지도 않다. 다음은 Rego를 읽거나 쓸 때 고려해야 할 몇 가지 사항이다. 모든 고려 사항은 아니지만 시작하는 데 도움이 될 것이다.

- 모든 문장은 true(참) 혹은 false(거짓)로 반환한다(예를 들면 assignment은 항상 true를 반환한다).

- input은 특수 키워드이며 분석하는 JSON(또는 YAML) 개체의 root다.

- 규칙은 결정을 내릴 수 있도록 하는 지침이고, 함수는 다른 프로그래밍 언어에서의 함수와 유사하다. 즉 입력을 받고 값을 반환해준다.

- 모든 함수나 규칙의 표현식은 AND가 적용돼 있다. 따라서 모든 규칙이 true이어야 결과가 true가 될 수 있다.

- 함수나 규칙은 여러 번 정의될 수 있고, 결과에는 OR이 적용된다.

- conftest에서만 존재하는 deny, violation, warn 같은 규칙들을 사용할 수 있다. 만약 규칙에 대한 결과가 false라면 conftest는 에러를 발생시켜 파이프라인을 멈추게 할 수 있다.

온라인에서는 Rego에 관련된 많은 리소스와 OPA 혹은 conftest와 함께 사용할 수 있는 방법을 찾을 수 있다. 2018에 OPA에 대해 심층 분석한 동영상(https://www.youtube.com/watch?v=4mBJSIhs2xQ)을 추천한다. 조금 오래되긴 했지만 여전히 Rego가 어떻게 작동하는지 잘 설명하고 있다.

valid_container_registry라는 이름의 두 함수를 정의해보자. 첫 번째로 확인할 것은 레지스트리를 도커 허브의 공식 이미지로 사용한다면 이미지에 / 기호가 들어가지 않게 된다. 반면에 두 번째 함수는 / 기호 앞뒤로 나눠 값을 검사한다. 예를 들면 eu.gcr.io/_my_company_라는 이미지는 eu.gcr.io와 _my_company_로 나눌 수 있다. 코드는 이 책의 공식 깃허브 리포지터리(https://github.com/PacktPublishing/ArgoCD-in-Practice)의 ch08/conftest 폴더에서 확인할 수 있다. 이번에 정의해볼 정책은 policy/deployment.rego 파일이다. conftest는 기본적으로 모든 정책이 policy 폴더 내에 존재하는 것이 원칙이며, 분석할 리소스는 manifests에 둔다. 함수와 거부 규칙을 한 번 살펴보자.

▼ 위치: ch08/conftest/policy/deployment.rego

```
package main

deny[msg] {
    input.kind == "Deployment"
    container_registry_image := input.spec.template.spec.containers[_].image
    output = split(container_registry_image, "/")
    not valid_container_registry(output)
    msg = "invalid container registry in the deployment"
}
valid_container_registry(imageArr) = true {
    count(imageArr) == 1
}
valid_container_registry(imageArr) = true {
    count(imageArr) > 2
    imageArr[0] == "eu.gcr.io"
    imageArr[1] == "_my_company_"
}
```

컨테이너 이미지를 사용해 분석할 정책과 매니페스트가 있는 볼륨을 컨테이너에 연결하고 conftest를 실행해보자.

```
docker run -v $(pwd):/project openpolicyagent/conftest:v0.30.0 test manifests/
```

결과는 다음과 같을 것이다.

```
2 tests, 2 passed, 0 warnings, 0 failures, 0 exceptions
```

분석한 디플로이먼트 이미지 traefik:2.4.2는 도커 허브의 공식 이미지로 검사를 통과할 수 있었다. 테스트 목적으로 매니페스트를 자유롭게 수정해보고 conftest를 다시 실행해 어떻게 실패하는지도 확인해보자.

정책을 정하는 것이 쉽지 않기 때문에 커뮤니티에서 정책을 공유하는 리포지터리를 운영한다. 대표적으로 다음 링크(https://github.com/open-policy-agent/library) 또는 다음 링크(https://github.com/redhat-cop/rego-policies)가 있다. 그리고 문서, 기사, 책, 추가적인 도구, 라이브러리 패키지 등 OPA/Rego/conftest에 관한 리소스는 모두 수집하는 리포지터리(https://github.com/anderseknert/awesome-opa)를 소개한다.

conftest는 쿠버네티스 매니페스트 뿐 아니라 YAML이나 JSON 외에도 많은 선언적 언어를 검사할 수 있다. 현재는 HCL HashiCorp Configuration Language과 HCL2를 지원하며, 인프라 프로비저닝에 대한 테라폼 정책, 컨테이너 생성에 관한 도커 파일 외에도 **초기화** INI, INItialization, **TOML** Tom's Obvious Minimal Language, **XML** eXtensible Markup Language, 제이소넷 등도 모두 지원한다. 따라서 다양한 종류의 파이프라인에서 하나의 절차로 만들어 확인하고 시도해볼 가치가 충분히 있다.

⠿ 요약

8장에서는 쿠버네티스 YAML 매니페스트를 정적으로 분석하는 데 필요한 몇 가지 옵션을 살펴봤다. 헬름 또는 Kustomize와 같은 템플릿 엔진에서 매니페스트를 생성하는 방법을 알아봤고 여러 유형의 잡job을 수행할 수 있는 몇 가지 도구를 확인했다. kubeconform은 OpenAPI 쿠버네티스 스키마를 통해서 매니페스트를 검증하고 conftest 는 매니페스트가 따라야 할 고유한 규칙과 정책을 정의할 수 있기 때문에 어떤 작업이 든 수행할 수 있다. 이런 모든 유효성 검사는 쉽게 CI 파이프라인에 추가할 수 있으며, 컨테이너 이미지와 함께 직접 사용하는 방법에 대해 확인해봤다.

9장에서는 Argo CD가 가져올 미래에 대해 자세히 알아보고 커뮤니티의 다른 조직의 도움으로 만들어진 혁신적인 프로젝트 깃옵스 엔진을 통해 어떻게 깃옵스를 대중화하고 표준화하는 데 사용할 수 있는지 자세히 살펴보자. 이미 깃옵스 엔진은 업계에서 많이 사용하고 있다.

⠿ 더 알아보기

좀 더 많은 정보를 확인하고 싶다면 다음 자료들을 참고하기 바란다.

- 추가 옵션과 YAML 유효성 검사 도구: https://learnk8s.io/validating-kubernetes-yaml

- 쿠버네티스 스키마 유효성 검사: https://opensource.com/article/21/7/kubernetes-schema-validation

- kube-score 성능 체크 살펴보기: https://semaphoreci.com/blog/kubernetes-deployments

- OPA 아키텍처: https://www.openpolicyagent.org/docs/latest/kubernetes-introduction/

- 테라폼 파이프라인에서 conftest 사용하기: https://dev.to/lucassha/don-t-let-your-terraform-go-rogue-with-conftest-and-the-open-policy-agent-233b

09

미래와 결론

9장에서는 사례를 통해 깃옵스 대중화를 설명할 것이다. 깃옵스 엔진과 kubernetes-sigs/cli-utils 라이브러리를 살펴보고 깃옵스 오퍼레이터가 깃옵스의 기능을 활용할 수 있는지 알아본다.

마지막으로 이 책의 교훈을 생각해보고 읽은 후 다음 단계는 무엇인지 알아본다.

9장에서 다룰 주요 주제는 다음과 같다.

- 깃옵스 대중화

- 깃옵스 엔진^{GitOps Engine}은 무엇인가?

- kubernetes-sigs/cli-utils란 무엇인가?

- 마무리

기술 요구 사항

9장에서는 kubectl 명령어는 이미 친숙하다고 가정하고, 다음 내용에 대해 알고 있어야 한다.

- 깃 동기화(git-sync): https://github.com/kubernetes/git-sync

코드는 이 책의 공식 깃허브 리포지터리(https://github.com/PacktPublishing/ArgoCD-in-Practice)의 ch09 폴더에서 찾을 수 있다.

깃옵스 대중화

이번 절에서는 업계의 깃옵스 운영자를 위한 핵심 공통 기능 세트를 제공하는 다양한 Go 라이브러리를 알아본다.

이번 절에서 다루는 주제는 다음과 같다.

- 깃옵스 엔진은 무엇인가?
- 쿠버네티스 SIG[1]에게 cli-utils란 무엇인가?

깃옵스 엔진은 무엇인가?

Argo CD 팀은 몇 년 전에 깃옵스 엔진 시연을 발표했다. 업계에 많은 깃옵스 운영자가 여러 사용 사례를 만들어냈지만 대부분 유사한 핵심 기능들이었다. 이를 바탕으로 Argo CD 팀은 깃옵스의 핵심 원칙을 실현하는 재사용 가능한 라이브러리에 대한 아이디어를 얻었다. 깃옵스 엔진의 핵심 기능은 다음과 같다.

---

1   쿠버네티스 SIG(Special Interest Group)는 쿠버네티스 커뮤니티 내에서 특정 주제에 관심을 가진 개발자들이 모여 해당 주제와 관련된 기술적인 개발과 관리를 수행하는 작은 그룹이다. – 옮긴이

- 캐시

- 비교 및 조정

- 헬스 체크

- 동기화

- 엔진

Argo CD는 이미 깃옵스 엔진을 사용하고 있다. 동시에 엔터프라이즈 기능도 유지하고 있어 엔터프라이즈 조직에도 깃옵스 기능을 제공할 수 있다. Argo CD는 다음 기능들을 대기업에 깃옵스 서비스로서 제공한다(다음 기능들은 깃옵스 엔진에서 제공하는 것이 아니라 Argo CD 자체에 탑재된 기능이다).

- SSO 통합

- RBAC

- 앞서 다뤘던 애플리케이션이나 프로젝트 CRD의 추상화

깃옵스 엔진과 이런 기능들이 결합해 엔지니어링 팀은 훨씬 쉽게 깃옵스를 사용할 수 있게 됐다. Argo 팀에서 구축한 깃옵스 엔진을 사용한 실제 사례인 깃옵스 에이전트 ^{GitOps agent}를 살펴보자.

깃옵스 에이전트

깃옵스 엔진을 다루는 Argo 팀은 깃옵스 운영자에게 간단한 깃옵스 운영 지원을 위한 깃옵스 엔진 패키지인 깃옵스 에이전트를 만들었다. 따라서 깃옵스 에이전트에는 다중 리포지터리, SSO, 멀티테넌시와 같은 Argo CD의 기능이 포함돼 있지 않다.

깃옵스 에이전트의 핵심은 깃옵스 엔진의 재사용 가능한 라이브러리를 사용해 Argo 팀과 피드백을 나누고, 깃옵스 엔진의 추가 기능에 도움을 주는 것이다.

사용 사례

깃옵스 에이전트와 Argo CD의 중요한 차이는 깃옵스 에이전트는 에이전트가 배포된 동일한 클러스터에서 깃 리포지터리 동기화를 지원하는 것이다.

깃옵스 에이전트에는 두 가지 모드가 있다.

- **namespaced**: 에이전트와 같은 네임스페이스에 배포된 리소스만 관리한다.

- **full cluster**: 클러스터 전체에 배포된 리소스를 관리한다.

먼저 다음 명령어를 통해 namespaced 모드의 에이전트 먼저 설치해보자.

```
$ kubectl create ns example-namespaced
$ kubectl apply -f https://raw.githubusercontent.com/PacktPublishing/
ArgoCD-in-Practice/main/ch09/namespaced/namespaced.yaml

serviceaccount/gitops-agent created
role.rbac.authorization.k8s.io/gitops-agent created
rolebinding.rbac.authorization.k8s.io/gitops-agent created
deployment.apps/gitops-agent created
```

디플로이먼트 상태를 체크해보자.

```
$ kubectl -n example-namespaced rollout status deploy/gitops-agent

Waiting for deployment "gitops-agent" rollout to finish: 0 of 1 updated
replicas are available...
deployment "gitops-agent" successfully rolled out
```

깃옵스 에이전트의 로그를 체크해보면 동기화가 성공적으로 완료된 것을 볼 수 있다.[2]

```
"msg"="Synchronization triggered by API call"
"msg"="Syncing" "skipHooks"=false "started"=false
"msg"="Tasks (dry-run)" "tasks"=[{}]
```

---

2   kubectl logs [gitops-agent pod 이름] -n example-namespaced 명령어를 통해 확인할 수 있다. - 옮긴이

```
"msg"="Applying resource Deployment/app in cluster: "https://10.96.0.1:443,
namespace: example-namespaced"
"msg"="Updating operation state. phase:  -> Running, message: '' -> 'one or
more tasks are running'"
"msg"="Applying resource Deployment/app in cluster: https://10.96.0.1:443,
namespace: example-namespaced"
"msg"="Adding resource result, status: 'Synced', phase: 'Running',
message: 'deployment.apps/app created'" "kind"="Deployment" "name"="app"
"namespace"="example-namespaced" "phase"="Sync"
"msg"="Updating operation state. phase: Running -> Succeeded, message: 'one
or more tasks are running' -> 'successfully synced (all tasks run)'"
```

깃옵스 에이전트가 가리키는 디플로이먼트 예시를 기반으로 새로운 파드가 2개 있음을
알 수 있다.

```
NAME                            READY   STATUS    RESTARTS   AGE
app-f6c66b898-gxcmn             1/1     Running   0          4s
app-f6c66b898-ljxdq             1/1     Running   0          4s
gitops-agent-648cf56fc8-2fxpr   2/2     Running   0          12s
```

그림 9.1 깃옵스 에이전트의 namespaced 모드가 성공적으로 완료됨

사용한 YAML 매니페스트를 확인해보면 컨테이너 2개를 배포한 것을 확인할 수 있다.
첫 번째 컨테이너는 깃옵스 에이전트이고 두 번째 컨테이너는 k8s git-sync인데 로컬
디렉터리에서 깃 리포지터리를 가져온 다음 이 디렉터리를 깃옵스 에이전트 컨테이너
에 마운트한다. 구체적으로 다음과 같이 정의된다.

▼ 위치: ch09/namespaced/namespaced.yaml

```
- image: argoproj/gitops-agent:latest
  name: gitops-agent
  command:
  - gitops
  - /tmp/git/repo
  - --path
  - ch09/namespaced/example
  - --namespaced
  volumeMounts:
  - mountPath: /tmp/git
    name: git
```

위 코드는 ch09/namespaced/example 디렉터리에 포함된 관련 쿠버네티스 리소스를
동기화하고 배포하는 깃옵스 에이전트 컨테이너에 대한 내용이다.

▼ 위치: ch09/namespaced/namespaced.yaml

```
...(중략)...
- image: k8s.gcr.io/git-sync:v3.1.6
  name: git-sync
  args:
  - --webhook-url
  - http://localhost:9001/api/v1/sync
  - --dest
  - repo
  - --branch
  - main
  env:
  - name: GIT_SYNC_REPO
    value: https://github.com/PacktPublishing/ArgoCD-in-Practice
  volumeMounts:
  - mountPath: /tmp/git
    name: git
...(중략)...
```

위 코드는 깃 리포지터리(https://github.com/PacktPublishing/ArgoCD-in-Practice)를 사용
해 이 디렉터리에 포함된 관련 쿠버네티스 리소스를 동기화하고 배포하는 git-sync라는
쿠버네티스 사이드카 컨테이너다.

동일한 방식으로 --namespaced CLI 플래그를 제거해 full cluster 모드의 깃옵스 에이전
트를 배포할 수 있다. 그리고 full cluster 모드의 깃옵스 에이전트는 네임스페이스와 상
관없이 클러스터의 모든 쿠버네티스 리소스를 관리할 수 있다.

깃옵스 엔진의 개념과 그 구성 요소에 대해 살펴봤고 깃옵스 에이전트에 대한 소개와
함께 간단한 사용법을 알아봤다.

⁖ kubernetes-sigs/cli-utils는 무엇인가?

Argo 팀처럼 쿠버네티스 SIG도 kubectl과 같은 주제를 다루고 CLI 프레임워크 및 종속성의 표준화에 초점을 맞춰 연구하고 있다. 이 SIG 그룹은 kubectl의 추상화 계층_{abstraction layer}을 생성하는 cli-utils라는 Go 라이브러리를 개발했고 깃옵스 컨트롤러에서 서버 측 사용을 지원하도록 발전했다. 깃옵스용 cli-utils의 핵심 기능은 다음과 같다.[3]

- 가지치기

- 상태 해석

- 상태 조회

- 비교와 미리보기

- 조정 대기

- 리소스 순서

- 명시적 종속성 순서_{explicit dependency ordering}

- 암시적 종속성 순서_{implicit dependency ordering}

- 쿠버네티스 리소스 변경 적용

kapply 사용법

cli-utils 담당 쿠버네티스 SIG 팀은 kapply라는 CLI를 만들었다. 이 CLI는 프로덕션 환경에서 사용할 명령어는 아니지만 기능을 이해할 수 있게 해주고, 제공된 라이브러리를 더 잘 활용할 수 있도록 해준다.

---

3 다음 링크(https://github.com/kubernetes-sigs/cli-utils/blob/master/README.md)에서 잘 설명돼 있다. - 옮긴이

이제 간단한 서비스를 배포해보면서 kapply와 cli-utils를 사용하는 예를 살펴볼 것이다. 다음 명령을 사용해 cli-utils 리포지터리를 복제하고 kapply cli를 설치해보자.

```
$ git clone https://github.com/kubernetes-sigs/cli-utils.git
$ cd cli-utils
$ make build
```

다음 명령어를 통해 CLI가 정상적으로 동작하는지 확인할 수 있다.

```
$ kapply --help
Perform cluster operations using declarative configuration

Usage:
  kapply [command]
Available Commands:
  apply      Apply a configuration to a resource by package directory or stdin
  completion Generate the autocompletion script for the specified shell
  destroy    Destroy all the resources related to configuration
  diff       Diff local config against cluster applied version
  help       Help about any command
  init       Create a prune manifest ConfigMap as a inventory object
  preview    Preview the apply of a configuration
  status
```

예제 쿠버네티스 디플로이먼트를 생성하고 preview 명령어가 어떤 기능을 수행하는지 확인해보자. 이 책의 공식 깃 리포지터리(https://github.com/PacktPublishing/ArgoCD-in-Practice)의 ch09/cli-utils-example/deployment.yaml 경로를 디플로이먼트 예제로 활용하면 된다. 먼저 인벤토리 템플릿을 만들어야 한다. 이 템플릿은 쿠버네티스 디플로이먼트에서 인벤토리 객체의 네임스페이스와 인벤토리 ID를 추적하는 데 사용한다.

```
$ cd ch09/cli-utils-example
$ kapply init $PWD
namespace: example-cli-utils is used for inventory object
```

위 명령어는 inventory-template.yaml 파일을 생성하고 해당 쿠버네티스 컨피그맵을 생성한다. 이 컨피그맵은 결과에서 확인한 네임스페이스와 인벤토리 ID를 확인한다. 이제 preview 명령어를 실행해 결과를 관찰해보자.

```
$ kapply preview $PWD

Preview strategy: client
inventory update started
inventory update finished
apply phase started
deployment.apps/app apply successful
apply phase finished
inventory update started
inventory update finished
apply result: 1 attempted, 1 successful, 0 skipped, 0 failed
```

출력 결과는 실행될 명령의 미리보기를 제공하지만 아직 적용되는 것은 없고 클라이언트 측에서만 실행된다. 그래서 쿠버네티스 클러스터의 모든 리소스를 보려고 하면 생성된 리소스가 하나도 없다고 나온다. 다음 단계는 동일한 명령어를 통해 쿠버네티스 클러스터에 대한 서버 유효성을 검사해보는 것이다.

```
$ kapply preview $PWD --server-side

Preview strategy: server
inventory update started
inventory update finished
apply phase started
deployment.apps/app apply failed: namespaces "example-cli-utils" not found
apply phase finished
inventory update started
inventory update finished
apply result: 1 attempted, 0 successful, 0 skipped, 1 failed
E0929 00:49:04.607170   47672 run.go:74] "command failed" err="1 resources
failed"
```

이 경우 쿠버네티스 서버의 유효성 검사가 오류를 반환한다. 디플로이먼트 매니페스트가 참조하는 네임스페이스가 존재하지 않기 때문이다. 네임스페이스를 생성한 다음 배포해보자.

```
$ kubectl create namespace example-cli-utils
namespace/example-cli-utils created
# 디플로이먼트 적용
$ kapply apply $PWD --reconcile-timeout=1m --status-events


inventory update started
inventory update finished
apply phase started
deployment.apps/app apply successful
apply phase finished
reconcile phase started
deployment.apps/app reconcile pending
deployment.apps/app is InProgress: Replicas: 0/2
deployment.apps/app is InProgress: Replicas: 0/2
deployment.apps/app is InProgress: Replicas: 0/2
deployment.apps/app is InProgress: Available: 0/2
deployment.apps/app is InProgress: Available: 1/2
deployment.apps/app is Current: Deployment is available.
Replicas: 2
deployment.apps/app reconcile successful
reconcile phase finished
inventory update started
inventory update finished
apply result: 1 attempted, 1 successful, 0 skipped, 0 failed
reconcile result: 1 attempted, 1 successful, 0 skipped, 0
failed, 0 timed out
```

결과를 확인해보면 모든 단계가 클러스터에 성공적으로 배포된 것을 확인할 수 있다. 이제 디플로이먼트 매니페스트의 레플리카 수를 2에서 3으로 변경하고 다시 적용해보자.

```
$ kapply apply $PWD --reconcile-timeout=1m --status-events

deployment.apps/app is Current: Deployment is available.
Replicas: 2
inventory update started
inventory update finished
apply phase started
deployment.apps/app apply successful
apply phase finished
reconcile phase started
deployment.apps/app reconcile pending
```

```
deployment.apps/app is InProgress: Deployment generation is 2, but latest
observed generation is 1
deployment.apps/app is InProgress: Replicas: 2/3
deployment.apps/app is InProgress: Replicas: 2/3
deployment.apps/app is InProgress: Available: 2/3
deployment.apps/app is Current: Deployment is available.
Replicas: 3
deployment.apps/app reconcile successful
reconcile phase finished
inventory update started
inventory update finished
apply result: 1 attempted, 1 successful, 0 skipped, 0 failed
reconcile result: 1 attempted, 1 successful, 0 skipped, 0 failed, 0 timed out
```

출력 결과에서 매니페스트의 내용과 클러스터 상태 간의 차이가 있어 보류 중^{pending}이 나타나는 것을 확인할 수 있다.

지금까지 cli-utils에서 제공하는 여러 기능 중 하나에 대한 실습이었고, 사용 사례를 통해 이 기능을 구현해보면서 사용하는 방법을 알아봤다. 다음 절에서는 이 책에서 배운 내용을 정리하고 다음 단계에 대해 이야기해보자.

⁝⁝⁝ 마무리

Argo CD가 2018년에 등장했을 때 아무도 성공할 것이라 생각하지 않았다. 하지만 소스에 담긴 애플리케이션 CRD, 매니페스트가 담긴 깃 리포지터리, 배포가 수행되는 대상 클러스터와 네임스페이스 같은 좋은 기반 내용들이 잘 반영돼 깃옵스 개념에 매우 알맞게 고안됐다.

참 올바른 방향이었다. 당시에도 지금처럼 헬름이 쿠버네티스에서 가장 많이 사용되는 애플리케이션 배포 도구였으며 V2 버전이었다. 클러스터에 매니페스트를 적용하는 데 사용되는 틸러^{Tiller}(https://helm.sh/docs/faq/changes_since_helm2/#removal-of-tiller)라는 도구가 있었는데 다만 큰 보안적 허점이 있었다. Argo CD에도 여전히 헬름 차트를 사용할 수 있었는데 중앙 Argo CD 설치를 통해 매니페스트를 생성하고 대상 클러스터에 적용되므로 틸러가 필요하지 않았다. 당시에는 이것을 매우 큰 장점으로 봤다.

이 외에도 경쟁에서 앞서 나가는 다양한 기능들이 있었다. 예를 들어 클러스터에서 배포가 어떻게 진행되는지 볼 수 있는 훌륭한 UI가 있다. 이 UI는 쿠버네티스가 익숙하지 않은 사람들에게 좋은 도구이기도 하다. 운영자가 직접 문제 해결하기 좋고, UI보다 더 다양한 정보를 제공해주는 우수한 CLI가 있다. 그리고 SSO 지원으로 기업들이 더 선호하게 됐다. 다른 도구들은 각자 자체 접근 제어를 갖고 있는데 잘못 구성할 경우 큰 위험을 초래하기 때문이다.

4년이 지난 요즘도(이 책의 집필 시점은 2022년 10월경이다) 이 프로젝트는 약 11,000개의 별과 800명 이상의 기여자가 있어 향후 몇 년 동안 성장할 가능성이 높은 건강한 생태계를 갖추고 있다. Argo umbrella에는 Argo CD, Argo Workflows, Argo Events, Argo Rollout의 네 가지 주요 프로젝트가 포함돼 있으며, 현재 CNCF의 인큐베이팅 incubating 프로젝트에 속해 있다. 이런 프로젝트는 짜임새 있고 안정적으로 평가받고 있어 프로덕션 환경에서도 적절하게 사용되고 있다. Argo Project의 마지막 남은 한 단계는 쿠버네티스, 프로메테우스, 헬름, 엔보이처럼 CNCF의 졸업graduated 프로젝트[4]가 되는 것이다. 졸업 프로젝트가 된다는 것은 정말 대중적으로 사용되고 많은 기여자가 있다는 것이다. 몇 년 안에 분명 그렇게 될 것이라 믿는다.

이미 2022년 9월에 두 번째 ArgoCon(https://www.youtube.com/ playlist?list=PLj6h78yzYM2MbKazKesjAx4jq56pnz1XE)을 열었다. 첫 번째 ArgoCon은 온라인으로만 진행돼 현장 참여는 처음이다. ArgoCon은 벤더 회사에 종속되지 않는 중립적 행사다. 커뮤니티가 조직하고 적절한 프로그램 위원회를 갖고 있는 등 CNCF 모범 사례를 따르고 있다. 또한 상업적인 Argo CD 플랫폼을 제공하는 두 회사를 보유하고 있다. 건강한 생태계라는 좋은 신호이며, 이 책도 같은 방향으로 나아가는 단계라고 할 수 있다.

이 모든 것이 깃옵스를 채택하고 고민없이 Argo CD를 사용해야 할 최적의 시기임을 보여준다.

---

4 CNCF는 프로젝트 성숙도 수준을 sandbox(샌드박스), incubating(인큐베이팅), graduated(졸업) 이렇게 총 3단계로 나누고 있다. Argo 프로젝트는 2022년 12월에 졸업 프로젝트로 넘어갔다. – 옮긴이

⸭ 요약

이 책을 읽고 실습에 참여해준 독자 여러분께 축하드린다. 정말 긴 여정이었고 이제 책의 마지막 부분에 왔다.

이 책에서는 깃옵스, 쿠버네티스, 쿠버네티스 오퍼레이터에 익숙해지는 것부터 시작했다. 이후에는 Argo CD와 구성 요소 소개, 쿠버네티스 클러스터를 재사용 가능한 방식으로 부트스트랩, Argo CD 운영과 문제 해결, Argo CD의 접근 제어가 필요한 기업 조직에 쉽게 적용, 복잡한 배포 전략을 프로덕션 환경에 바로 적용 가능한 Argo CD 배포 파이프라인을 설계해보면서 심화 주제를 다루고 적용해봤다.

각 장에서 Argo CD에서 자신만의 솔루션을 구현할 수 있도록 코드와 아이디어를 제시했다. 동기화 웨이브를 통해 복잡한 오케스트레이션 시나리오를 구현하고, Argo Rollout을 통해 복잡한 배포 전략을 구현하는 데 도움이 되는 방법도 알아봤다.

마지막으로 깃옵스의 대중화와 어떻게 깃옵스 엔진 혹은 kubernetes-sigs/cli-utils가 미래의 Open 깃옵스의 기반이 되고, 깃옵스 실현의 표준화된 접근 방식이 되는지 살펴봤다.

Argo Project는 각 서비스의 모음이기 때문에 추후에는 Argo CD, Argo Rollout, Argo Events, Argo Workflows와 같은 각 서비스 간의 통합을 제시하는 책을 집필하는 것도 좋을 것 같다.

⸭ 더 알아보기

- 깃옵스 대중화: https://blog.argoproj.io/argo-cd-v1-6-democratizing-gitops-with-gitops-engine-5a17cfc87d62

- 깃옵스 엔진: https://github.com/argoproj/gitops-engine

- 깃옵스 에이전트: https://github.com/argoproj/gitops-engine/tree/master/agent

- cli-utils: https://github.com/kubernetes-sigs/cli-utils

찾아보기

예제로 배우는 Argo CD

깃옵스를 통한 클라우드 네이티브 애플리케이션 관리

발 행 ┃ 2024년 2월 29일

옮긴이 ┃ 이 장 훈
지은이 ┃ 리비우 코스테아 · 스피로스 이코노마키스

펴낸이 ┃ 권 성 준
편집장 ┃ 황 영 주
편 집 ┃ 김 진 아
　　　　임 지 원
　　　　김 은 비
디자인 ┃ 윤 서 빈

에이콘출판주식회사
서울특별시 양천구 국회대로 287 (목동)
전화 02-2653-7600, 팩스 02-2653-0433
www.acornpub.co.kr / editor@acornpub.co.kr

한국어판 ⓒ 에이콘출판주식회사, 2024, Printed in Korea.
ISBN 979-11-6175-828-2
http://www.acornpub.co.kr/book/argo-cd-in-practice

책값은 뒤표지에 있습니다.